AF881717

UDO DEGENER

Das Fragerecht des Arbeitgebers gegenüber Bewerbern

Schriften zum Sozial- und Arbeitsrecht

Band 19

Das Fragerecht des Arbeitgebers gegenüber Bewerbern

Von

Dr. Udo Degener

DUNCKER & HUMBLOT / BERLIN

Alle Rechte vorbehalten
© 1975 Duncker & Humblot, Berlin 41
Gedruckt 1975 bei Buchdruckerei Bruno Luck, Berlin 65
Printed in Germany
ISBN 3 428 03450 3

Vorwort

Die Arbeit hat der Juristischen Fakultät der Universität Göttingen im Herbst 1974 als Dissertation vorgelegen. Aufgrund der Veröffentlichung konnten Rechtsprechung und Literatur bis Anfang 1975 berücksichtigt werden.

Die Anregung zu dieser Schrift ging von Herrn Prof. Dr. *Franz Gamillscheg* aus, dem für die verständnisvolle Betreuung besonderer Dank gebührt. Mein Dank gilt ferner den zahlreichen Unternehmen, die mir ihre Bewerbungsfragebogen zur Verfügung stellten.

Schließlich danke ich Herrn Ministerialrat a. D. Dr. *Johannes Broermann* für die Aufnahme meiner Arbeit in sein Verlagsprogramm.

Göttingen, im Juni 1975

Udo Degener

Inhaltsverzeichnis

Abkürzungsverzeichnis

a. A.	= anderer Ansicht
AcP	= Archiv für die civilistische Praxis (Zeitschrift)
a. F.	= Alte Fassung
AP	= Arbeitsrechtliche Praxis (Nachschlagewerk des Bundesarbeitsgerichts)
ArbG	= Arbeitsgericht
ArbGeb.	= Der Arbeitgeber (Zeitschrift)
AR-Blattei	= Arbeitsrechts-Blattei, Handbuch für die Praxis
ArbPlSchG	= Arbeitsplatzschutzgesetz v. 21. 5. 1968
ArbSozPol.	= Arbeit und Sozialpolitik (Zeitschrift)
ArbuR	= Arbeit und Recht (Zeitschrift)
ARSt.	= Arbeitsrecht in Stichworten (Entscheidungssammlung)
BAG	= Bundesarbeitsgericht
BAGE	= Entscheidungen des Bundesarbeitsgerichts, Amtliche Sammlung
BArbBl.	= Bundesarbeitsblatt (Zeitschrift)
BB	= Der Betriebsberater (Zeitschrift)
BBG	= Bundesbeamtengesetz v. 17. 7. 1971
BDA	= Bundesvereinigung der Deutschen Arbeitgeberverbände
BDH	= Bundesdisziplinarhof
Betr.	= Der Betrieb (Zeitschrift)
BetrVerf.	= Die Betriebsverfassung (Zeitschrift)
BetrVG	= Betriebsverfassungsgesetz v. 15. 1. 1972
BFH	= Bundesfinanzhof
BGB	= Bürgerliches Gesetzbuch v. 18. 8. 1896
BGBl.	= Bundesgesetzblatt
BGH	= Bundesgerichtshof
BGHSt.	= Entscheidungen des Bundesgerichtshofs in Strafsachen, Amtliche Sammlung
BGHZ	= Entscheidungen des Bundesgerichtshofs in Zivilsachen, Amtliche Sammlung
Bl.	= Blatt
BlStSozArbR	= Blätter für Steuerrecht, Sozialversicherung und Arbeitsrecht (Zeitschrift)
BR-Drucks.	= Bundesrats-Drucksache
BRRG	= Beamtenrechtsrahmengesetz v. 17. 7. 1971
BSeuchenG	= Bundesseuchengesetz v. 18. 7. 1961
BT-Drucks.	= Bundestags-Drucksache
BVerfG	= Bundesverfassungsgericht
BVerfGE	= Entscheidungen des Bundesverfassungsgerichts, Amtliche Sammlung
BVerwG	= Bundesverwaltungsgericht
BVerwGE	= Entscheidungen des Bundesverwaltungsgerichts, Amtliche Sammlung

BVGG	=	Bundesverfassungsgerichtsgesetz v. 3. 2. 1971
BZRG	=	Bundeszentralregistergesetz v. 18. 3. 1971
DGB	=	Deutscher Gewerkschaftsbund
DRiG	=	Deutsches Richtergesetz v. 19. 4. 1972
DRiZ	=	Deutsche Richterzeitung
DVBl.	=	Deutsches Verwaltungsblatt (Zeitschrift)
EheG	=	Ehegesetz v. 20. 2. 1946
ESVGH	=	Entscheidungen des Hessischen Verwaltungsgerichtshofs und des Verwaltungsgerichtshofs Baden-Württemberg
FamRZ	=	Familienrechtszeitschrift
GG	=	Grundgesetz v. 23. 5. 1949
GS	=	Großer Senat
HAG	=	Heimarbeitsgesetz v. 14. 3. 1951
HGB	=	Handelsgesetzbuch v. 10. 5. 1897
i. d. F.	=	in der Fassung
JArbSchG	=	Jugendarbeitsschutzgesetz v. 9. 8. 1960
JJb.	=	Juristen-Jahrbuch (Zeitschrift)
JR	=	Juristische Rundschau (Zeitschrift)
JurA	=	Juristische Analysen (Zeitschrift)
JuS	=	Juristische Schulung (Zeitschrift)
JZ	=	Juristenzeitung
KG	=	Kammergericht
KSchG	=	Kündigungsschutzgesetz v. 25. 8. 1969
LAG	=	Landesarbeitsgericht
LG	=	Landgericht
MDR	=	Monatsschrift für Deutsches Recht
MuSchG	=	Mutterschutzgesetz v. 18. 4. 1968
NdsGemeinde	=	Die Niedersächsische Gemeinde (Zeitschrift)
NJW	=	Neue Juristische Wochenschrift
OLG	=	Oberlandesgericht
OVG	=	Oberverwaltungsgericht
R	=	Rückseite
RdA	=	Recht der Arbeit (Zeitschrift)
RG	=	Reichsgericht
RGZ	=	Entscheidungen des Reichsgerichts in Zivilsachen, Amtliche Sammlung
RMBliV	=	Ministerialblatt des Reichs und Preußischen Ministeriums des Innern
SaarlAN	=	Saarländischer Arbeitnehmer (Zeitschrift)
SAE	=	Sammlung Arbeitsrechtlicher Entscheidungen (Zeitschrift)
SchwbG	=	Schwerbehindertengesetz v. 29. 4. 1974
SoldatenG	=	Soldatengesetz v. 22. 4. 1969
StGB	=	Strafgesetzbuch v. 15. 5. 1871
StPO	=	Strafprozeßordnung v. 17. 9. 1965
StTilgG	=	Straftilgungsgesetz v. 9. 4. 1920
StVO	=	Straßenverkehrsordnung v. 16. 11. 1970
TVG	=	Tarifvertragsgesetz v. 25. 8. 1969
UFITA	=	Archiv für Urheber-, Film-, Funk- und Theaterrecht (Zeitschrift)
ULA	=	Union der Leitenden Angestellten
VerwG	=	Verwaltungsgericht
VGH	=	Verwaltungsgerichtshof
WA	=	Westdeutsche Arbeitsrechtsprechung (Zeitschrift)

WPM	= Wertpapier-Mitteilungen (Zeitschrift)
WRV	= Weimarer Reichsverfassung v. 11. 8. 1919
ZBR	= Zeitschrift für Beamtenrecht
ZfA	= Zeitschrift für Arbeitsrecht
ZPO	= Zivilprozeßordnung v. 12. 9. 1950
ZRP	= Zeitschrift für Rechtspolitik

Einleitung

In der Einstellung neuer Mitarbeiter liegt eine der wichtigsten unternehmerischen Entscheidungen, denn von der Auswahl der Arbeitnehmer hängt weitgehend der geschäftliche Erfolg des Unternehmens ab. Jeder Arbeitgeber möchte daher bei den Einstellungsverhandlungen prüfen, ob der Stellungsuchende seinen Vorstellungen und Wünschen entspricht.

Soweit es um die eigentliche fachliche Qualifikation des Bewerbers geht, tauchen keine besonderen Schwierigkeiten auf. Der Wille des Arbeitgebers, etwa über dessen Berufsausbildung aufgeklärt zu werden, ist sicherlich ebenso legitim wie die Frage nach Prüfungsergebnissen, besonderen Kenntnissen und Fertigkeiten. Diese Angaben sind für die Entscheidung erforderlich, ob der Bewerber den Anforderungen des Arbeitsplatzes gewachsen ist. Entsprechende Fragen werden auch vom Arbeitnehmer als berechtigt empfunden.

Problematisch wird ein Fragerecht des Arbeitgebers in dem Bereich mehr der privaten Sphäre des Bewerbers zugehöriger Umstände, wie etwa bei den Vermögensverhältnissen oder beim Gesundheitszustand. Wo hier die Grenze zu ziehen ist, ist in Rechtsprechung und Lehre seit längerem umstritten, aber bisher nur unzureichend geklärt. Ausdrückliche gesetzliche Vorschriften fehlen. Eine für die Frage nach Vorstrafen bedeutsame Regelung enthält immerhin das Bundeszentralregistergesetz vom 18. März 1971 in § 51. Über die Auslegung dieser Norm bestehen allerdings bereits grundsätzliche Meinungsverschiedenheiten[1].

Die Fragen des Unternehmers verursachen sowohl in der Praxis als auch in der Theorie immer wieder Schwierigkeiten[2]. Die unternehmerische Vertragsfreiheit ist betroffen. Das Ausmaß dieser Freiheit wird von ideologischen und politisch-gesellschaftlichen Wertungen beeinflußt, die naturgemäß die Gefahr einer einseitigen Parteinahme mit sich bringen. Sie ist um so größer, je weniger Wert auf eine dogmatische Fundierung des Fragerechts gelegt wird. Kernstück dieser Arbeit bildet daher die Suche nach einer einheitlichen dogmatischen Grundlage

---

[1] Siehe *Götz*, BB 1971, 1325 f., einerseits und *Maurer*, ArbuR 1972, 9 ff., andererseits.

[2] *Hofmann*, SAE 1971, 134 ff. (134); *Erdmann / Jürging / Kammann*, Rdn. 1 zu § 94 BetrVG.

für die Einschränkung der Entscheidungsfreiheit des Arbeitgebers durch die gebotene Begrenzung seines Fragerechts, für die bisher noch keine zufriedenstellende Erklärung gefunden wurde[3]. Richtlinien sollen erarbeitet werden, mit deren Hilfe die einzelnen Fragen besser bewertet werden können. Obwohl das Fragerecht verhältnismäßig einfach und übersichtlich gestaltet sein sollte, darf sich doch diese Maxime nicht zu Lasten erforderlicher Differenzierungen auswirken. Ziel muß es sein, dem Arbeitgeber für die Bestimmung der Zulässigkeit bzw. Unzulässigkeit einer Frage möglichst eindeutige Kriterien zu liefern. Nur so ist auch eine sinnvolle Handhabung des § 94 des neuen Betriebsverfassungsgesetzes vom 15. Januar 1972 möglich, wonach Personalfragebogen der Zustimmung des Betriebsrates unterliegen.

Das Fragerecht im öffentlichen Dienst wird in die Untersuchung einbezogen. Unerörtert bleiben psychologische Testverfahren wie Leistungs-, Intelligenz- und Persönlichkeitstests[4].

---

[3] *Konzen,* ZfA 1972, 131 ff. (168); siehe ferner *Leipold,* ArbuR 1971, 161 ff. (162).

[4] Dazu neuerdings *Schmid,* Testverfahren.

Erstes Kapitel

Die Fragen des Arbeitgebers in ihrer praktischen Bedeutung

Die Arbeitsrechtswissenschaft sollte bei ihren Untersuchungen nie die Arbeitswelt außer acht lassen. Nur die Berücksichtigung der Praxis des Arbeitslebens ermöglicht ausgewogene, lebensnahe Entscheidungen. Den tatsächlichen Hintergrund der Fragen des Arbeitgebers erhellen die Erörterung des Bewerbungsfragebogens sowie ein Überblick der Rechtsprechung entnommener Fälle.

§ 1. Der Bewerbungsfragebogen

Zunehmende Bürokratisierung und Entpersönlichung des Arbeitslebens setzen bereits mit der Aufnahme von Vertragsverhandlungen zwischen dem Arbeitgeber und dem Arbeitnehmer ein. Vor allem in Mittel- und Großbetrieben wird die schlichte mündliche Befragung des Bewerbers in stetig steigendem Maße durch den Bewerbungsfragebogen zurückgedrängt[1], der auszufüllen und in der Regel mit der ausdrücklichen Versicherung der Richtigkeit und Vollständigkeit der gemachten Angaben zu unterzeichnen ist.

I. Begriff

Unter einem Bewerbungsfragebogen versteht man einen vom Arbeitgeber selbst erstellten oder von dritter Seite generell erarbeiteten Vordruck, in dem vom Bewerber zu beantwortende Fragen zusammengestellt sind, die Aufschluß über dessen Person geben sollen[2]. In der Praxis wird zumeist vom Personalfragebogen[3] oder auch nur vom Personalbogen gesprochen. Mit diesen Begriffen werden dann allerdings verschiedene Sachverhalte angesprochen, je nach dem Zeitpunkt

---

[1] Vgl. *Frey*, ArbuR 1953, 167 ff. (168), der vom „Zeitalter der Fragebogen" spricht; ferner *Neumann-Duesberg*, UFITA 36, 101 ff. (101).

[2] Vgl. *Brill*, ArbuR 1968, 136 ff. (136).

[3] Siehe z. B. „Muster-Personalfragebogen" der BDA v. 10. 6. 1969; so auch die einzige, sich mit dem Arbeitgeberfragebogen befassende gesetzliche Vorschrift des § 94 Abs. 1 Satz 1 BetrVG.

der Vorlage des Bogens. 3 unmittelbar aufeinanderfolgende Zeitstufen sind zu unterscheiden: die Zeit der Vertragsanbahnung, dann der Abschnitt zwischen Vertragsabschluß und tatsächlicher Arbeitsaufnahme und schließlich der Zeitraum vom Dienstantritt bis zur Beendigung des Arbeitsverhältnisses. In der Regel wird der Fragebogen bereits beim ersten Kontakt vom Arbeitgeber dem Bewerber als Bewerbungsfragebogen ausgehändigt. Teilweise übergibt der Unternehmer einen Fragebogen zur Ausfüllung erst nach Abschluß des Arbeitsvertrages. Zusätzlich zu diesen Möglichkeiten gewinnt die Vorlage eines Fragebogens nach der tatsächlichen Arbeitsaufnahme für die Ergänzung und Berichtigung der Personalunterlagen zunehmend an Bedeutung. Der einheitliche Begriff darf jedoch nicht darüber hinwegtäuschen, daß aus dem unterschiedlichen Zeitpunkt der Befragung auch eine unterschiedliche rechtliche Beurteilung der Fragen folgen kann.

II. Bedeutung

Der Bewerbungsfragebogen ist ein wichtiges Hilfsmittel bei der Auswahl und Einstellung neuer Mitarbeiter[4]. Er bietet nicht nur dem Arbeitgeber, sondern beiden Parteien Vorteile. Allgemein dienlich ist die Beweiskraft des Fragebogens, vor allem bei späteren gerichtlichen Streitigkeiten. Unter anderem im Rahmen einer Klage des Arbeitnehmers auf Feststellung des Fortbestehens des Arbeitsverhältnisses trotz einer auf die wahrheitswidrige Beantwortung einer Frage gestützten Kündigung oder Anfechtung des Arbeitgebers lassen sich Fragen und Antworten leicht nachweisen, § 416 ZPO. Darüber hinaus spricht dann eine Vermutung dafür, daß mündlich keine weiteren Fragen gestellt und falsch beantwortet wurden.

Der Nutzen des Fragebogens liegt für den Unternehmer in erster Linie darin, daß die erforderlichen Daten zur Person des Bewerbers systematisch und lückenlos erfaßt werden. Langatmige und nichtssagende Bewerbungen sind weitgehend ausgeschlossen. So kann sich der Arbeitgeber jederzeit schnell und umfassend über den Arbeitnehmer informieren. Von vornherein ungeeignete Bewerber können ohne großen Zeitaufwand ermittelt, die anderen hinsichtlich ihrer Eignung für einen bestimmten Arbeitsplatz miteinander verglichen werden. Der Fragebogen dient damit auch der Vorbereitung der fast immer notwendigen und zu empfehlenden persönlichen Vorstellung[5] der in die engere Wahl gezogenen Arbeitnehmer und bildet bei den Verhandlun-

---

[4] Vgl. Arbeitsbericht Nr. 29 des Ausschusses für Soziale Betriebsgestaltung bei der BDA.

[5] *Schmid,* BB 1971, 1237 ff. (1238).

gen selbst neben Lebenslauf, Zeugnissen und Befähigungsnachweisen eine wesentliche Gesprächsgrundlage. Ferner erleichtert die Verwendung eines Bewerbungsbogens die dem Unternehmer in Betrieben mit in der Regel mehr als 20 wahlberechtigten Arbeitnehmern nach § 99 Abs. 1 BetrVG gegenüber dem Betriebsrat obliegende Auskunft über den Bewerber. Nicht zuletzt schließlich senkt die durch den Fragebogen erreichte Rationalisierung die Kosten der Einstellung.

Dem Arbeitnehmer nimmt die Verwendung eines Fragebogens die Scheu vor einem von ihm zu gestaltenden Bewerbungsschreiben. Unbeholfene Bewerbungen werden vermieden. Darüber hinaus kann der Stellungsuchende die Fragen zu Hause in Ruhe beantworten und steht nicht, wie bei einer mündlichen Befragung, vor dem Zwang, unverzüglich zu antworten.

Um ein besseres Verständnis des Arbeitnehmers für die Notwendigkeit des Bewerbungsbogens und auch der Befragung generell zu erreichen, empfiehlt es sich, dem Fragebogen ein seine Bedeutung erläuterndes Vorwort voranzustellen. Hierzu ein Vorschlag:

„Wir wissen, daß Fragebogen nicht beliebt sind. Diese Art der Information ist aber bei Bewerbungen von wichtiger Bedeutung. Unser Bewerbungsfragebogen soll zu einer richtigen Entscheidung über die Besetzung des freien Arbeitsplatzes und Ihre Berufstätigkeit in der nächsten Zeit beitragen. Dazu ist es unumgänglich, Arbeitsinhalt und Arbeitsanforderungen der zu besetzenden Stelle mit Ihrer Berufseignung zu vergleichen. Deshalb müssen wir Sie bitten, die folgenden Fragen genau zu beantworten; rechtlich sind Sie allerdings nicht zur Auskunft verpflichtet. Wir sichern Ihnen strenge Vertraulichkeit zu."

III. Zulässigkeit

Den beiderseitigen Vorzügen des Bewerbungsbogens entspräche es, die schriftliche Befragung als solche ohne weiteres für zulässig zu halten. Aus § 94 Abs. 1 BetrVG scheint sich indes das Gegenteil zu ergeben. Nach dieser Vorschrift bedürfen Personalfragebogen der Zustimmung des Betriebsrates. Auf den ersten Blick, vgl. § 94 Abs. 1 Satz 2 BetrVG, liegt die Auffassung nahe, die erforderliche Einigung zwischen Arbeitgeber und Betriebsrat beziehe sich neben dem konkreten Inhalt der Fragen auch darauf, ob überhaupt Fragebogen verwendet werden dürfen[6].

Der Gesetzgeber wollte mit der Einschaltung des Betriebsrates lediglich sicherstellen, „daß die Fragen auf die Gegenstände und den Um-

---

[6] So *Fitting / Auffarth / Kaiser*, Rdn. 2 zu § 94 BetrVG; *Frauenkron*, Rdn. 2 zu § 94 BetrVG; *Fabricius / Kraft / Thiele / Wiese*, Rdn. 3 zu § 94 BetrVG; *Schneider*, BlStSozArbR 1973, 60 ff. (62).

fang beschränkt bleiben, für die ein berechtigtes Auskunftsbedürfnis des Arbeitgebers besteht"[7]. Gerade der Arbeitnehmerseite sind die Vorteile einer schriftlichen Befragung bekannt, und so richtet sich denn auch ihre Abneigung nicht gegen den Fragebogen als solchen, sondern allein gegen eine zu umfassende Befragung, die sie das Mißtrauen des Arbeitgebers spüren läßt. Die Rechtsprechung hat in ihren Entscheidungen zum Fragerecht nie gegen die Schriftform Stellung bezogen. Das *Bundesarbeitsgericht*[8] hat im Gegenteil die Zulässigkeit der Frage nach einer Schwangerschaft an die angemessene Form der Befragung geknüpft und als Beispiele die Vorlage eines Fragebogens oder einer zu unterschreibenden Erklärung angeführt. Auch sonst wurde vor Erlaß des § 94 BetrVG die Befugnis des Arbeitgebers zur Verwendung von Personalfragebogen von niemandem überhaupt nur angezweifelt[9]. Ein plausibler Grund gegen die Aufstellung eines Bewerbungsfragebogens ist nicht denkbar. Die Wahl der Schriftform bei Befragungen der Bewerber ist somit ohne weiteres zulässig[10], wenn nicht sogar in bestimmten Fällen die einzige zulässige Befragungsart[11].

Rechtsmethodisch folgt dieses Ergebnis allerdings nicht bereits aus einer restriktiven Auslegung des § 94 Abs. 1 Satz 1 BetrVG. Der mögliche Wortsinn als Grenze jeder Auslegung[12] ist ja bekanntlich nicht isoliert aus der gerade strittigen Einzelvorschrift zu entnehmen, sondern muß vielmehr in Zusammenhang mit der gesamten rechtlichen Regelung der betreffenden Materie gesehen werden. Danach könnte § 94 Abs. 1 Satz 1 BetrVG — „Personalfragebogen bedürfen der Zustimmung des Betriebsrats" — bei verbindungsloser Betrachtung durchaus einschränkend in dem hier vertretenen Sinn ausgelegt werden, nicht aber bei der gebotenen Gesamtschau mit Satz 2 dieses Absatzes — „Kommt eine Einigung über ihren Inhalt nicht zustande, so entscheidet die Einigungsstelle" —. Nach dem Wortlaut des Satzes 2 bezieht sich die Einigung zwischen Arbeitgeber und Betriebsrat gerade nicht nur auf den Inhalt, sondern — als einzige weitere Möglichkeit — auch auf die Aufstellung eines Personalfragebogens. Wenn damit eine einschränkende Auslegung scheitert, so können und müssen doch die

---

[7] Amtl. Begründung zu § 94 Abs. 1 BetrVG, BT-Drucks. VI/1786, S. 50.

[8] Urteil v. 22. 9. 1961, BAGE 11, 270 ff. (274) = AP Nr. 15 zu § 123 BGB.

[9] Siehe *Brill*, ArbuR 1968, 136 ff. (137) m. w. N.

[10] Ebenfalls nur für ein Recht des Betriebsrats zur Kontrolle des Inhalts von Personalfragebogen (allerdings ohne Begründung): *Brecht*, Rdn. 1 zu § 94 BetrVG; *Arbeitsring Chemie*, Rdn. 2 zu § 94 BetrVG; wohl auch *Sahmer*, Rdn. 1 zu § 94 BetrVG.

[11] So *Neumann-Duesberg*, UFITA 36, 101 ff. (103) für die Frage nach einer Schwangerschaft bei ledigen Bewerberinnen.

[12] *Larenz*, Methodenlehre, S. 303 f.

Sätze 1 und 2 des § 94 BetrVG durch teleologische Reduktion[13] auf den Gesetzessinn zurückgeführt werden. Ihre Rechtfertigung folgt aus der auf die Kontrolle des Inhalts der Fragebogen begrenzten Zielsetzung des Gesetzgebers.

IV. Inhalt

1. Die Fragen

In den vom Verfasser ausgewerteten 100 Bewerbungsbogen von Unternehmen unterschiedlicher Branchen und Größen tauchen die verschiedensten Fragen auf, die hier wiedergegeben werden sollen, soweit sie nicht nur unmittelbar die fachliche Qualifikation des Bewerbers betreffen und hinsichtlich ihrer Berechtigung Zweifel bestehen. Divergenzen zwischen privatem und öffentlichem Dienst bestehen dabei grundsätzlich nicht.

„Sind Sie vorbestraft? Gerichtliche, polizeiliche, disziplinarische Vorstrafen? Einschlägige Vorstrafen? Verhängung einer gerichtlichen Strafe, die nicht gelöscht ist und auch nicht der beschränkten Auskunft unterliegt? Sind Sie innerhalb der letzten 10 (5) Jahre gerichtlich (mit Freiheitsentzug, mit Freiheitsentzug über 3 Monaten) bestraft worden? Verurteilung zu einer Freiheitsstrafe, die noch nicht verbüßt ist? Gegebenenfalls Zeitpunkt und Grund der Verurteilung sowie Höhe der Strafe? Sind Sie bereit, ein Führungszeugnis vorzulegen? Schwebt gegen Sie ein Strafverfahren, gegebenenfalls welches? Laufen polizeiliche Ermittlungen? Wurde jemals ein Straf- oder Ermittlungsverfahren gegen Sie eingeleitet; wenn ja, aus welcher Ursache? Welche Folgen sind für Sie daraus erwachsen?

Haben Sie Schulden, gegebenenfalls Höhe, Grund, Gläubiger, monatliche Belastung? Leben Sie in geordneten wirtschaftlichen Verhältnissen? Haben Sie außergewöhnliche (besondere, drückende, ein Monatsgehalt übersteigende, langfristige, nicht durch Sachwerte in vollem Umfang abgesicherte, möglicherweise zu Lohnpfändungen führende) finanzielle Verpflichtungen? Sind Sie mit Schuldverpflichtungen im Rückstand? Liegen Lohnabtretungen oder Lohnpfändungen vor? Sind Pfändungen zu erwarten? Haben Sie Unterstützungs- oder Unterhalts-

[13] Zur Einschränkung von Normen durch teleologische Reduktion siehe im einzelnen *Larenz*, Methodenlehre, S. 341 ff. (369 ff.). Wenn die Gerichte bisweilen von einer Auslegung entgegen dem eindeutigen Wortlaut sprechen (vgl. BGH v. 24. 6. 1955, BGHZ 18, 44 ff., 49; BAG v. 17. 11. 1961, BAGE 12, 43 ff., 47), handelt es sich in Wirklichkeit bereits um eine teleologische Reduktion bzw. bei Erweiterungen des Anwendungsbereichs einer Norm um Analogie. Für das Ergebnis, nicht für die Rechtsmethodik, ist die Differenzierung zwischen restriktiver Auslegung und teleologischer Reduktion unerheblich, da dieselben teleologischen Kriterien gelten, vgl. *Larenz*, S. 342.

verpflichtungen (Grund, Gläubiger)? Sind Sie Bürge für die Schuld eines anderen (in welcher Höhe, bei wem)?

Sind Sie schwanger? Sind die Voraussetzungen des Mutterschutzgesetzes gegeben? Voraussichtlicher Tag der Niederkunft? Haben Sie Anzeichen einer Schwangerschaft festgestellt? Haben Sie in den letzten 4 Monaten entbunden? Werksarzt: Machen Sie Angaben über Ihre Periode, Geburten, Fehlgeburten.

Sind Sie gesund (völlig gesund)? Geben Sie jede (nur eine schwere, nur eine die vorgesehene Tätigkeit beeinträchtigende, nur eine ansteckende) Erkrankung, körperliche Gebrechen, Operationen, Unfälle in der Vergangenheit (in den letzten 5 Jahren) und der Gegenwart an. Neigen Sie häufig zu kleinen Krankheiten? Wann waren Sie zuletzt krank? Waren Sie in den letzten 6 Monaten in ärztlicher Behandlung? Dauer der Krankheiten in den letzten 12 (24) Monaten? Wie lange waren Sie im letzten Jahr arbeitsunfähig? Sind Sie (anerkannter) Schwerbeschädigter? Ist eine Vorbeugungs-, Heil- oder Genesungskur beantragt oder bewilligt? Sind Sie bereit, sich durch einen Werksarzt (einen Arzt Ihres Vertrauens) untersuchen zu lassen?

Konfession? Welcher Gewerkschaft gehören Sie an? Bekleiden Sie öffentliche Ämter, Ehrenämter und dergleichen (wenn ja: welche)? Mitgliedschaft in Verbänden oder Organisationen? Haben Sie ein Hobby? Was machen Sie in Ihrer Freizeit? Welches ist Ihre liebste Freizeitbeschäftigung? Ledig, verheiratet, verwitwet, geschieden, getrennt lebend (seit wann)? Tag der Eheschließung (standesamtlich, kirchlich)? Eigener Haushalt, Art der Wohnung (z. B. Mietwohnung, Eigentum usw.)? Wohnungen seit 1950, Anschriften in den letzten 10 Jahren? Höhe Ihres derzeitigen bzw. letzten Gehaltes? Warum verlassen bzw. verließen Sie Ihre bisherige Stellung? Geben Sie alle bisherigen Tätigkeiten seit dem 15. Lebensjahr (seit dem Ende Ihrer Ausbildung) lückenlos an mit Name, Art und Sitz des Betriebes, Ihrer Position, Ihrem Gehalt, der Dauer Ihrer Beschäftigung, dem Grund Ihres Ausscheidens. Falls Sie während irgendeiner Zeit ohne Stellung gewesen sind, geben Sie bitte an, wo Sie sich zu dieser Zeit aufgehalten haben. Wurden Sie jemals fristlos entlassen? Sind Ihre Verhältnisse geordnet?

Name, Geburtsdatum, Konfession, Staatsangehörigkeit Ihres Ehegatten? Erhält der Ehegatte Unterstützung? Ist Ihr Ehegatte erwerbstätig (Beruf, jetzige Tätigkeit, Beginn der Arbeitsaufnahme, Arbeitgeber, monatliches Einkommen)? Ist er vorbestraft? Hat er Schulden? Name, Geburtsdatum, Konfession, Familienstand, Anschrift Ihrer Kinder? Welchen Beruf (gegebenenfalls Arbeitgeber, monatliches Einkommen) üben sie aus, oder welche Schule besuchen sie? Name, Anschrift, Beruf Ihrer Eltern? Lebt Ihr Vater, Ihre Mutter? Name, Alter, Beruf Ihrer Geschwister? Sind oder waren Verwandte (Angehörige, Verschwägerte, Freunde, nähere Bekannte) in unserem Betrieb (in unserem Unternehmen, in der gleichen Branche) tätig? Gegebenenfalls Name, Verwandtschaftsgrad, Beruf, Stellung[14]?“

2. Allgemeine Stellungnahme

a) Differenzierung nach Personengruppen

Überwiegend wird für alle Bewerber ein einheitlicher Personalfragebogen benutzt. Recht häufig werden allerdings für die Gruppen der gewerblichen Arbeitnehmer und der Angestellten inhaltlich unterschiedliche Bogen verwendet. Seltener ist die weitere Trennung in Fragebogen für technische und kaufmännische Angestellte; nur vereinzelt bedient man sich eines besonderen Fragebogens für leitende Angestellte i. S. des § 5 Abs. 3 BetrVG[15].

Gegen den einheitlichen Fragebogen spricht entscheidend, daß allein schon wegen der unterschiedlichen Tätigkeitsmerkmale bei der Vergabe von höheren Positionen umfassendere Auskünfte benötigt werden als bei der Besetzung von untergeordneten Arbeitsplätzen. Unterschiedliche Bogen für gewerbliche Arbeitnehmer einerseits und Angestellte andererseits sind daher sinnvoll und zu befürworten[16]. Darüber hinaus sollten aus dem schon genannten Grund auch unterschiedliche Fragebogen für technische, kaufmännische und leitende Angestellte vorhanden sein. Wenn der Ausschuß für Soziale Betriebsgestaltung bei der Bundesvereinigung der Deutschen Arbeitgeberverbände[17] gegen eine über die Trennung von gewerblichen Arbeitnehmern und Angestellten hinausgehende Differenzierung einwendet, sie erschwere die Arbeit mit dem Bewerbungsbogen, weil ein schneller Vergleich nicht mehr gewährleistet sei, so muß dem widersprochen werden. Bei der Personalauswahl ist eine Gegenüberstellung der jeweiligen Bewerbergruppen um Stellungen als technische, kaufmännische und leitende Angestellte weder erforderlich noch sinnvoll. Gerade die Trennung ermöglicht einen raschen Vergleich der wirklich miteinander konkurrierenden Bewerber.

---

[14] In den USA wird noch umfassender als bei uns gefragt, u. a. nach der ideologischen Weltanschauung und nach Bekanntschaften des Bewerbers; siehe dazu *Westin*, S. 148 f.

[15] Diese in der Praxis vorkommende Unterscheidung innerhalb der Gruppe der Angestellten übersieht der Ausschuß für Soziale Betriebsgestaltung bei der BDA in seinem Arbeitsbericht Nr. 29, S. 3.

[16] Ebenso *Haberkorn*, ArbGeb. 1966, 427 f. (427); vgl. auch *Stege / Weinspach*, Rdn. 4. 3134, S. 301.

[17] Arbeitsbericht Nr. 29.

Schlessmann[18] empfiehlt getrennte Fragebogen für weibliche und männliche Bewerber. Sein Musterpersonalfragebogen (m) entspricht allerdings dem Musterpersonalfragebogen (w) mit Ausnahme der zusätzlichen Fragen nach dem Wehrverhältnis, nach Kriegsbeschädigungen und sonstigen Erwerbsminderungen sowie mit Ausnahme des Wegfalls der Frage nach einer Schwangerschaft[19]. Zu Recht ist kaum ein Arbeitgeber diesem Vorschlag gefolgt. Nur ganz minimal sind unterschiedliche Fragen erforderlich, die aber ohne weiteres innerhalb eines einheitlichen Fragebogens entsprechend gekennzeichnet werden können. Eine Trennung würde hier den Vergleich sich um denselben Arbeitsplatz bewerbender Frauen und Männer nur erschweren.

b) Umfang der Befragung

Nicht immer sind die Fragen genügend klar, genau und verständlich abgefaßt, so daß dann der Bewerber über den Umfang des Auskunftsbegehrens des Arbeitgebers im unklaren gelassen wird. Beste Beispiele sind hierfür Fragen, die etwaige Schulden des Arbeitnehmers aufdekken sollen. Ob „geordnete wirtschaftliche Verhältnisse“, „außergewöhnliche“, „besondere“, „drückende“ finanzielle Verpflichtungen vorliegen, wird dem Bewerber, der etwa einen PKW auf Raten gekauft hat, einiges Kopfzerbrechen bereiten. Weit formulierte Fragen führen zu geringer Verwertbarkeit der Antworten, die bei gleichem Sachverhalt dennoch unterschiedlich — je nach der Auslegung der Fragen durch den Bewerber — ausfallen werden. Im beiderseitigen Interesse sollten die Fragen daher eng umrissen sein und so genau erkennen lassen, wonach im einzelnen gefragt ist.

Die Anzahl der in dem Bewerbungsbogen enthaltenen Fragen differiert von Unternehmen zu Unternehmen. Im öffentlichen Dienst ist zum Teil eine gegenüber dem privaten Dienst verfeinerte Befragung zu beobachten. Soweit verschiedene Bogen für einzelne Personengruppen verwendet werden, steigt die Zahl der Fragen in der Reihenfolge der Befragung der gewerblichen Arbeitnehmer, der kaufmännischen und technischen Angestellten sowie der leitenden Angestellten. Knapp gehaltene, vorbildliche Fragebogen sind durchaus vorhanden, wenn auch selten. In der Regel werden heute 20 - 30, manchmal sogar über 50, nicht unmittelbar die fachliche Qualifikation des Bewerbers berührende Fragen gestellt. Der vor allem in den Jahren 1966 und 1967 von den Sozialpartnern und der Bundesregierung zum Ausdruck gebrachte

---

[18] Personalleitung, S. 104 ff.

[19] Die Fragen nach Namen, Geburtstag und Konfession des Ehemannes sind im Fragebogen (w) wohl nur versehentlich unterblieben, vgl. Fragebogen (m), S. 104.

Wunsch nach knapp gefaßten Fragebogen erfüllte sich also nicht[20]. *Meisel*[21] wirft deshalb der Presse weitgehend zu Unrecht vor, sie habe Fälle aufgebauscht, „in denen angeblich Betriebe mit detaillierten Fragebogen bei Neueinstellungen die Intimsphäre der Arbeitnehmer unnötigerweise verletzt hätten". Wenn ferner *Schlessmann*[22] meint, „im deutschen Unternehmertum seien nicht mal Ansätze zu irgendwelchen Verletzungen der Würde des arbeitenden Menschen erkennbar", so ist dies unzutreffend, wie gerade die umfassende Befragung der Bewerber zeigt.

Auch die bereits 1962 von *Neumann-Duesberg*[23] erwogene und schließlich im neuen Betriebsverfassungsgesetz in § 94 Abs. 1 verankerte Einschaltung des Betriebsrates brachte bisher keine wesentliche Verringerung der Fragen. Vom Verfasser befragte Unternehmen teilten vielmehr in aller Regel mit, die Betriebsräte hätten dem Fragebogen vorbehaltlos zugestimmt. Hier zeigt sich das mangelnde soziale Interesse des Betriebsrates am Schutz Außenstehender[24], das nicht selten sogar zu einer Abwehrstellung gegenüber irgendwie negativ gekennzeichneten Bewerbern, z. B. Vorbestraften[25], und damit zu einer Übereinstimmung zwischen Betriebsrat und Arbeitgeber führt. Wie wenig anscheinend § 94 Abs. 1 BetrVG die ihm zugedachte Präventivkontrolle zu erfüllen vermag, zeigt der von jedem Bewerber auszufüllende Fragebogen eines weltweiten Getränkeunternehmens, dem der Gesamtbetriebsrat zugestimmt hat. Es wird z. B. gefragt, ob der Ehegatte vermißt ist oder vom Bewerber getrennt lebt (gegebenenfalls seit wann). Sämtliche Stellungen seit Verlassen der Schule sollen angegeben werden mit Namen und Adresse des Arbeitgebers, Branche, Position, Gehalt, Dauer der Beschäftigung und jeweiligem Kündigungsgrund, bei Stellenlosigkeit Aufenthaltsort und Datum. Weitere Fragen sind: Wie wohnen Sie (Hauseigentum, Wohnungseigentum, Mietwohnung, Untermiete, bei den Eltern)? Sind Ihre Vermögensverhältnisse geordnet? Haben Sie jemals eine Strafe erhalten? Sind Sie jemals aus einer Stellung entlassen worden (genaue Angaben warum)?

---

[20] Vgl. Erklärung der BDA v. 19. 2. 1966, RdA 1966, 468; „Muster-Personalfragebogen" der BDA v. 10. 6. 1969; Kritik auf einem Frauentreffen des DGB, abgedruckt in ArbuR 1967, 150; Bericht des BMin. f. Arbeit u. Sozialordnung, abgedruckt in ArbuR 1967, 240; BT-Sitzungsberichte V/76, S. 3529 ff.

[21] S. 71.

[22] RdA 1973, 190 f. (191).

[23] UFITA 36, 101 ff. (114).

[24] Siehe *Ramm*, ArbuR 1963, 161 ff., 161, der aus dem gleichen Grund die Pflicht des Betriebsrates zur Förderung der Eingliederung schutzbedürftiger Personen in den Betrieb, § 80 Abs. 1 Nr. 4 BetrVG, als „wohlmeinende, aber ineffektive gesetzgeberische Deklamation" bezeichnet.

[25] Dazu *Großmann*, ArbuR 1969, 97 ff. (99).

An dieser Stelle läßt sich ganz allgemein feststellen, daß die Bewerbungsfragebogen oft zu umfangreich sind. Es besteht sogar die Befürchtung, daß bei einer länger anhaltenden verbreiteten Arbeitslosigkeit die Befragung der Bewerber ausgedehnt werden wird[26]. Die Arbeitgeber zeigen so deutlich ihr Mißtrauen gegenüber jedem „Neuen". Sie können dann aber nicht ihrerseits Vertrauen des Arbeitnehmers verlangen. Nur Vertrauen erweckt Vertrauen.

c) Freistellung der Beantwortung

Manchmal stellen Arbeitgeber einzelne Fragen mit dem einschränkenden Hinweis, ihre Beantwortung sei freigestellt oder Angaben seien freiwillig. Hierin liegt der Versuch, einer auch vom Arbeitgeber selbst als nicht ganz berechtigt empfundenen Frage die Anstößigkeit zu nehmen. Dieser scheitert bereits daran, daß ohnehin wegen der Vertragsfreiheit des Bewerbers niemals eine Rechtspflicht zur Antwort besteht[27] und so bei den Bewerbern durch die Freistellung der Beantwortung einzelner Fragen mitunter ein entsprechender Irrtum verstärkt oder — viel häufiger — erst hervorgerufen wird.

Wenn damit nicht der Hinweis des Arbeitgebers als überflüssig angesehen werden soll, muß in ihm zugleich eine Versicherung gesehen werden, den Bewerber wegen einer unterbliebenen Antwort nicht gegenüber auskunftsbereiten Arbeitnehmern zu benachteiligen. Da die Bewerber die Einhaltung einer solchen Garantie nur sehr selten kontrollieren können, ist sie in aller Regel wertlos. Aus diesem Grunde werden die Stellungsuchenden vielfach das ihnen eingeräumte „Auskunftsverweigerungsrecht" nicht ausüben.

Der Verzicht auf eine Antwort spricht also nicht für die Zulässigkeit einer Frage[28]. Er weist sogar daraufhin, daß die Antwort und damit auch die Frage zur Beurteilung des Bewerbers nicht erforderlich sind. Keine andere Beurteilung erfordert die Freistellung der Beantwortung, wenn für die Frage ein ausdrückliches gesetzliches Auskunftsverweigerungsrecht besteht, etwa nach Art. 140 GG in Verb. mit Art. 136 Abs. 3 WRV für die religiöse Überzeugung, da sich hieraus für die Einstellungssituation nichts Neues ergibt.

Darüber hinaus dürfen einzelne Fragen nicht mit diesem Hinweis versehen werden, da andernfalls ein Irrtum des Bewerbers über seine

---

[26] Vgl. *Ramm*, ArbuR 1963, 161 ff. (162); *Leisner*, S. 407.

[27] Gegen eine solche Pflicht ausdrücklich *Häßler / Kehrmann*, BlStSozArbR 1967, 44 ff. (45); ungenau *Wiese*, ZfA 1971, 273 ff. (300).

[28] Anderer Ansicht ohne Begründung *Johann*, S. 151 (für die Frage nach der Gewerkschaftszugehörigkeit).

Auskunftspflicht und etwaige Sanktionen bei ihrer Verletzung entstehen könnte. Am besten wäre es, wenn die Arbeitgeber in einem Vorwort zum Fragebogen[29] u. a. auf die Freistellung der Beantwortung aller Fragen hinweisen würden.

d) Auflösungsklausel und Schadensersatzklausel

aa) Auflösungsklausel

Am Schluß fast aller Fragebogen muß der Bewerber seine Unterschrift unter die sog. Auflösungsklausel setzen[30]. Gebräuchlich sind Fassungen wie: „Ich versichere, daß die vorstehenden Angaben der Wahrheit entsprechen und vollständig sind. Es ist mir bekannt, daß wegen unwahrer Angaben oder wegen Verschweigens wesentlicher Tatsachen der Vertrag fristlos angefochten bzw. gekündigt werden kann[31].“ „Es ist mir bekannt, daß wissentlich falsche Angaben, die nach der Einstellung festgestellt werden, zur fristlosen Lösung des Arbeitsverhältnisses führen“[32] oder „Ich erkenne das Recht der Firma an, mich sofort zu entlassen, wenn ich unrichtige oder unvollständige Angaben gemacht habe[33].“ „Ich bin damit einverstanden, daß unvollständige und wissentlich oder fahrlässig unrichtige Erklärungen die sofortige Entlassung nachsichziehen können“ oder „Falsche und mangelhafte Angaben auf diesem Fragebogen berechtigen zur sofortigen Entlassung“.

Die erste Klausel wirkt schon aufgrund ihres auf das Gesetz verweisenden Wortlautes nur deklaratorisch. Lediglich deklaratorische Bedeutung hat auch die Versicherung der Richtigkeit und Vollständigkeit.

Die übrigen Formulierungen erwecken den Anschein, als würde die Unterzeichnung der Klausel die Rechtslage zum Nachteil des Arbeitnehmers ändern. Hinsichtlich der sofortigen Entlassung in der zweitletzten und letzten Klausel liegt eindeutig die Vereinbarung eines wichtigen Grundes im Sinne des § 626 Abs. 1 BGB vor; eine fristlose Entlassung ist zwar auch durch Anfechtung möglich, doch sind die Anfechtungstatbestände der §§ 119, 123 BGB rechtsgeschäftlichen Erweiterungen auf keinen Fall zugängig. Zweifelhaft ist indes, ob die zweite und dritte Klausel mit genügender Klarheit die Abrede eines wichtigen

[29] Siehe oben § 1 II.

[30] Vgl. *Brill*, ArbuR 1968, 136 ff. (138).

[31] So im „Muster-Personalfragebogen“ der BDA v. 10. 6. 1969.

[32] So in dem der Entscheidung des BAG v. 12. 2. 1970 zugrunde liegenden Personalfragebogen, vgl. BAGE 22, 278 ff. = AP Nr. 17 zu § 123 BGB.

[33] *Brill*, ArbuR 1968, 136 ff. (138).

Grundes enthalten[34] und sie nicht vielmehr von vornherein nur deklaratorische Bedeutung besitzen[35].

Verlangt man für die außerordentliche Kündigung, im Gegensatz zur Anfechtung, einen erst im Laufe des Arbeitsverhältnisses entstandenen Grund[36], so ist eine das vorherige Verhalten des Bewerbers als wichtigen Grund ansehende Vereinbarung nicht möglich. Nach ganz h. M.[37] kann aber eine Kündigung auch aus Umständen erfolgen, die bereits beim Abschluß des Arbeitsvertrages gesetzt wurden.

Unter dieser Prämisse wurde die Vereinbarung eines im Einstellungsverhalten liegenden außerordentlichen Kündigungsgrundes bisher von Rechtsprechung und Lehre als grundsätzlich zulässig angesehen[38]. In seinem Urteil vom 15. 1. 1970 führt das *Bundesarbeitsgericht* allerdings aus, eine solche Abmachung sei dann nicht zulässig, wenn der vereinbarte wichtige Grund einer richterlichen Nachprüfung gemäß § 626 BGB nicht standhalte[39]. Mit dieser Aussage nimmt das Gericht der Abrede ihren gerade beabsichtigten Wert. Wenn nämlich die vereinbarten wichtigen Gründe im konkreten Fall solche sein müssen, die für den Arbeitgeber die Fortsetzung des Arbeitsverhältnisses bis zum Ablauf der Kündigungsfrist unzumutbar machen, ist die Vereinbarung insoweit ohne besondere Bedeutung, da damit gerade das Gesetz und nicht der Parteiwille über die Zulässigkeit der außerordentlichen Kündigung entscheidet.

Im Ergebnis liegt das BAG jedenfalls nach der heutigen Rechtslage richtig. Durch das Erste Arbeitsrechtsbereinigungsgesetz vom 14. August 1969 wurden für alle Arbeitsverhältnisse sofort eingreifende zwingende Mindestkündigungsfristen bei der ordentlichen Kündigung eingeführt, § 622 BGB, die für Arbeiter 2 und für Angestellte 4 Wochen betragen[40]. Diese Regelung würde unterlaufen, wenn der in § 626 BGB festgelegte gesetzliche Umfang der außerordentlichen Kündigung er-

---

[34] Vgl. BAG v. 15. 1. 1970 unter I 3 in AP Nr. 7 zu § 1 KSchG Verhaltensbedingte Kündigung (zur Eindeutigkeit einer Vorstrafenklausel).

[35] Im letzteren Sinne wohl das BAG in seinem Urteil v. 12. 2. 1970 hinsichtlich der zweiten Klausel, BAGE 22, 278 ff. (283 unter 3.).

[36] So BAG v. 5. 12. 1957, BAGE 5, 159 ff. (161) = AP Nr. 2 zu § 123 BGB; LAG Bremen v. 6. 12. 1956, WA 1957, 76 f. (76).

[37] BAG v. 18. 4. 1968, AP Nr. 32 zu § 63 HGB, Bl. 719; v. 28. 3. 1974, ARSt. 1974, Nr. 127, S. 113; *Schröder,* JJb. 6, 159 ff. (178 ff.); *Herschel,* AP Nr. 7 zu § 1 KSchG Verhaltensbedingte Kündigung, Bl. 768 R.

[38] BAG v. 17. 4. 1956, BAGE 2, 333 ff. (341) = AP Nr. 8 zu § 626 BGB; v. 12. 2. 1970, BAGE 22, 278 ff.; *Nikisch,* § 50 V 4, S. 721 f.

[39] BAG AP Nr. 7 zu § 1 KSchG Verhaltensbedingte Kündigung, Bl. 768; zustimmend *Hofmann,* SAE 1971, 134 (138); *Hoppe,* BlStSozArbR 1971, 173 ff. (174).

[40] Zur alten Rechtslage siehe *Hueck / Nipperdey,* § 58, S. 571 ff., und zur neuen BAG v. 22. 7. 1971, SAE 1973, 79 f.

weitert werden könnte[41]. Die Vereinbarung eines wichtigen Grundes in den vorliegenden Klauseln verstößt daher gegen § 622 BGB und ist insoweit nach § 134 BGB nichtig[42]; die Berechtigung der der Lüge des Bewerbers zugrunde liegenden Frage des Arbeitgebers spielt keine Rolle[43]. Unabhängig davon ist sie aus 2 weiteren Gründen unwirksam: Zum einen erfaßt die Abrede ohne Ausnahme jede falsche oder unvollständige Beantwortung aller vom Arbeitgeber gestellter Fragen, was mit dem Ausnahmecharakter der fristlosen Kündigung unvereinbar ist. Zum anderen will sie nur für die Arbeitgeberseite äußerst weitgehende Erleichterungen schaffen, während es für die Arbeitnehmerseite bei den gesetzlichen Vorschriften bleiben soll, vgl. § 622 Abs. 5 BGB[44]. So ist die Abrede auch bei einem Aushilfsarbeitsverhältnis unwirksam, bei dem zwingende Mindestkündigungsfristen nicht bestehen, § 622 Abs. 4 BGB.

Die Vereinbarung eines wichtigen Grundes in der Auflösungsklausel ist damit jedoch nicht ohne jegliche Bedeutung. Sie zeigt immerhin auf, welche Umstände Arbeitgeber und Arbeitnehmer als Gründe für eine vorzeitige Beendigung des Arbeitsverhältnisses ansehen[45]. Vor allem aber geht aus ihr der Wille hervor, bei falschen oder unvollständigen Angaben eine möglichst schnelle Beendigung des Arbeitsverhältnisses zu erreichen. Die Klausel kann daher nach § 140 BGB in die Vereinbarung der jeweils gesetzlich zulässigen Mindestkündigungsfristen für eine ordentliche Kündigung umgedeutet werden. Da für eine solche Abmachung ein sachlicher Grund nicht erforderlich ist, kommt es nicht darauf an, ob die zur falschen Antwort führende Frage

---

[41] Siehe BAG v. 17. 4. 1956, BAGE 2, 333 ff. (341); *Nikisch,* § 50 I 4, S. 722; *Hofmann,* SAE 1971, 134 ff. (138), übersieht völlig die Bedeutung der Mindestkündigungsfristen.

Vgl. die ähnl. Problematik bei der Frage der Vereinbarkeit einer Befristung des Arbeitsvertrages mit zwingenden Bestimmungen des Kündigungsrechts; dazu BAG v. 12. 10. 1960, BAGE 10, 65 ff. = AP Nr. 16 zu § 620 BGB Befristeter Arbeitsvertrag, und v. 22. 3. 1973, SAE 1974, 159 f.

[42] Zur Nichtigkeit eines Umgehungsgeschäftes siehe die Entscheidung des BGH v. 19. 12. 1968, BGHZ 51, 255 ff., 262, in der das Gericht u. a. feststellt, daß das Verbot im Gesetz nicht ausdrücklich genannt sein muß, es vielmehr ausreicht, wenn es dort zum Ausdruck kommt. Ob dann das Verbot zur Nichtigkeit nach § 134 BGB führt, ist aus dem Wortlaut der Verbotsvorschrift oder aus ihrem durch Auslegung zu ermittelnden Sinn und Zweck zu entnehmen, BAG v. 2. 3. 1971, BB 1971, 1005.

Auf die weiteren, nach mindestens 5jähriger Beschäftigung eingreifenden Mindestkündigungsfristen nach § 622 Abs. 2 Satz 2 BGB für Arbeiter und nach § 2 des Gesetzes über die Fristen für die Kündigung von Angestellten kommt es deshalb nicht mehr an.

[43] Anderer Ansicht anscheinend *Gumpert,* BB 1970, 804 f. (805).

[44] Vgl. BAG v. 12. 1. 1973, ARSt. 1973, Nr. 143, S. 117 f.; ArbG Verden v. 3. 4. 1974, ARSt. 1974, Nr. 168, S. 150; *Hueck / Nipperdey,* § 59 VIII 5, S. 598.

[45] Siehe BAG v. 12. 11. 1973, BlStSozArbR 1974, 284.

des Arbeitgebers von seinem Fragerecht gedeckt ist oder nicht. In jedem Fall sind alle Fassungen der Auflösungsklausel insofern nützlich, als sie den Bewerber vor den gesetzlichen Folgen einer falschen oder unvollständigen Auskunft warnen und so gleichzeitig dem Arbeitgeber weniger falsche Antworten bringen.

bb) Schadensersatzklausel

Mitunter enthält die Auflösungsklausel eine bedingte Schadensersatzverpflichtung des Bewerbers wegen fehlerhafter Auskünfte in etwa folgender Formulierung: „Falsche oder unvollständige Angaben verpflichten zum Schadensersatz.“ Einer solchen Schadensersatzklausel kommt ebenso wie der Auflösungsklausel eine Warn- und Schutzfunktion zu.

Eine darüber hinausgehende konstitutive Bedeutung ist fraglich. Der Bewerber, der zumindest fahrlässig gegen seine Wahrheitspflicht verstößt, haftet dem Arbeitgeber auf Schadensersatz bereits aus culpa in contrahendo[46]. Dieser Anspruch ist auf Ersatz des negativen Interesses, des sog. Vertrauensschadens, gerichtet.

Konstitutive Bedeutung kann die Schadensersatzklausel daher von vornherein nur dann haben, wenn das positive Interesse des Arbeitgebers sein negatives überwiegt und so eine Ergänzung des Anspruchs aus culpa in contrahendo in Betracht kommt oder wenn er Schadensersatz wegen einer nicht einmal fahrlässig unrichtigen Antwort verlangt. Rechtlich gesehen kommt nur ein nach § 305 BGB zulässiger Garantievertrag[47] in Betracht[48]. Als wesentliche Voraussetzung muß der Übernehmer dabei seinen Verpflichtungswillen eindeutig erkennbar erklären[49]. Eine solche Absicht kann dem Bewerber bei einer so weitgehenden Haftung nicht ohne weiteres unterstellt werden, wie umgekehrt zweifelhaft ist, ob der Arbeitgeber seinen künftigen Mitarbeiter überhaupt hiermit belasten wollte. Eindeutig erkennbar geäußert wäre ein entsprechender Wille des Arbeitnehmers außerdem nur, wenn die Klausel nicht so allgemein gefaßt wäre, sondern den Garantiefall konkret umschreiben würde. Selbst dann beständen aber gegen eine Verpflichtung zur Schadloshaltung bei lediglich objektiv falschen und subjektiv ohne Fahrlässigkeit richtigen Antworten größte Bedenken, die wegen der unbilligen Verlagerung eines typischen Arbeitgeberrisikos auf den Arbeitnehmer zur Sittenwidrigkeit dieser Abrede und damit zu ihrer Nichtigkeit nach § 138 Abs. 1 BGB führen müßten.

---

[46] Siehe BAG v. 7. 2. 1964, BAGE 15, 261 ff.; *Brill*, ArbuR 1968, 136 ff. (137).

[47] Vgl. zum Wesen der Garantie BGH v. 21. 2. 1968, Betr. 1968, 1125.

[48] Vgl. zur vertraglichen Haftungsverschärfung *Palandt / Heinrichs*, Rdn. 5 A zu § 276 BGB.

[49] BGH v. 23. 5. 1960, WPM 1960, 879 ff.

e) Laufende Überprüfung der Fragen

Häufig sind Personalfragebogen seit langem nicht mehr überprüft worden, obwohl sich die rechtlichen und tatsächlichen Verhältnisse im Laufe der Zeit änderten[50]. Vor allem neue höchstrichterliche Entscheidungen und geänderte oder neue Gesetze müssen bei der inhaltlichen Ausgestaltung berücksichtigt werden. Die Arbeitgeberverbände könnten hier wichtige Aufklärungsarbeit leisten und so dazu beitragen, dem Recht eine möglichst große Effektivität im Sozialleben zu sichern.

Die Nachlässigkeit vieler Unternehmer zeigt sich beispielhaft in der Bedeutung der Frage nach Vorstrafen. Das Bundesarbeitsgericht entschied bereits 1957, daß der Bewerber bei der Einstellung nach Vorstrafen nur gefragt werden darf, soweit die Art des zu besetzenden Arbeitsplatzes dies erfordert[51]. Trotzdem wurde weiter und wird auch heute in etwa der Hälfte aller Fälle ohne jede Einschränkung nach Vorstrafen gefragt. Die Schwierigkeiten, die bei der Bestimmung der Einschlägigkeit auftauchen[52], entschuldigen dieses kompromißlose Verhalten nicht[53]. Am 1. Januar 1972 ist das Bundeszentralregistergesetz in Kraft getreten. § 51 BZRG schränkt die Auskunftspflicht hinsichtlich etwaiger Vorstrafen ein[54]. Heute, über 3 Jahre später, enthält kaum ein Fragebogen eine entsprechende Begrenzung[55].

V. Das Interview

In einem Interview[56] im Rahmen des persönlichen Einstellungsgespräches stellen viele Arbeitgeber den Fragebogen ergänzende mündliche Fragen[57]. Zum Teil werden auch einige der bereits im Bewerbungsbogen enthaltenen Fragen nochmals mündlich vorgetragen. Bis heute verdrängen jedoch die Interviews nicht immer mehr den Personalfragebogen, vielmehr ergänzen sie in aller Regel diesen lediglich[58]. Allerdings wird die mündliche Befragung in dem Augenblick zunehmen, in dem die Betriebsräte die ihnen durch das neue Betriebsverfassungsgesetz eingeräumte Kontrolle der Personalfragebogen gewissen-

---

[50] Vgl. *Haberkorn*, ArbGeb. 1966, 427 f. (427).

[51] BAG v. 5. 12. 1957, BAGE 5, 159 ff.

[52] Dazu zuletzt *Götz*, BB 1971, 1325 f. (1326); *Gumpert*, BB 1970, 804 f.

[53] Vgl. *Maurer*, ArbuR 1972, 9 ff. (10), der den Begriff der Einschlägigkeit verteidigt; ferner *Hofmann*, SAE 1971, 134 ff. (136 unter III.).

[54] Vgl. *Götz*, BB 1971, 1325 f. (1326 a. E.).

[55] Allerdings wird sogar in der neuesten Literatur § 51 BZRG übersehen, so etwa *Stege / Weinspach*, Rdn. 4. 31326, S. 296 f.

[56] Dazu *Hanau*, BB 1972, 451 ff. (453).

[57] Vgl. Arbeitsbericht Nr. 29 des Ausschusses für Soziale Betriebsgestaltung bei der BDA.

[58] Siehe demgegenüber *Hanau*, BB 1972, 451 ff. (453).

hafter und erfolgreicher ausüben als bisher. Schon allein wegen der oben aufgezeigten Vorteile des Fragebogens für die Arbeitgeber wird zwar in der Regel weiterhin schriftlich gefragt werden. Von vornherein anstößige oder bereits vom Betriebsrat im Fragebogen beanstandete Fragen werden hingegen nicht selten im Interview gestellt werden.

Zugleich taucht dann in verstärktem Maße das Problem auf, ob nicht auch auf eine den Personalfragebogen ergänzende oder sogar praktisch ersetzende mündliche Befragung § 94 Abs. 1 BetrVG anzuwenden ist. *Hanau*[59] sieht in jedem Interview einen vorgelesenen Fragebogen und hält die Zustimmung des Betriebsrates für erforderlich.

Seine Auffassung kollidiert jedoch schon mit dem Wort „Personalfrage*bogen*“ in § 94 Abs. 1 BetrVG. Wenn der Arbeitgeber dem Bewerber den Fragebogen nicht zur Ausfüllung überreicht, sondern vorliest oder sonst seine Befragung in irgendeiner Weise darauf stützt, greift gewiß § 94 Abs. 1 BetrVG ein[60]. Diese extensive Auslegung erfaßt hingegen nicht die rein mündliche Befragung, da jede Auslegung im möglichen Wortsinn ihre Grenze findet[61]. Würde man in den Fällen, in denen die mündlich gestellten Fragen nicht irgendeinem Schriftstück entnommen sind oder gar ein Fragenkatalog überhaupt nicht existiert, von einem vorgelesenen Fragebogen sprechen, so wäre dies ein Widerspruch in sich. Eine analoge Anwendung des § 94 Abs. 1 BetrVG scheidet bereits deshalb aus, weil eine Gesetzeslücke nicht vorliegt[62]. Dem Gesetzgeber war die vielfach den Fragebogen ergänzende mündliche Befragung bekannt. Wenn er diese dennoch nicht ebenfalls in § 94 BetrVG als zustimmungsbedürftig aufgeführt hat, so hat er bewußt differenziert. Diese Entscheidung muß respektiert werden, zumal sie erst vor kurzem gefällt wurde und so eine Veränderung der Sachlage nicht gegen sie ins Feld geführt werden kann. Rechtsfindung darf nicht zur Rechtspolitik werden[63]. Es ist darüber hinaus angesichts der Schwierigkeiten bei der Kontrolle rein mündlicher Befragungen mehr als zweifelhaft, ob der Entschluß des Gesetzgebers rechtspolitisch als Fehler gewertet werden kann. Als Ergebnis bleibt festzuhalten, daß der Arbeitgeber für rein mündlich gestellte Fragen nicht die Zustimmung des Betriebsrates benötigt[64].

---

[59] Ebd.

[60] Ähnlich *Brecht,* Rdn. 2 zu § 94 BetrVG; *Adomeit,* Betr. 1971, 2360 ff. (2364): Zustimmungserfordernis für „Interview-Texte“.

[61] *Larenz,* Methodenlehre, S. 303 f.

[62] Zur Ausfüllung einer Gesetzeslücke durch Analogie siehe im einzelnen *Larenz,* Methodenlehre, S. 359 ff.

[63] Siehe BAG v. 17. 11. 1961, BAGE 12, 43 ff. (47); *Gamillscheg,* AcP 164, 385 ff. (397 f.).

[64] Ebenso für alle mündlichen Fragen ohne Begründung *Meisel,* S. 74; *Schmid,* Betr. 1974, 1910 ff. (1913); *Erdmann / Jürging / Kammann,* Rdn. 7 zu § 94 BetrVG; *Fabricius / Kraft / Thiele / Wiese,* Rdn. 7 zu § 94 BetrVG.

§ 2. Fälle aus der Rechtsprechung

Die Rechtsprechung mußte sich in den vergangenen Jahren oftmals mit dem Fragerecht des Arbeitgebers bei der Einstellung neuer Mitarbeiter befassen. Urteile ergingen vor allem zu Fragen nach dem Gesundheitszustand, nach einer Schwangerschaft, nach Vorstrafen und den Vermögensverhältnissen.

Die Bewerberin um eine Stelle als Chefsekretärin gibt bei den Einstellungsverhandlungen auf Befragen wahrheitswidrig an, sie sei gesund, obwohl sie seit 4 Wochen krank und mit längerer Dauer der Krankheit zu rechnen war. Da sie die Stelle nicht antritt, nimmt der Arbeitgeber sie für die Kosten zweier Inserate in Anspruch, die erforderlich waren, um eine neue Sekretärin zu finden. Haftet die Arbeitnehmerin aus dem Gesichtspunkt des Verschuldens bei Vertragsverhandlungen? (BAG v. 7. 2. 1964, BAGE 15, 261 ff. = AP Nr. 6 zu § 276 BGB Verschulden bei Vertragsverhandlungen). Obwohl sich der Arbeitgeber nach dem Gesundheitszustand erkundigt, bezeichnet eine Stellungsuchende diesen trotz schwerer Tablettensucht als gut (ArbG Stade v. 19. 2. 1971, ARSt. 1971, Nr. 1199, S. 158), eine andere verschweigt die unmittelbar bevorstehende Kur (ArbG Stade v. 3. 9. 1971, BB 1971, 1235.) Eine Arbeitnehmerin gibt frühere Krankheiten nicht an, obwohl der Unternehmer sie bei der Einstellung fragte, ob sie gesund sei, an chronischen Krankheiten leide oder in früherer Zeit krank gewesen sei (LAG Düsseldorf v. 23. 5. 1961, BB 1961, 975). Ein lungenkranker Bewerber um eine Stelle als Verkäufer verschweigt sein Leiden (LAG Bremen v. 5. 12. 1956, BB 1957, 41)[1], eine Redaktionsassistentin ihr bekannte Gesundheitsschäden (LAG Schleswig-Holstein v. 21. 8. 1969, Betr. 1969, 2091 f.), ein Büroangestellter eine Epilepsie (BAG v. 28. 3. 1974, ARSt. 1974, Nr. 127, S. 113). Ein weiterer Bewerber, der sich seit längerer Zeit in einer chronischen Streßsituation befindet, beantwortet die Frage nach seiner Gesundheit mit „kerngesund" (LAG Berlin v. 6. 7. 1973, ARSt. 1974, Nr. 79, S. 65 f.). Ein an Magenbeschwerden leidender Bewerber um einen Arbeitsplatz in einer Spritzlackiererei bejaht vorbehaltlos die Frage, ob er aufgrund seines Gesundheitszustands in der Lage sei, diese Tätigkeit auszuüben (ArbG Bamberg v. 13. 11. 1973, ARSt. 1974, Nr. 128, S. 114). Ein Schwerbeschädigter weist nicht auf seine Beschädigung hin (ArbG Heide v. 10. 4. 1969, ARSt. 1969, Nr. 1244, .S 159). Ist der Arbeitgeber zu einer Anfechtung des Arbeitsvertrages berechtigt?

Bei einer werksärztlichen Untersuchung wird eine als Schreibkraft eingestellte Bewerberin nach dem ersten Tag ihrer letzten Menstrua-

[1] Bedeutsame Entscheidungen zur Auskunftspflicht des Bewerbers bei unterbliebener Befragung werden ebenfalls mitgeteilt.

tion und vorher darüber befragt, ob eine Schwangerschaft bestehe. Sie macht falsche Angaben (LAG Düsseldorf v. 30. 9. 1971, BB 1972, 706 f.). Eine Arbeitnehmerin verneint wahrheitswidrig die mündliche Frage des Arbeitgebers nach einer Schwangerschaft und intimem Verkehr (LAG Bremen v. 24. 2. 1960, BB 1960, 743). Eine für die Tätigkeit als Näherin in einer Strickwarenfabrik eingestellte Bewerberin teilt ihre Schwangerschaft nicht mit (BAG v. 22. 9. 1961, BAGE 11, 270 ff. = AP Nr. 15 zu § 123 BGB). Der Arbeitgeber will sich von einer schwangeren Arbeiterin trennen, weil diese bei ihrer Einstellung nicht auf Unregelmäßigkeiten ihrer Periode hinwies. Zu Recht? (ArbG Kaiserslautern v. 30. 7. 1969, ARSt. 1971, Nr. 78, S. 71). Die Bewerberin verschweigt auf direktes Befragen ihre Heiratsabsicht (LAG Baden-Württemberg v. 13. 5. 1957, Betr. 1957, 972).

Ein Bewerber für eine untergeordnete Tätigkeit im öffentlichen Dienst verneint die Frage nach Vorstrafen, obwohl er 5 Jahre zuvor während seines Wehrdienstes wegen unbefugter Ingebrauchnahme eines Kraftfahrzeuges und tätlichen Angriffs gegen einen Vorgesetzten zu 1 Monat und 3 Wochen Gefängnis und 1 Jahr vor der Befragung wegen Fahrens ohne Fahrerlaubnis zu einer Geldstrafe verurteilt worden war (BAG v. 15. 1. 1970, AP Nr. 7 zu § 1 KSchG Verhaltensbedingte Kündigung). Die Verkäuferin gibt 5 Jahre zurückliegende, gegen ihren früheren Arbeitgeber gerichtete Delikte (Diebstahl, Unterschlagung) nicht an (ArbG Gelsenkirchen v. 3. 5. 1955, BB 1955, 1139). Ein Arbeitnehmer verschweigt, daß demnächst mit seiner Inhaftierung gerechnet werden muß (ArbG Karlsruhe v. 19. 1. 1956, ARSt. XVI, Nr. 273, S. 97), ein anderer teilt ein schwebendes Strafverfahren nicht mit (LAG Bremen v. 8. 12. 1954, Betr. 1955, 170 f.). Der Angestellte einer öffentlich-rechtlichen Sparkasse verschweigt seine rechtskräftige Verurteilung zu Zuchthaus und Ehrverlust. Kann er wegen Betruges bestraft werden? (BAG v. 3. 2. 1970, erwähnt bei *Etzel*, BlStSozArbR 1970, 238 ff.).

Der Bewerber um eine Stelle als Schadenssachbearbeiter gibt auf entsprechende Fragen in einem Fragebogen des Versicherungsunternehmens an, seine Vermögensverhältnisse seien geordnet, er habe keine Verpflichtungen und einen Offenbarungseid nicht geleistet. In Wirklichkeit hat er innerhalb der letzten 3 Jahre zweimal einen Offenbarungseid abgelegt (BAG v. 18. 4. 1968, AP Nr. 32 zu § 63 HGB). Ein Arbeitnehmer erklärt im Personalfragebogen, in geregelten wirtschaftlichen Verhältnissen zu leben und keine besonderen finanziellen Verpflichtungen zu haben, obwohl er Schulden in Höhe von 1700,— DM hat, lange Zeit erwerbslos war und dann beim neuen Arbeitgeber ein Monatsgehalt von 327,— DM beziehen sollte (ArbG Hamburg v. 27. 7. 1955, ARSt. XV, Nr. 398, S. 133). Darf die Finanzverwaltung von einem

Betriebsprüfer in der Steuerverwaltung eine genaue Aufstellung über seine Vermögens- und Einkommensverhältnisse, insbesondere über sämtliche Verbindlichkeiten verlangen (vgl. OVG Münster v. 20. 5. 1969, ZBR 1970, 56 f.)? Die Stellungsuchende gibt auf Befragen an, daß sie bei ihrem früheren Arbeitgeber 600,— DM verdient habe, obwohl ihr Nettogehalt nur 490,— bis 500,— DM betrug (LAG Düsseldorf v. 29. 4. 1966, BB 1966, 1065).

Ein Bewerber für das Richteramt verschweigt seine Mitgliedschaft in der DKP und seine aktive politische Tätigkeit (vgl. VerwG Gelsenkirchen v. 24. 6. 1971, ZBR 1972, 82 ff.). Der Beamte teilt in einem Fragebogen seine frühere zeitweilige Zugehörigkeit zu einer bestimmten politischen Partei nicht mit (vgl. BDH v. 4. 10. 1954, JZ 1956, 94 f.), ein anderer macht falsche Angaben über die Dauer seiner Mitgliedschaft (vgl. BDH v. 28. 9. 1954, ZBR 1954, 343 f.). Ein Bewerber für das Dienstverhältnis eines Berufssoldaten wird im Bewerbungsbogen befragt: „Sind oder waren Sie Mitglied der Kommunistischen Partei oder einer kommunistischen Organisation?“ (BVerwG v. 6. 5. 1964, BVerwGE 18, 276 ff.). Wegen der Nichtangabe seiner früheren Mitgliedschaft wird er wieder entlassen. Der Arbeiter verschweigt auf Befragen seine Gewerkschaftszugehörigkeit (LAG Hannover v. 23. 11. 1950, AP 1952, Nr. 8). Ein Beamter macht unrichtige Angaben über die Zugehörigkeit seiner Ehefrau zu einer Religionsgesellschaft (vgl. BDH v. 6. 3. 1954, ZBR 1954, 343).

Der Bewerber um eine Stellung als Hilfsgalvaniseur macht im Personalfragebogen in der Rubrik „Bisherige Beschäftigungen“ falsche Angaben. Für den unmittelbar 7 Jahre zurückliegenden Zeitraum gibt er 2 aufeinanderfolgende Arbeitsverhältnisse an. In Wirklichkeit befand er sich zunächst wegen des Verdachts auf Begehung politischer Delikte für mehrere Monate in Untersuchungshaft; anschließend war er selbständiger Handelsvertreter. In den restlichen 5 Jahren war er nacheinander bei 3 verschiedenen Firmen tätig (BAG v. 12. 2. 1970, BAGE 22, 278 ff. = AP Nr. 17 zu § 123 BGB).

Zweites Kapitel

Die dogmatischen Grundlagen des Fragerechts

§ 3. Bisherige Lösungsversuche in kritischer Sicht

Rechtsprechung und Lehre haben in unterschiedlichster Weise zu dem Problembereich der Befragung des Bewerbers durch den Arbeitgeber Stellung genommen. Auffallend ist, daß die Diskussion in der Literatur weitgehend im Rahmen der Anfechtung von Arbeitsverträgen wegen arglistiger Täuschung nach § 123 BGB geführt wird.

Sicherlich tritt das Problem hier klar hervor, da falsche Antworten des Bewerbers auf den ersten Blick stets unter diesen Tatbestand fallen. Die praktische Bedeutung des Fragerechts geht jedoch weit über § 123 BGB hinaus, wie die gerade mitgeteilten Fälle aus der Rechtsprechung zeigen. Neben der Anfechtung stehen als rechtliche Gestaltungsmittel zur Beendigung eines Arbeitsverhältnisses die Kündigung aus wichtigem Grund nach § 626 BGB und die ordentliche Kündigung nach §§ 620 Abs. 2 BGB, 1, 23 KSchG. In der wahrheitswidrigen Beantwortung einer Frage kann die soziale Rechtfertigung einer ordentlichen Kündigung nach § 1 Abs. 1 u. 2 KSchG liegen[1]. Die arglistige Täuschung ist meistens auch ein Grund zur fristlosen Kündigung[2]. Nach *Schröder*[3] ist die Kündigung aus wichtigem Grund sogar in aller Regel das adäquate Mittel zur Beendigung eines unter Verletzung von Offenbarungspflichten begründeten Arbeitsverhältnisses, neben der die Anfechtung vor allem hilfsweise Bedeutung hat. Das Fragerecht des Arbeitgebers ist also durchaus auch bei ordentlicher und fristloser Kündigung bedeutungsvoll. Weiter ist es von Gewicht für etwaige Schadensersatzansprüche des Arbeitgebers und auch des Bewerbers[4]. Sogar im Bereich des materiellen Strafrechts, beim Anstellungsbetrug, taucht das Problem des Fragerechts auf[5].

---

[1] Vgl. BAG v. 15. 1. 1970, AP Nr. 7 zu § 1 KSchG Verhaltensbedingte Kündigung.

[2] BAG v. 18. 4. 1968, AP Nr. 32 zu § 63 HGB. Anderer Ansicht BAG v. 5. 12. 1957, BAGE 5, 159 ff. (161); dagegen *Nikisch*, § 23 IV 3, S. 223.

[3] JJb. 6, 159 ff. (178 f.).

[4] Vgl. *Gumpert*, BB 1970, 804 f.

[5] Vgl. BGH v. 4. 5. 1962, AP Nr. 3 zu § 263 StGB; BAG v. 6. 6. 1972, SAE 1973, 94 ff.

Die überwiegende Erörterung des Meinungsstreits im Zusammenhang mit der Anfechtung wegen arglistiger Täuschung wäre nun kein Fehler, wenn nicht auf diese Weise die Sicht verengt würde. Durch die Verquickung des § 123 BGB mit der Begrenzung des Fragerechts werden nicht nur 2 dogmatisch zu trennende Problembereiche, nämlich die Zulässigkeit der Einschränkung des Fragerechts einerseits und der Einschränkung des § 123 BGB andererseits, zum Nachteil miteinander vermengt[6]. Darüber hinaus wird vielmehr, was noch schwerer wiegt, die Übertragung der im Rahmen des § 123 BGB gewonnenen Ergebnisse auf Kündigung und Schadensersatzanspruch erschwert. Die Kritik baut daher auf der Trennung zwischen der Begrenzung der Fragen und dem Tatbestand der arglistigen Täuschung[7] auf[8].

Der Stand der Meinungen ist gekennzeichnet durch eine überwiegend vertretene Begrenzung des Fragerechts des Arbeitgebers. Nicht zu übersehen ist dabei, daß eine wegen der erheblich unterschiedlichen Argumentation unumgängliche Abgrenzung der einzelnen Auffassungen fehlt und so Kritik und Diskussion erschwert sind. Dennoch lassen sich im wesentlichen 6 Meinungsgruppen unterscheiden.

I. Die These von der Offenbarungspflicht

Es erscheint angebracht, zunächst den Begriff der Offenbarungspflicht zu erörtern. Dieser ist nämlich nicht nur Kernstück einer besonderen Lehre von der Offenbarungspflicht zur Begrenzung der Fragen des Arbeitgebers, sondern darüber hinaus auch teilweise bei anderen Begründungsversuchen von Bedeutung.

1. Begriff der Offenbarungspflicht

Der Begriff der Offenbarungspflicht im Rahmen vorvertraglicher Beziehungen hat vor allem in der arbeitsrechtlichen Literatur, aber auch in der Rechtsprechung große Bedeutung erlangt. Er wird dem § 242 BGB entnommen. Aus dieser Norm wird geschlossen, daß eine Pflicht zur Mitteilung gegeben ist, wenn Treu und Glauben und die im Verkehr herrschenden Anschauungen eine Aufklärung erfordern. Mit Ausnahme der allgemeinen Berufung auf § 242 BGB als rechtliche Grundlage der Offenbarungspflicht[9] bestehen indes in weitem Umfang Meinungsverschiedenheiten.

---

[6] Hierauf beruht die irrige Feststellung *Ramms*, ArbuR 1963, 161 ff., 161 f., auch im Rahmen der Befragung des Bewerbers biete das Institut der Anfechtung die einzige Möglichkeit zur Begrenzung der Einstellungsfreiheit des Arbeitgebers; siehe demgegenüber unten § 4.

[7] Dazu unten § 4 IV 2 b.

[8] Die Selbständigkeit beider Komplexe kommt gut zum Ausdruck bei *Neumann-Duesberg*, UFITA 36, 101 ff., u. *Leipold*, ArbuR 1971, 161 ff.

a) Umfang der Verwendung

Zum Teil wird der Begriff nur verwandt um darzulegen, wann der Bewerber von sich aus zur Mitteilung bestimmter Tatsachen verpflichtet ist[10]. Zur Kennzeichnung dieser Lage wurde früher im allgemeinen Zivilrecht von Aufklärungspflicht gesprochen, mit der gerade im Rahmen des § 123 BGB die Täuschung durch Unterlassen der Täuschung durch positives Tun gleichgestellt wurde. Während dieser Terminus im allgemeinen Zivilrecht immer noch überwiegend gebraucht wird, ist in der arbeitsrechtlichen Rechtsprechung und Lehre in weitem Umfang die Offenbarungspflicht an seine Stelle getreten. Nur noch vereinzelt wird von Aufklärungspflicht gesprochen[11]. Mitunter erscheinen auch beide Ausdrücke nebeneinander[12], oder es wird die Offenbarungs-, Aufklärungs- und Mitteilungspflicht des Bewerbers erörtert[13], ohne in beiden Fällen diesen verschiedenen Begriffen auch bestimmte, voneinander zu unterscheidende Gruppen zuzuordnen und ohne zwischen Befragung und fehlender Befragung zu differenzieren. Am weitesten verbreitet ist die Verwendung des Terminus der Offenbarungspflicht als Oberbegriff der beiden Untergruppen der Offenbarungspflicht ohne und auf Befragung[14].

Aus diesen Ausführungen werden bereits die Unklarheiten und Differenzen über Aufgabe und Tragweite der Offenbarungspflicht sichtbar. Ein rechtstechnischer Begriff, der in so unterschiedlicher Weise benutzt wird, kann seiner Funktion, knapp und präzise ein bestimmtes Rechtsproblem zu umschreiben und damit zur Rechtssicherheit beizutragen, nicht gerecht werden[15]. Begriffliche Unordnung erschwert die Diskussion. Daher sollte der Begriff der Offenbarungspflicht zumindest auf seine ursprüngliche Bedeutung zurückgeführt und nur bei fehlender Befragung benutzt werden, wenn schon seine völlige Aufgabe und seine Ersetzung durch den zunächst allein ver-

---

[9] Vgl. nur *Neumann*, Betr. 1961, 1291 ff. (1291); *Knevels*, BB 1965, 336 ff. (336); *Rüthers*, BB 1966, 824 ff. (824); *Hofmann*, SAE 1971, 134 ff. (135).

[10] *Leipold*, ArbuR 1971, 161 ff. (163); *Neumann-Duesberg*, JZ 1962, 204 ff.; *Kemter*, RdA 1962, 307 ff. (309); *Gangloff*, SAE 1959, 162 ff.; BAG v. 21. 1. 1965, AP Nr. 1 zu § 1 HAG; LAG Stuttgart v. 2. 6. 1954, AP Nr. 2 zu § 626 BGB (bestehendes Arbeitsverhältnis).

[11] z. B. *Falkenberg*, BB 1970, 1013 ff. (1014).

[12] z. B. *Trieschmann*, BArbBl. 1958, 196 ff.

[13] *Bürger*, AR-Blattei, 6. Fortsetzungsbl.; *Kauffmann*, BetrVerf. 1956, 67 ff. (70).

[14] *Neumann*, Betr. 1961, 1291 ff.; *Schröder*, JJb. 6, 159 ff. (164); *Herschel*, RdA 1965, 191 ff. (193); *Brill*, ArbuR 1968, 136 ff.; *Bleistein*, BlStSozArbR 1969, 172 ff.; *Hofmann*, SAE 1971, 134 ff.; *Nikisch*, § 20 IV 2 b, S. 189.

[15] Zur Notwendigkeit und Bedeutung der Begriffsbildung für die Rechtswissenschaft ausführlich *Larenz*, Methodenlehre, S. 163 ff., 412 ff.

wandten Begriff der Aufklärungspflicht wegen seiner weiten Verbreitung im Arbeitsrecht als undurchführbar erscheint. Hierfür spricht auch, daß den Bewerber keine Pflicht zur Beantwortung einer Frage trifft, er die Antwort vielmehr, ohne Rechtsnachteile zu erleiden, verweigern kann[16]. Bei fehlender Befragung hingegen läßt sich noch von einer Offenbarungspflicht (i. S. einer unvollkommenen Verbindlichkeit)[17] sprechen, da hier die unterlassene Mitteilung zu Rechtsnachteilen für den Bewerber, insbesondere zur Anfechtung wegen arglistiger Täuschung oder zu einem Schadensersatzanspruch, führen kann.

b) *Konkretisierungsversuche*

Nicht allein die umfangreiche, verwirrende Verwendung des Begriffs der Offenbarungspflicht spricht für ihre Einschränkung. Da eine ausdrücklich die Offenbarungspflicht regelnde Vorschrift fehlt, kann diese nur aus § 242 BGB entnommen werden. Entscheidend sind danach Treu und Glauben und damit die Verkehrssitte und, wo eine solche fehlt, das Empfinden der billig und gerecht Denkenden. Es liegt auf der Hand, daß hiermit in die Bewertung der Fragen des Arbeitgebers ein erhebliches Unsicherheitsmoment getragen wird. Nach *Wolf*[18] gibt es keinen Fall, in dem behauptbar ist, daß der Gedanke von Treu und Glauben nicht anwendbar ist.

So fehlen denn auch in der arbeitsrechtlichen Rechtsprechung und Lehre nicht Versuche, die aus § 242 BGB gewonnene Formel für die vorvertraglichen arbeitsrechtlichen Beziehungen zu konkretisieren. Allgemein wird für die Bestimmung des Umfanges der Offenbarungspflicht die Berücksichtigung von Art und Gegenstand des angestrebten Vertrages verlangt[19]. Teilweise wird eine arbeitsvertragliche Treuepflicht bereits für den Zeitraum der Vertragsanbahnung angenommen[20] oder von einer Ausstrahlung derselben auf die Verhandlungen über

---

[16] Siehe oben § 1 IV 2 c; ferner LAG Bremen v. 24. 2. 1960, BB 1960, 743; *Bürger*, AR-Blattei, 2. Fortsetzungsbl.; *Häßler / Kehrmann*, BlStSozArbR 1967, 44 ff. (45).

[17] Siehe dazu *Palandt / Heinrichs*, Rdn. 4 vor § 241.

[18] Siehe seine umfangreiche, energische Kritik am „alles beherrschenden Grundsatz von Treu und Glauben“, Betr. 1971, 1863 ff.

[19] Siehe nur *Herschel*, RdA 1965, 191 ff. (191 f.); *Neumann*, Betr. 1961, 1291 ff.; *Wlotzke*, BArbBl. 1964, 812 f. (812); *Knevels*, BB 1965, 336 ff. (336); *Hofmann*, SAE 1971, 134 ff. (135).

[20] So ohne nähere Ausführungen BAG v. 7. 2. 1964, BAGE 15, 261 ff. (263); ArbG Bamberg v. 13. 11. 1973, ARSt. 1974, Nr. 128, S. 114; *Hofmann*, SAE 1971, 134 ff. (135); *Schmid*, BB 1969, 631 ff. (631); *Neumann*, Betr. 1961, 1291 ff. (1292); nur für Fürsorgepflicht im vorvertraglichen Bereich *Kauffmann*, BetrVerf. 1956, 67 ff. (68).

den Abschluß eines Arbeitsvertrages gesprochen[21]. Schließlich wird die Auffassung vertreten, daß sich auch im Rahmen der Anbahnung eines Arbeitsverhältnisses nur allgemeine Rücksichtspflichten nach § 242 ergeben, besondere Treuepflichten also noch nicht bestehen[22].

Auch bei der Bestimmung des Inhalts der Offenbarungspflicht bestehen somit weithin Unsicherheiten und Meinungsverschiedenheiten, insbesondere Scheu vor einer klaren Aussage. Sicherlich sind die Schwierigkeiten der Konkretisierung nicht zu übersehen, die dem Kritiker Zurückhaltung gebieten. Dennoch muß angesichts der aufgezeigten Nachteile die Frage aufgeworfen werden, ob für die Konstruktion einer vorvertraglichen Treuepflicht[23], einer Ausstrahlung der arbeitsvertraglichen Treuepflicht[23] und generell einer Offenbarungspflicht aus § 242 BGB zur Begrenzung des Fragerechts des Arbeitgebers überhaupt ein Bedürfnis besteht.

2. Die Lehre von der Offenbarungspflicht und der Grundsatz der Vertragsfreiheit

a) *Offenbarungspflicht als Ausnahmetatbestand*

Wie schon aus dem Wort „Offenbarungspflicht" hervorgeht, bezieht die Lehre von der Offenbarungspflicht aus § 242 BGB[24] diesen Begriff auf den Befragten. Der Bewerber wird zum Ausgangspunkt aller Erörterungen, indem Gesichtspunkte zur Begründung seiner Offenbarungspflicht zusammengetragen werden[25]. So führt etwa *Knevels*[26] aus, daß der Schwerpunkt bei einer möglichen Offenbarungspflicht des Arbeitnehmers und nicht beim Fragerecht des Arbeitgebers liege und demgemäß eine Pflicht zur wahrheitsgemäßen Antwort nur bei einem berechtigten und schutzwürdigen Interesse des Arbeitgebers gegeben sei. Der Arbeitnehmer unterliege nur ausnahmsweise einer Wahrheitspflicht, formuliert *Hofmann*[27]. Die Offenbarungspflicht erscheint danach als Ausnahme.

---

[21] BAG v. 7. 6. 1963, BAGE 14, 206 ff. (208); *Herschel*, RdA 1965, 191 ff. (192); *Bürger*, AR-Blattei, 1. Fortsetzungsbl.; *Wägenbaur*, BB 1958, 1061 f. (1061).

[22] *Wiese*, ZfA 1971, 273 ff. (281); *Pleyer*, SAE 1964, 5 f. (5); *Nikisch*, 3. Aufl., § 20 III 2, S. 185 ff., anders noch in der Vorauflage, § 36 I 2 a, S. 406.

[23] Ablehnend zur Treuepflicht *Schwerdtner*, ZRP 1970, 62 ff. (63, 67); *Thomas Raiser*, ZRP 1973, 13 ff. (17 f.).

[24] *Neumann*, Betr. 1961, 1291 ff.; *Haberkorn*, RdA 1962, 416 ff.; *Trieschmann*, BArbBl. 1958, 196 ff.; *Knevels*, BB 1965, 336 ff.; *Rüthers*, BB 1966, 824 ff.; *Schmid*, BB 1969, 631 ff.; *Hofmann*, SAE 1971, 134 ff.

[25] Dabei vertritt entgegen *Leipold*, ArbuR 1971, 161 ff. (163), niemand die Auffassung, die Befragung müsse auf die Umstände beschränkt werden, zu deren Mitteilung der Bewerber bereits von sich aus verpflichtet sei.

[26] BB 1965, 337 ff. (337).

[27] SAE 1971, 134 ff. (135).

b) Vertragsfreiheit des Arbeitgebers

Hierin könnte ein Verstoß gegen die unternehmerische Handlungs- und Vertragsfreiheit liegen. Die im Bürgerlichen Gesetzbuch vorausgesetzte, allerdings nicht ausdrücklich gewährte Vertragsfreiheit[28] ist nach ganz überwiegender Meinung durch Art. 2 Abs. 1 GG als Bestandteil des Rechts auf freie Entfaltung der Persönlichkeit gesichert[29], wobei ein Schutz für gewisse personen- oder sachbezogene Bereiche zum Teil aus Spezialgrundrechten entnommen wird[30]. Dementsprechend wird auch die unternehmerische Handlungs- und Vertragsfreiheit als verfassungsrechtlich garantiert angesehen, wenn nicht durch Art. 12 Abs. 1 GG[31] oder Art. 14 Abs. 1 GG[32] so doch zumindest durch Art. 2 Abs. 1 GG[33].

Weiter wirkt diese Freiheit unmittelbar auch innerhalb privater Rechtsbeziehungen[34], was allein schon aus ihrer Schranke, den Rechten „anderer" (Art. 2 Abs. 1 GG), zu schließen ist. Das gleiche gilt bei einer Ableitung der Vertragsfreiheit aus Art. 12 Abs. 1 oder Art. 14 Abs. 1 GG, da diese Grundrechte der Vertragsfreiheit auf keinen Fall einen geringeren Schutz als Art. 2 Abs. 1 GG gewähren und somit hinsichtlich der Vertragsfreiheit auch im Drittbereich wirken. Auf die verschiedenen zur Frage der Drittwirkung von Grundrechten vertretenen Auffassungen[35] kommt es nicht an.

Vertragsfreiheit ist ohne Informationsfreiheit nicht denkbar. Aus diesem Grunde und wegen des nicht nur einfach-gesetzlichen, sondern sogar verfassungsrechtlichen Schutzes der Vertragsfreiheit auch im Verhältnis zwischen Arbeitgeber und Arbeitnehmer verstößt die generelle Betrachtung der Offenbarungspflicht als Ausnahmetatbestand

---

[28] *Ludwig Raiser*, JZ 1958, 1 ff. (2).

[29] BVerfG v. 12. 11. 1958, BVerfGE 8, 274 ff. (328); BAG v. 15. 1. 1955, BAGE 1, 258 ff. (270); v. 2. 8. 1963, BAGE 14, 282 ff. (288 f.); BVerwG v. 5. 5. 1964, BVerwGE 18, 254 ff. (269); *Laufke*, S. 145 ff., 162 ff.; *Reuss*, S. 24; *Nipperdey*, Grundrechte II, S. 741 ff. (770), 886 f. m. w. N.

[30] Siehe *Maunz / Dürig / Herzog*, Rdn. 53 zu Art. 2 Abs. 1 GG.

[31] So z. B. *Laufke*, S. 145 ff., 163; dagegen *Nipperdey*, Grundrechte II, S. 741 ff. (886 f. Fußn. 594).

[32] So z. B. *Herbert Krüger*, S. 13; a. A. *Laufke*, S. 156; *Nipperdey*, Grundrechte II, S. 741 ff. (886 f. Fußn. 594).

[33] H. M.: BVerfG v. 14. 10. 1970, BVerfGE 29, 260 ff. (267); BAG GS v. 12. 10. 1960, BAGE 10, 65 ff. (70); BAG v. 28. 9. 1972, JZ 1973, 375 ff. (376); *Nipperdey*, Grundrechte II, S. 886 ff. m. w. N. Für das Fragerecht sind die unterschiedlichen Auffassungen offensichtlich bedeutungslos. Die nachfolgenden Ausführungen orientieren sich an Art. 2 Abs. 1 GG und damit an der h. M.

[34] *Nipperdey*, Grundrechte II, S. 752; *Laufke*, S. 163; *Leisner*, S. 321 f., Fußn. 88: „Anerkannte Drittrichtungsnatur des Art. 2 GG".

[35] Hierzu umfassend *Leisner*, S. 306 ff.; siehe auch unten § 4 III 9.

gegen die unternehmerische Vertragsfreiheit. Die Position des Bewerbers ist derjenigen des Arbeitgebers nicht übergeordnet, wie ebenso umgekehrt die Vertragsfreiheit des Arbeitgebers nicht grundsätzlich vorrangig ist[36].

3. Ergebnis

Nur durch eine Einschränkung der Verwendung des Begriffs der Offenbarungspflicht kann die bestehende begriffliche Verwirrung beseitigt werden. Danach ist dieser Terminus lediglich zur Kennzeichnung einer Pflicht zur spontanen Unterrichtung von Bedeutung. Auch das *Bundesarbeitsgericht* benutzt den Begriff der Offenbarungspflicht in seinen Entscheidungen zum Fragerecht des Arbeitgebers nicht[37], kennzeichnet mit ihm vielmehr nur die Pflicht zur spontanen Unterrichtung[38].

Die Lehre von der Offenbarungspflicht aus § 242 BGB ist für die Beurteilung des Fragerechts abzulehnen. Sie trägt zum einen in die Bewertung der Fragen ein erhebliches Unsicherheitsmoment. Vor allem aber wird die grundsätzliche Gleichrangigkeit der beiderseitigen Positionen außer acht gelassen, indem nur ausnahmsweise eine wahrheitsgemäße Antwort verlangt wird.

II. Die allgemeine These von den zulässigen und unzulässigen Fragen

1. Die Auffassung des Bundesarbeitsgerichts

Das *Bundesarbeitsgericht* hält in ständiger Rechtsprechung an seiner Unterscheidung zwischen zulässigen und unzulässigen Fragen fest. Zum ersten Mal vertrat das Gericht diese Auffassung in dem 1957 ergangenen, viel erörterten Urteil zur Befragung nach Vorstrafen[39]. Danach stellt nur eine falsche Antwort auf eine zulässigerweise gestellte Frage eine arglistige Täuschung i. S. des § 123 BGB dar. Eine Bestätigung dieser These bringen die nachfolgenden Erkenntnisse des BAG vom 22. 9. 1961 (Schwangerschaft)[40], vom 7. 2. 1964 (Gesundheitszustand)[41] und vom 15. 1. 1970 (Vorstrafe im öffentlichen Dienst)[42].

Vergeblich sucht man in den Urteilsgründen nach einer Begründung für die Einschränkung der unternehmerischen Handlungs- und Ver-

---

[36] Siehe im einzelnen dazu unten § 4.

[37] Vgl. BAG v. 5. 12. 1957, BAGE 5, 159 ff.; v. 7. 2. 1964, BAGE 15, 261 ff.; v. 18. 4. 1968, AP Nr. 32 zu § 63 HGB; v. 15. 8. 1970, AP Nr. 7 zu § 1 KSchG Verhaltensbedingte Kündigung; v. 12. 2. 1970, BAGE 22, 278 ff.

[38] Siehe BAG v. 21. 1. 1965, AP Nr. 1 zu § 1 HAG.

[39] BAG v. 5. 12. 1957, BAGE 5, 159 ff.

[40] BAGE 11, 270 ff.

[41] BAGE 15, 261 ff.

[42] AP Nr. 7 zu § 1 KSchG Verhaltensbedingte Kündigung.

tragsfreiheit[43]. In seinem ersten Urteil zum Fragerecht spricht das Bundesarbeitsgericht immerhin von einem eventuellen „Einbruch in die rechtlich zu schützende Individualsphäre des Arbeitnehmers" durch indiskrete Befragungen[44], allerdings ohne dies weiter auszuführen; sogar eine Subsumtion unter diese allgemeine Formulierung unterbleibt. Eine Begründung enthält selbst das zum Fragerecht des Arbeitgebers bedeutendste und umfassendste Urteil vom 22. 9. 1961 nicht, in welchem das Gericht darauf hinweist, „daß während der Einstellungsverhandlungen beide Teile in ihren Entschlüssen frei sind"[45]. Es fehlt indes die Begründung für die vom BAG dennoch vorgenommene Unterscheidung zwischen zulässigen und unzulässigen Fragen und damit für die Begrenzung der aus der Vertragsfreiheit fließenden Informationsfreiheit des Unternehmers. Die vom Gericht vorgenommene Prüfung, ob dem Arbeitgeber aus einer Einschränkung des Fragerechts Nachteile drohen, genügt nicht, da hiermit der zweite Schritt — Interessenabwägung — ohne den ersten — Zulässigkeit der Interessenabwägung — gemacht wird. Das Bundesarbeitsgericht macht sogar jede Begründung unmöglich, indem es besonders hervorhebt, daß bei Einstellungsverhandlungen von einer Rechtsstellung in dem Sinne, daß Rechte geltend gemacht werden können, noch nicht gesprochen werden könne. Der Bewerber habe nur eine mehr oder weniger günstige Verhandlungsposition[46]. Träfe diese Aussage zu, so könnten die Interessen und Belange des Bewerbers das Recht des Arbeitgebers auf Vertragsfreiheit und damit sein Fragerecht nicht einschränken, denn in diesem Zusammenhang kann ein Recht nur wieder durch ein anderes eingeschränkt werden. Ein solches gesteht das BAG aber dem Bewerber gerade nicht zu.

Kennzeichnend für die Unsicherheiten und Widersprüche bei der Begründung der These von den unzulässigen Fragen ist auch die Ablehnung eines Rechts zur Lüge bei den Einstellungsverhandlungen, da es „von Anfang an das erforderliche Vertrauen zwischen den Parteien des Arbeitsverhältnisses ernstlich beeinträchtigen müßte"[46]. Danach wäre das der Vertragsfreiheit immanente Informationsrecht umfassend, zumal dem Bewerber mit einer bloßen Verweigerung der Antwort wegen der Gefahr der Nichteinstellung nicht gedient ist. Über das Kriterium der Unzulässigkeit bestimmter Fragen erlaubt das BAG aber gerade dem Bewerber, bestimmte Fragen falsch zu beantworten, denn allein in dem Recht zu unwahren Angaben liegt der Sinn der Unterscheidung zwischen zulässigen und unzulässigen Fragen.

---

[43] Kritisch auch *Konzen*, ZfA 1972, 131 ff. (168).
[44] Entsch. v. 5. 12. 1957, BAGE 5, 159 ff. (163).
[45] BAGE 11, 270 ff. (273).
[46] BAGE 11, 270 ff. (275).

„Die Wahrheitspflicht ist ein Teil der Treuepflicht, die insoweit schon für die Zeit der auf Abschluß eines Arbeitsvertrages gerichteten Verhandlungen besteht[47].“ In dieser Feststellung des BAG kommt die ungenügende Beachtung des Grundsatzes der Vertragsfreiheit augenscheinlich zum Ausdruck. Aus der Vertragsfreiheit des Arbeitgebers folgt seine (begrenzte) Informationsfreiheit und daraus wiederum die entsprechende Wahrheitspflicht des Bewerbers. Hätte das Bundesarbeitsgericht dies beachtet, so hätte es seine umstrittene[48] und dennoch von ihm nicht begründete Aussage vermeiden können.

Die unteren Gerichte haben sich dem BAG angeschlossen, ohne ihrerseits die Begrenzung des Fragerechts des Arbeitgebers zu begründen[49].

2. Vertreter in der Lehre

Auch in der Lehre ist die Unterscheidung zwischen zulässigen und unzulässigen Fragen weit verbreitet. Die hierin liegenden Schranken für die Entscheidungsfreiheit des Arbeitgebers werden allerdings von vielen Autoren ohne Begründung aufgestellt[50]. Die Kritik ist insofern die gleiche wie die gegen die Rechtsprechung gerichtete, insbesondere ersetzt die Gegenüberstellung und Abwägung der rein tatsächlichen Interessen von Arbeitgeber und Bewerber[51] nicht die Begründung für die Zulässigkeit einer Interessenabwägung. Das gleiche gilt für die teilweise vorgenommene, an dem Schutz der Individualsphäre des Arbeitnehmers orientierte und damit immerhin rechtlich qualifizierte Interessenabwägung[52].

Weitgehend wird gleichzeitig mit dem Begriff der Offenbarungspflicht operiert[53]. Dabei benutzen diese Autoren, im Gegensatz zu den

---

[47] BAG v. 7. 2. 1964, BAGE 15, 261 ff. (263); ebenso ArbG Bamberg v. 13. 11. 1973, ARSt. 1974, Nr. 128, S. 114; *Hofmann*, SAE 1971, 134 ff. (134); vgl. auch *Gangloff*, SAE 1959, 162 ff. (162): „Grundsätzlich besteht Wahrheitspflicht im Rechtsleben.“

[48] Gegen Treuepflicht im vorvertraglichen Bereich u. a. *Wiese*, ZfA 1971, 273 ff. (281); *Pleyer*, SAE 1964, 5 ff.; *Nikisch*, § 20 III 2, S. 185 f.

[49] Vgl. LAG Bremen v. 24. 2. 1960, Betr. 1960, 500; LAG Düsseldorf v. 23. 5. 1961, BB 1961, 975; LAG Baden-Württemberg v. 13. 6. 1967, BB 1968, 128 f. In seinem Urteil v. 30. 9. 1971 prüft das LAG Düsseldorf, BB 1972, 706, allerdings, ob eine Frage das Grundrecht auf Achtung der persönlichen Würde nach Art. 1 Abs. 1 GG verletzt; zur Kritik siehe unten § 4 I 2 a.

[50] *Wägenbaur*, BB 1958, 1061 f.; *Gangloff*, SAE 1959, 162 ff.; *Kemter*, RdA 1962, 307 ff.; *Schröder*, JJb. 6, 159 ff. (164 ff.); *Brill*, ArbuR 1968, 136 ff.; *Küchenhoff*, RdA 1969, 57 ff. (100); *Bleistein*, BlStSozArbR 1969, 172 ff.; *Hoppe*, BlStSozArbR 1971, 173 ff.; *Löwisch*, SAE 1971, 176 f.; *Wiese*, ZfA 1971, 273 ff. (300); *Fischer*, BB 1972, 706 f.

[51] Vgl. insbesondere *Löwisch*, SAE 1971, 176 f.; *Brill*, ArbuR 1968, 136 ff.; *Schröder*, JJb. 6, 159 ff.

[52] Vgl. *Kemter*, RdA 1962, 307 ff. (309); *Küchenhoff*, RdA 1969, 97 ff. (100); *Wiese*, ZfA 1971, 273 (300).

[53] *Schröder*, JJb. 6, 159 ff. (164); *Brill*, ArbuR 1968, 136 ff.; *Hoppe*, BlStSozArbR 1971, 173 ff.; *Löwisch*, SAE 1971, 176 f.

Vertretern der Lehre von der Offenbarungspflicht aus § 242 BGB, diesen Terminus ohne nähere Ausführungen. Auf die bereits begründete Ablehnung dieses Begriffs zur Begrenzung des Fragerechts des Arbeitgebers wird verwiesen.

III. Die These von der sozialen Macht

1. Grundlagen der These

Gamillscheg[54] verlagert die Diskussion über das Fragerecht des Arbeitgebers auf die Ebene der Verfassung. Soziale Macht des Unternehmers sei nicht nur entscheidendes Kriterium zur Begründung und Begrenzung der Drittwirkung der Grundrechte[55], sondern gleichzeitig erste Voraussetzung für die Unzulässigkeit einer Frage[56]. Zweite Bedingung sei die Verletzung eines Grundrechts des Bewerbers durch die gestellte Frage. Wenn ein spezielles Grundrecht, wie etwa Art. 3 Abs. 3 GG, nicht eingreife, könne auf Art. 12 GG zurückgegriffen werden[57].

2. „Soziale Macht"

Diese Argumentation hat den Vorteil einer in sich geschlossenen dogmatischen Begründung für die in der Annahme der Unzulässigkeit einer Frage liegende Einschränkung der verfassungsrechtlich geschützten unternehmerischen Einstellungsfreiheit. Die Gesamtbeurteilung der These Gamillschegs hängt indes entscheidend davon ab, ob der Begriff der sozialen Macht die ihm zugedachte Funktion als Filter zur Scheidung der unzulässigen von den zulässigen Fragen erfüllen kann.

a) Soziale Macht bei der Befragung als Regelfall

Der Begriff der sozialen Macht spielt in der Tat eine sehr wichtige Rolle bei der Lehre von der Drittwirkung der Grundrechte[58]. Nach Gamillscheg[59] ist dabei die Macht erforderlich, den Willen des anderen zu beugen. Bei bestehendem Arbeitsverhältnis stellt dann der Unternehmer in der Regel eine soziale Macht dar. Zur Begründung genügt der Hinweis auf die mögliche Drohung des Arbeitgebers mit dem Verlust des Arbeitsplatzes[60]. Aber auch für den Zeitraum der Vertragsanbahnung kann soziale Gewalt des Unternehmers gegeben sein. Gamillscheg betrachtet soziale Macht auch bei der Befragung als Ausnahmesituation[61] und erreicht so die schon erwähnte Filterwirkung,

---

[54] AcP 164, 385 ff.
[55] *Gamillscheg*, AcP 164, 407 f.
[56] *Gamillscheg*, AcP 164, 419.
[57] *Gamillscheg*, AcP 164, 418, 424 f.
[58] Siehe unten § 4 III 9.
[59] AcP 164, 411.
[60] *Gamillscheg*, AcP 164, 408.
[61] *Gamillscheg*, AcP 164, 418 f., 411 ff.

weist allerdings darauf hin, daß eine Zwangslage des Arbeitnehmers durch einheitliche (grundrechtsverletzende) Einstellungsrichtlinien oder -praktiken verursacht werden könne[62]. Soziale Macht wäre indes für die Beurteilung des Fragerechts bedeutungslos, wenn der Nachweis gelänge, daß bei der Befragung die Arbeitgeber gegenüber den Bewerbern in fast allen Fällen als soziale Macht i. S. der von Gamillscheg gegebenen Definition erscheinen und daher die Filterwirkung nicht erzielt werden kann.

Wie die Praxis des Arbeitslebens zeigt, beantworten die Bewerber in aller Regel alle ihnen mündlich oder schriftlich gestellten Fragen. Auffallend ist, wie wenig sie sich — nicht nur bei Arbeitslosigkeit, sondern sogar bei Vollbeschäftigung — ihrer Rechte und Würde gegenüber dem Unternehmer bewußt sind[63] und die Beantwortung gewisser Fragen ablehnen[64]. Erst wenn dieser wegen einer wahrheitswidrigen Antwort das Arbeitsverhältnis lösen will oder Schadensersatz verlangt, treten sie ihm entgegen[65]. Welches die Motive für dieses Verhalten auch immer sein mögen — sei es Furcht vor Nichteinstellung, Gleichgültigkeit oder auch die Wahrscheinlichkeit, beim nächsten Arbeitgeber dieselben Fragen vorgesetzt zu bekommen —, die unbegrenzte Einwirkungsmöglichkeit des Unternehmers auf den Willen, auf die Entscheidungsfreiheit[66] des Arbeitnehmers gerade bei der Befragung ist offenkundig. Der Arbeitgeber beugt den Willen des Arbeitnehmers bei der Stellung der Fragen; ob gewollt oder ungewollt ist unbeachtlich. Erst recht muß er dann als Vorstufe die Macht zur Beugung besitzen und damit als soziale Gewalt im Sinne der Definition von Gamillscheg angesehen werden.

b) Soziale Macht und § 94 BetrVG

Die Vereinbarkeit der These von der sozialen Macht mit § 94 des neuen Betriebsverfassungsgesetzes ist fraglich. Der Gesetzgeber bringt

[62] *Gamillscheg,* AcP 164, 412.

[63] Vgl. *Hildegard Krüger,* FamRZ 1956, 367 ff. (369), die das gleiche Phänomen bei Frauen aufdeckt, von denen Gesundheitsämter in einem Fragebogen u. a. die Zahl ihrer Fehlgeburten und Schwangerschaften wissen wollten.

[64] Vgl. *Schmid,* Testverfahren, S. 163, der auf die seit langem bekannte „Nachgiebigkeit" der Bewerber gegenüber der Durchführung von psychologischen Testverfahren hinweist. In ähnlicher Weise erreicht der Unternehmer fast immer die Zustimmung des Kunden zu seinen nicht selten unbilligen Allgemeinen Geschäftsbedingungen; siehe *Held,* BB 1973, 573 ff. (573): „typisches Verhalten des Kunden, der AGB unbesehen hinnimmt".

[65] Siehe *Mayer-Maly,* ArbuR 1968, 1 ff. (6), der auf die alte Erfahrung hinweist, daß arbeitsrechtliche Probleme oft erst dann relevant werden, wenn Arbeitgeber oder Arbeitnehmer das Arbeitsverhältnis beenden wollen.

[66] Zur Beeinträchtigung der Entschließungsfreiheit durch das Schaffen einer Lage, in der der Betroffene nur in bestimmter Weise entscheiden kann, siehe *Hubmann,* Persönlichkeitsrecht, S. 181; ferner *Walter Schmidt,* JZ 1974, 241 ff.

mit dieser Regelung zum Ausdruck, daß zumindest alle betriebsratspflichtigen Betriebe in der Auswahl neuer Mitarbeiter nicht frei sind, deren Befragung vielmehr rechtlichen Grenzen unterliegt. Damit werden insoweit die meisten Arbeitgeber gebunden und die ganz überwiegende Mehrzahl der Bewerber geschützt.

Gamillscheg[67] hingegen nimmt auch bei der Befragung nur ausnahmsweise eine soziale Machtstellung des Unternehmers und damit eine Begrenzung seines Fragerechts an, etwa bei allgemeiner, verbreiteter Arbeitslosigkeit oder einem Großunternehmen, das für eine Stadt beherrschend ist. Mit dem Inkrafttreten des neuen Betriebsverfassungsgesetzes am 19. Januar 1972 kann diese Meinung nicht mehr aufrechterhalten werden. Im Einklang mit § 94 BetrVG steht demgegenüber die hier vertretene Auffassung von der generellen sozialen Machtstellung des Arbeitgebers bei der Befragung der Arbeitnehmer.

3. Ergebnis

Die These von der sozialen Macht vermag die ihr zugedachte Aufgabe der Begrenzung des Fragerechts des Arbeitgebers nicht zu erfüllen. Der Begriff der sozialen Macht ist als Filter zur Trennung der unzulässigen von den zulässigen Fragen ungeeignet, da der Unternehmer bei der Befragung in der Regel soziale Macht ausübt. § 94 BetrVG legt die Aufgabe dieses Kriteriums im Rahmen des Fragerechts des Arbeitgebers nahe.

IV. Die These vom Recht auf Arbeit

1. Ausgangspunkt

Neuerdings hat *Leipold*[68] den Versuch unternommen, rechtliche Bindungen des Arbeitgebers bei der Einstellung aus einem „Recht auf Arbeit“ als besonderem Persönlichkeitsrecht des Bewerbers herzuleiten. Wegen dieses Rechts kämen für die Einstellungsentscheidung nur sachbezogene Gesichtspunkte in Betracht. Damit seien auch nur objektiv für den Arbeitsplatz relevante Fragen zulässig[69].

2. Das Recht auf Arbeit

Leipold[70] geht zutreffend davon aus, daß die unternehmerische Einstellungsfreiheit nur dann begrenzt ist, wenn der Arbeitnehmer schon im Stadium der Einstellungsverhandlungen eine Rechtsposition innehat

---

[67] AcP 164, 411 f., 417 ff.

[68] ArbuR 1971, 161 ff.

[69] *Leipold*, S. 166.

[70] Ebd., S. 164.

und nicht lediglich eine rechtlich wertlose Chance auf Einstellung. Kann sich aber der Bewerber de lege lata wirklich auf ein Recht auf Arbeit berufen?

a) Stand der Meinungen

Mit dem Recht auf Arbeit werden unterschiedliche Konstellationen angesprochen je nachdem, ob es sich gegen die öffentliche Hand oder gegen Private und innerhalb dieser zweiten Gruppe gegen Vertragspartner oder andere Dritte richten soll. Allein auf die Wirkung gegenüber dem zuletzt genannten Personenkreis kommt es hier an.

Der Gedanke eines Rechts auf Arbeit wurde bereits seit Ende des 18. Jh. immer wieder vorgetragen[71]. Dabei wurde allerdings zunächst generell und später in erster Linie allein der Staat als möglicher Anspruchsgegner ins Auge gefaßt. Einen vorläufigen Abschluß fand diese Entwicklung mit der Proklamation des Rechts auf Arbeit in Art. 163 Abs. 2 WRV sowie in mehreren bundesdeutschen Landesverfassungen, die aber lediglich programmatischer Natur ist[72]. Die Anerkennung als subjektiv öffentliches Recht wurde bis heute nicht erreicht und wäre letztlich auch höchstens in einem planwirtschaftlichen System mit zentraler Vergabe der Arbeitsplätze möglich[73]. Die Durchsicht der Meinungen zur privatrechtlichen Seite eines Rechts auf Arbeit läßt eine ganz überwiegende Ablehnung erkennen[74]. Ein Recht auf Arbeit billigende Stimmen betonen die freie Entscheidung des Arbeitgebers über die Einstellung[75] und nehmen damit zugleich einem solchen Recht seine entscheidende privatrechtliche Bedeutung. Die weitgehende Anerkennung des Rechts am Arbeitsplatz und des Rechts auf Beschäftigung wird zutreffenderweise auf den Arbeitsvertrag und nicht auf ein Recht auf Arbeit gestützt[76].

Schon dieser kurze Abriß zum Stand der Diskussion um das Recht auf Arbeit zeigt die allgemeine Ablehnung auf, die ihrerseits Zurückhaltung bei der Begrenzung des Fragerechts des Arbeitgebers durch ein Recht des Bewerbers auf Arbeit nahelegt.

---

[71] Siehe die Nachweise bei *Nikisch*, § 5 IV 1, S. 43 f.

[72] Siehe LAG Bayern v. 17. 2. 1954, AP Nr. 1 zu § 611 BGB Beschäftigungspflicht; *Gamillscheg*, AcP 164, 385 ff. (391).

[73] *Hambusch*, ArbuR 1972, 268 ff. (271).

[74] Siehe etwa *Hubmann*, Persönlichkeitsrecht, S. 185 ff.; *Nikisch*, § 5 IV 1, S. 42 ff.

[75] Etwa *Großmann*, ArbuR 1969, 97 ff. (99).

[76] Für das Recht am Arbeitsplatz z. B. BAG v. 21. 10. 1954, BAGE 1, 128 ff. (132); v. 30. 9. 1970, AP Nr. 2 zu § 70 BAT (Bl. 408); *Gamillscheg*, AcP 164, 385 ff. (391 ff.); *Hambusch*, ArbuR 1972, 268 ff. (270); *Hubmann*, Persönlichkeitsrecht, S. 186 f. m. w. N. Für das Recht auf Beschäftigung z. B. BAG v. 10. 11. 1955, BAGE 2, 221 ff. (224 f.); LAG Hamm v. 20. 3. 1970, Betr. 1970, 1034 f.; *Hueck / Nipperdey*, § 46, S. 380 ff.; *Hubmann*, Persönlichkeitsrecht, S. 186 m. w. N.

b) *Differenzierungsverbot und Frageverbot*

Leipold[77] will dem Arbeitgeber mit dem Recht auf Arbeit die Berücksichtigung bestimmter Umstände untersagen und dann aus einem solchen Differenzierungsverbot ein entsprechendes Frageverbot ableiten. Für diesen Zusammenhang zwischen beiden Verboten spricht sicherlich einiges. Zweck der Fragen ist nämlich die Erleichterung des Einstellungsentschlusses, so daß der Arbeitgeber ein berechtigtes Frageinteresse nur hinsichtlich solcher Umstände besitzen könnte, die als Entscheidungskriterien in Betracht kommen. Wie man zu dieser Verknüpfung auch steht[78], auf jeden Fall wird deutlich, daß Leipold dem Bewerber mit dem Recht auf Arbeit eine viel umfassendere Rechtsposition einräumt, als sie dieser zum Schutz vor bestimmten Fragen des Arbeitgebers benötigt. Auf der anderen Seite wird die Einstellungsfreiheit des Arbeitgebers in einem bisher nicht gekannten und über den Zweck einer Begrenzung des Fragerechts weit hinausgehenden Ausmaß beschnitten[79].

Das Frageverbot für den Arbeitgeber bedeutet einen geringeren Eingriff als das Differenzierungsverbot und sollte daher ohne Statuierung neuer Differenzierungsverbote und damit ohne Rückgriff auf das allgemein abgelehnte Recht auf Arbeit diskutiert werden[80]. Eine generelle Stellungnahme zum Recht auf Arbeit erübrigt sich.

V. Die These von den verkehrswesentlichen Eigenschaften des Bewerbers

1. Stützen der These

Ramm[81] erörtert das Fragerecht des Arbeitgebers zwar nur im Rahmen des Anfechtungsrechts, seine Lösung ist aber von vornherein nur bei genereller und von ihm wohl auch angestrebter[82] Geltung[83] sinnvoll.

---

77 ArbuR 1971, 161 ff. (166). Interessant ist in diesem Zusammenhang, daß *Hanau*, in: Hanau / Adomeit, S. 139 f., sogar den umgekehrten Weg für konsequent hält. Er schließt von der Begrenzung des Fragerechts auf ein entsprechendes Differenzierungsverbot. Zur Kritik dieser Auffassung siehe unten § 4 III 9.

78 Ausführlicher dazu unten § 4 III 9.

79 Ablehnend auch *Konzen*, ZfA 1972, 131 ff. (168); siehe ferner *Wiedemann*, S. 96, der auf eine Einigkeit in Rechtsprechung und Lehre hinweist, dem Arbeitgeber bei der Einstellungsentscheidung Willkür zu gestatten; recht weitgehende Einschränkungen der Freiheit der Auswahl ergeben sich allerdings u. a. aus §§ 92 ff. BetrVG.

80 Siehe auch *Gamillscheg*, AcP 164, 385 ff. (395), der bei der Erörterung des Rechts am Arbeitsplatz zutreffend davor warnt, durch Anerkennung neuer absolut geschützter Rechte über das — auch durch weniger einschneidende Gesetzesinterpretation erreichbare — Ziel hinauszuschießen.

81 ArbuR 1963, 163 ff. u. Anfechtung, S. 67 ff.

82 Vgl. *Ramm*, ArbuR 1963, 161 ff. (172 unter 4.).

Er überträgt beim Arbeitsvertrag die objektiven Kriterien des § 119 Abs. 2 BGB auf den Täuschungstatbestand des § 123 BGB, so daß sich die Voraussetzungen beider Normen nur noch durch den bei der arglistigen Täuschung erforderlichen Vorsatz unterscheiden. Danach sind nur Fragen zulässig, die sich auf eine verkehrswesentliche Eigenschaft des Bewerbers beziehen. Die Begründung für diese das Fragerecht des Arbeitgebers am stärksten einschränkende Lehre gewinnt Ramm zum einen aus der analogen Anwendung des § 33 Abs. 1 EheG (Tatbestand der arglistigen Täuschung), der das Kriterium „bei richtiger Würdigung des Wesens der Ehe“ enthält. Zum anderen geht er von der diese Analogie wieder einschränkenden Feststellung aus, daß wegen des Wesens des Arbeitsverhältnisses als eines schuldrechtlichen, den Arbeitnehmer niemals total in seiner Persönlichkeit erfassenden Vertrages die Eigenschaften des Bewerbers stets nur in dem objektiv bestimmten Ausschnitt des § 119 Abs. 2 BGB interessierten[84].

2. Analogieschluß aus § 33 Abs. 1 EheG

a) Objektiver Gehalt

Wenn Ramm mit Hilfe der analogen Anwendung des § 33 Abs. 1 EheG eine objektive Grenzziehung zwischen zulässigen und unzulässigen Fragen vornimmt, so spricht dagegen schon die Bedeutung des von ihm als objektiv bezeichneten Kriteriums der „richtigen Würdigung des Wesens der Ehe“. Hierbei handelt es sich nach allgemeiner Meinung[85] um einen objektiv-subjektiven Begriff: Ein aus dem Wesen der Ehe zu gewinnender und damit objektiver Maßstab steht neben einem subjektiven, der die Bedeutung des betreffenden Umstandes gerade für die Person des anderen Ehegatten betrifft. Auch soll das Merkmal „richtige Würdigung“ in erster Linie berücksichtigen, ob die Umstände, über die getäuscht wurde, trotz des Vollzugs der Ehe noch gewichtig sind[86].

b) § 33 Abs. 1 EheG als Sonderregelung

§ 33 EheG schränkt die allgemeine Zulässigkeit der Anfechtung wegen arglistiger Täuschung nach § 123 BGB ein. Derartige Sonderregelungen sind wegen ihres vom Gesetzgeber gewollten Ausnahme-

---

[83] Zum Umfang der Bedeutung des Fragerechts siehe oben § 3 vor I.

[84] Siehe auch *Ramm*, Anfechtung, S. 67, wo er zur Begründung allein anführt, die die Privatautonomie einschränkende Grenzziehung des § 119 Abs. 2 BGB dürfe nicht über § 123 BGB wieder beseitigt werden.

[85] Siehe *Palandt / Diederichsen*, Rdn. 2 zu § 33 EheG u. Rdn. 4 zu § 32 EheG; BGH v. 29. 6. 1957, BGHZ 25, 66 ff. (78 f.).

[86] *Löwisch*, SAE 1971, 176 f. (177).

charakters von vornherein nur selten zur analogen Anwendung geeignet[87].

c) *Kongruenz beider Fallgruppen*

Grundvoraussetzung jeder Analogie ist die Ähnlichkeit der zu vergleichenden Tatbestände. Dabei ist erforderlich, daß „die teilweise Übereinstimmung wertungsmäßig so bedeutsam ist, daß sie die rechtliche Gleichbehandlung der Fallgruppen rechtfertigt“[88]; ist dies der Fall, so ist gleichzeitig eine Gesetzeslücke festgestellt[89]. Eine teilweise Kongruenz leitet Ramm[90] daraus her, daß Ehe und Arbeitsverhältnis Dauerrechtsbeziehungen sind, an deren Aufrechterhaltung der Staat interessiert ist. Dies trifft sicherlich zu, doch ist diese Übereinstimmung für die rechtliche Wertung unwesentlich. Die Problematik einer Begrenzung des Fragerechts des Arbeitgebers liegt nämlich schon nach der Natur der Sache in der Lage *vor* Abschluß des Arbeitsvertrages begründet; bereits zu diesem Zeitpunkt müssen die beiderseitigen Rechtssphären abgegrenzt werden. Hier ist aber bei der als höchstpersönliche Lebensgemeinschaft in Aussicht genommenen Ehe der Kreis der relevanten Umstände viel weiter zu ziehen als beim Arbeitsverhältnis. Gerade dieser „tiefgreifende Unterschied“[91] verbietet eine Analogie.

Dies wird bestätigt durch den von Ramm mit der analogen Anwendung des § 33 Abs. 1 EheG verfolgten Zweck. Seine Analogie hat den Sinn, die Grenzziehung zwischen zulässigen und unzulässigen Fragen zu objektivieren und zu typisieren, um so schließlich sein Ziel, die Beziehung des Täuschungstatbestandes des § 123 BGB auf § 119 Abs. 2 BGB, zu erreichen. Sie ist damit nicht Endzweck, sondern lediglich Mittel zum Zweck. Jede Analogie beruht aber gerade auf der Erkenntnis, daß die gleiche rechtliche Beurteilung angebracht ist[92]. Ramm hingegen will trotz der analogen Anwendung des § 33 Abs. 1 EheG letztlich das Fragerecht des Arbeitgebers nach dem objektiven Rahmen des § 119 Abs. 2 BGB und damit stark einschränkend, also im Gegensatz zum Fragerecht vor Eingehung einer Ehe, beurteilen. Hiermit bringt er — freilich ungewollt — zum Ausdruck, daß sich Ehe und Arbeitsverhältnis im für die rechtliche Wertung ausschlaggebenden Punkt unterscheiden.

---

[87] Siehe BGH v. 5. 2. 1952, BGHZ 5, 62 ff. (65), zur analogen Anwendung des § 618 Abs. 3 BGB auf den Werkvertrag; zur Begrenzung einer ausdehnenden Auslegung von Ausnahmebestimmungen siehe BGH v. 18. 5. 1955, BGHZ 17, 266 ff. (282).

[88] *Larenz,* Methodenlehre, S. 361.

[89] Ebd., S. 363.

[90] ArbuR 1963, 161 ff. (171).

[91] So *Ramm* selbst, ebd.

[92] *Larenz,* Methodenlehre, S. 359 ff.

3. Fragerecht und § 119 Abs. 2 BGB

Die Beziehung der arglistigen Täuschung und damit des Fragerechts des Arbeitgebers auf die objektiven Voraussetzungen der Irrtumsanfechtung nach § 119 Abs. 2 BGB verliert schon durch die zu ihrer Begründung herangezogene, aber unzulässige analoge Anwendung des § 33 Abs. 1 EheG entscheidend an Boden.

Ramm begründet nicht, warum beim Abschluß des Arbeitsvertrages stets nur verkehrswesentliche Eigenschaften des Bewerbers interessieren und sich der Arbeitgeber so z. B. nicht nach dem jetzigen Gehalt, zur Zeit ausgeübten Nebenbeschäftigungen oder den bisherigen Tätigkeiten erkundigen darf. Diese Umstände sind nämlich wegen ihrer lediglich vorübergehenden Natur keine Eigenschaften des Bewerbers, so daß es an der für den Eigenschaftsbegriff[93] erforderlichen und von Ramm[94] besonders betonten Dauerhaftigkeit mangelt[95]. Auch ist unergründlich, wieso etwaige Besonderheiten des Betriebes bei der Befragung unberücksichtigt bleiben müssen[96]. Auf der anderen Seite ist die einhellige Gegenansicht in Rechtsprechung und Lehre, die den Kreis der Irrtumsanfechtung enger zieht als den der arglistigen Täuschung, schon wegen des unterschiedlichen Gesetzeswortlautes keinesfalls unverständlich[97]. Um die verfassungsrechtlich geschützte und unter anderem in § 123 BGB konkretisierte Individualentscheidung des Arbeitgebers über die Einstellung in so umfassender Weise abzulehnen, genügt die pauschale Berufung auf das Wesen des Arbeitsverhältnisses und die Persönlichkeit und Freiheit des Arbeitnehmers nicht[98].

Die Schlußfolgerung Ramms[99], seine Theorie vereinfache die Einstellung, „da nunmehr der Arbeitgeber auch ohne Fragen zur Anfechtung berechtigt ist, so daß er mit ihnen seine Rechtsstellung nicht verbessert", ist falsch. Der Arbeitgeber war grundsätzlich schon immer, auch bei fehlender Befragung, zur Irrtums- und Täuschungsanfechtung

---

[93] Siehe dazu BGH v. 23. 6. 1967, Betr. 1967, 1806.

[94] ArbuR 1963, 161 ff. (164).

[95] Dies verkennt das LAG Baden-Württemberg in seinem Urteil v. 16. 11. 1959, Betr. 1960, 179, bei der Prüfung der Bedeutung eines Irrtums über die Höhe des Gehalts.

[96] Siehe *Ramm,* ArbuR 1963, 161 ff. (172), der damit den Begriff der „Verkehrswesentlichkeit", der üblicherweise auch im Hinblick auf Besonderheiten des in Frage stehenden Rechtsgeschäftes beurteilt wird (vgl. *Palandt / Heinrichs,* Rdn. 4 a, b zu § 119 BGB, und BAG v. 6. 10. 1962, AP Nr. 24 zu § 9 MuSchG), sogar noch stark restriktiv auslegt.

[97] Anderer Ansicht aber *Ramm,* ArbuR 1963, 161 ff. (172).

[98] So auch *Löwisch,* SAE 1971, 176 f. (177); *Leipold,* ArbuR 1971, 161 ff. (163).

[99] Ebd.

berechtigt. Ramms These macht ferner die Befragung nicht überflüssig. Diese ist vielmehr nach wie vor von besonders wichtiger Bedeutung. Für den Arbeitgeber ist nämlich in allererster Linie die Information über den Bewerber entscheidend und lediglich subsidiär die Möglichkeit der Anfechtung.

4. Ergebnis

Die These von den verkehrswesentlichen Eigenschaften des Bewerbers findet im Gesetz keine Stütze. Die analoge Anwendung des § 33 Abs. 1 EheG hat sich als unzulässig, die Berufung auf das Wesen des Arbeitsverhältnisses als unzureichend für die Einschränkung der unternehmerischen Vertragsfreiheit erwiesen.

VI. Die These vom unbegrenzten Informationsrecht

Ein Teil der Lehre[100] hält jede Frage für zulässig[101] und verlangt vom Arbeitnehmer stets eine wahrheitsgemäße Antwort[102]. Auch der *8. Senat* des *Bundesverwaltungsgerichts* hat in seinem in der arbeitsrechtlichen Rechtsprechung und Literatur bisher nicht beachteten Erkenntnis vom 6. Mai 1964[103] so entschieden. Begründungen für diese absolute Informationsfreiheit des Arbeitgebers fehlen fast überall. Das Bundesverwaltungsgericht verweist immerhin auf die „durch die Bewerbung begründeten Beziehungen zwischen dem Dienstherrn und dem Bewerber."

1. Die Zulässigkeit jeder Frage

Bereits die erste Behauptung, nämlich die Zulässigkeit jeder Frage, erscheint als übereilt aufgestellt, wenn auch etwa *Herschel*[104] meint, es liege auf der Hand, daß niemand einem Arbeitgeber Fragen, wenn sie

[100] *Kauffmann*, BetrVerf. 1956, 67 ff. (70); *Maus*, Teil III B, S. 5 f.; *Nikisch*, 2. Aufl., § 20 IV 2 b, S. 160, anders 3. Aufl., S. 189; *Herschel*, RdA 1965, 191 ff. (193), anders in AP Nr. 7 zu § 1 KSchG Verhaltensbedingte Kündigung, Bl. 768 R f. (769).

[101] Ebenso *Häßler / Kehrmann*, BlStSozArbR 1967, 44 ff. (45 f.); *Großmann*, ArbuR 1969, 97 ff. (102), widersprüchlich zu S. 101; *Larenz*, AP Nr. 15 zu § 123 BGB, Bl. 1255 R f.; *Herschel*, AP Nr. 7 zu § 1 KSchG Verhaltensbedingte Kündigung, Bl. 768 f.

[102] Bedenken gegen ein Recht zu unwahren Angaben auch bei *Hueck*, AP Nr. 2 zu § 123 BGB, Bl. 235 f.; *Larenz*, AP Nr. 15 zu § 123 BGB, Bl. 55 R f.; *Schwenk*, MDR 1960, 353 ff. (354).

[103] BVerwGE 18, 276 ff. (277). Die Entscheidung betrifft unmittelbar nur die Bewerbung im öffentlichen Dienst, beansprucht aber wohl mangels eines einschränkenden Hinweises auch Geltung bei privatrechtlichen Arbeitsverhältnissen.

[104] AP Nr. 7 zu § 1 KSchG Verhaltensbedingte Kündigung, Bl. 768 R f. (769 R).

nicht in beleidigender Form gestellt würden, verwehren könne, sogar wenn sie überflüssig seien.

a) Begründungsversuche

Lediglich *Großmann*[105] versucht, die Zulässigkeit jeder Frage zu begründen. Bei der Erörterung der Frage nach Vorstrafen führt er Praktikabilität und eigene Informationspflicht des Bewerbers über seine Auskunftspflicht als Beweisgründe an. Generelle Geltung beansprucht daneben seine Aussage, eine allgemeine Frage könne schon deshalb nicht unzulässig sein, weil der Bewerber sie möglicherweise beantworten wolle.

Die nur vage Aussicht, daß ein Arbeitnehmer eine Frage ungezwungen und aus freien Stücken[106] beantworten möchte, spricht weder für noch gegen deren Zulässigkeit. Eine Frage kann nämlich nicht deshalb gegenüber allen zulässig sein, weil vielleicht vereinzelt ein Wille zur Antwort vorliegt. Dem Bewerber die Verfolgung seiner Rechte überlassen heißt in der Regel, diese zugleich faktisch verneinen, denn fast immer sind Arbeitnehmer insoweit rechtsunkundig und beantworten aus Angst vor Nichteinstellung alle Fragen, ohne zu widersprechen und ohne Auskünfte einzuholen[107]. Praktikabel ist eine solche Auffassung immer nur aus der Sicht der Arbeitgeber, niemals aber bei der gebotenen Gesamtschau.

b) Eigene Meinung

aa) Fragen als Rechtsbeeinträchtigung

Das Grundgesetz gewährt dem Arbeitgeber nicht individualistisch-egoistische Freiheit bei der Befragung. Wie das *Bundesverfassungsgericht*[108] unter Berufung auf die Art. 1, 2, 12, 14, 15, 19 u. 20 GG schon frühzeitig entschieden hat, ist das Menschenbild des Grundgesetzes nicht das eines isolierten souveränen Individuums, sondern eines gemeinschaftsbezogenen und gemeinschaftsgebundenen. Jeder muß daher den Mitmenschen von vornherein in seine Überlegungen einbeziehen und kann ihn nicht darauf verweisen, nachträglich seine Rechte geltend zu machen[109].

---

[105] ArbuR 1969, 97 ff. (102).

[106] Nur auf diesen Fall bezieht sich, wenn auch nicht ausdrücklich, *Großmanns* Argument.

[107] Ausführlicher dazu oben § 3 III 2 a.

[108] Entsch. v. 20. 7. 1954, BVerfGE 4, 7 ff. (15); ebenso BVerfG v. 15. 1. 1970, BVerfGE 27, 344 (351).

[109] Ebenso BAG v. 10. 11. 1955, BAGE 2, 221 ff. (224); *Herbert Krüger,* S. 14; *Hubmann,* Persönlichkeitsrecht, S. 185.

In der Formulierung des für das Informationsrecht des Arbeitgebers einschlägigen Artikels 2 Abs. 1 GG kommt dieses Gebot durch den einschränkenden Soweit-Satz augenscheinlich zum Ausdruck. Zugleich verlangt allerdings dieser Grundrechtsartikel als konkretisierende Voraussetzung für eine vorherige Berücksichtigung der Belange des Bewerbers, daß bereits die Frage ein Recht des Bewerbers verletzt[110] und nicht erst die Frage in Verbindung mit der darauf erteilten Antwort.

Die Frage führt in aller Regel zwangsläufig zur Antwort, da der Arbeitgeber zumindest nach der Vorstellung des Bewerbers eine Antwort erwartet und aus einer Auskunftsverweigerung negative Schlüsse ziehen würde[111]. Wegen dieses automatisch zur Antwort führenden Ablaufs der Befragung muß bereits die jenseits der Pflicht des Bewerbers zur wahrheitsgemäßen Antwort liegende Frage als Eingriff angesehen werden[112].

bb) Unzulässigkeit von Fragen und Rechtssicherheit

Schon die bisherigen Ausführungen lassen die Schwierigkeiten bei der Bestimmung der unzulässigen Fragen erkennen. Der Grundsatz der Rechtssicherheit könnte daher die Zulässigkeit jeder Frage implizieren[113]. Rechtssicherheit ist ein wesentlicher Bestandteil des Rechtsstaatsprinzips[114], das seinerseits zu den elementaren Entscheidungen des Grundgesetzes zählt[115]. Die Wahrung der Rechtssicherheit ist nicht nur für die Gesetzgebung bedeutungsvoll, sondern auch für die Gesetzesauslegung, insbesondere wenn — wie beim Fragerecht des Arbeit-

---

[110] Nach dem BAG genügt bereits die Möglichkeit einer Beeinträchtigung, siehe die Entscheidung v. 10. 11. 1955, BAGE 2, 221 ff. (224); nach *Falkenberg*, BB 1970, 1013 ff. (1014), der Versuch, in die Intimsphäre des Arbeitnehmers einzudringen.

[111] Vgl. *Gumpert*, BB 1970, 804 f. (804); *Hueck*, AP Nr. 2 zu § 123 BGB, Bl. 235 f. (235 R).

[112] Im Ergebnis ebenso BAG v. 5. 12. 1957, BAGE 5, 159 ff. (163); LAG Düsseldorf v. 7. 5. 1958, SAE 1959, 161 ff. (162); ArbG Kaiserslautern v. 30. 7. 1969, ARSt. 1971, Nr. 78, S. 71; *Neumann-Duesberg*, JR 1967, 1 ff. (3); *Falkenberg*, BB 1970, 1013 ff. (1014); *Schmid*, BB 1971, 1237 ff. (1239); *Fitting / Auffahrth / Kaiser*, Rdn. 1 zu § 94 BetrVG; siehe auch das Urteil des Bundesverfassungsgerichts v. 16. 7. 1969, BVerfGE 27, 1 ff., wonach die statistische Befragung durch den Staat gegen Art. 1 Abs. 1 und Art. 2 Abs. 1 GG verstoßen kann. Anderer Ansicht *Wiese*, ZfA 1971, 273 ff. (300 f.); *Leipold*, ArbuR 1971, 161 ff. (163), der aber dennoch unsachliche Fragen als unzulässig ansieht (S. 166 f.); vgl. auch *Häßler / Kehrmann*, BlStSozArbR 1967, 44 ff. (45 f.), die — umgekehrt wie *Leipold* — aber inkonsequent — einen Eingriff bejahen und dennoch jede Frage als zulässig betrachten.

[113] Vgl. *Larenz*, AP Nr. 15 zu § 123 BGB, Bl. 1255 f.

[114] BVerfG v. 18. 12. 1953, BVerfGE 3, 225 ff. (237); v. 16. 7. 1969, BVerfGE 27, 1 ff. (8).

[115] BVerfG v. 16. 1. 1957, BVerfGE 6, 32 ff. (41).

gebers — ausdrückliche gesetzliche Regelungen fehlen. Die Auslegung, die dem Bürger klar aufzeigt, was Rechtens sein soll, ist anzustreben.

Unterscheidet man zwischen zulässigen und unzulässigen Fragen, so ist Rechtsunsicherheit teilweise die Folge, da die Beteiligten, besonders in Grenzfällen, nur schwer die Zulässigkeit bzw. Unzulässigkeit bestimmen können. Nachfolgende Prozesse stören mittelbar den Rechtsfrieden. Die Auffassung hingegen, die rigoros jede Frage zuläßt, erzielt Rechtssicherheit.

Rechtssicherheit ist ein Idealzustand, aber dennoch kein absolutes Gebot. Sie muß vielmehr wie jedes Auslegungskriterium im Zusammenhang mit den anderen gesehen werden. Tritt sie mit dem Gebot der Gerechtigkeit in Widerstreit, so ist durch eine Interessenabwägung festzustellen, welches der beiden Prinzipien vorrangig ist[116]. Bei der Zulässigkeit jeder Frage muß den Preis der Rechtssicherheit allein der Bewerber zahlen. Der Kreis der Fragen würde ansteigen und damit zu umfassenden Rechtsbeeinträchtigungen führen. Auf der anderen Seite ist es dem Arbeitgeber zuzumuten, sich bei seinem Rechtsberater zu erkundigen, zumal er diesen ja auch etwa bei Zweifeln über die Zulässigkeit einer Kündigung oder Anfechtung heranziehen wird. Letzte Unsicherheiten bleiben freilich. Der Arbeitgeber sollte dann im Zweifel auf die Frage verzichten. Rechtsunsicherheit ist also nicht die unausweichliche Folge der Unterscheidung zwischen zulässigen und unzulässigen Fragen. Sie läßt sich vielmehr auf ein Minimum reduzieren, das gegenüber der schweren Beeinträchtigung der Rechtsstellung des Bewerbers bei der Zulässigkeit jeder Frage nicht ins Gewicht fällt und schon wegen der notwendigen Abgrenzung der beiderseitigen Rechtssphären bei der Stellung der Fragen in Kauf genommen werden muß.

cc) Zusammenfassung

Zusammenfassend ergibt sich, daß die Arbeitgeber schon bei der Stellung der Fragen auf die Arbeitnehmer Rücksicht nehmen müssen und diese nicht über ihre Rechte im unklaren lassen dürfen. Das Fragerecht ist nicht umfassender als die Pflicht zur wahrheitsgemäßen Antwort, sondern entspricht dieser in vollem Umfang. Die danach erforderliche Abstimmung der Fragen verursacht, insbesondere bei der Aufstellung von Personalfragebogen, nur einen geringen Mehraufwand und ist damit zumutbar. Sie ist für den Arbeitgeber sogar vorteilhaft, da er durch uneingeschränkte Befragung von vornherein eine Schranke zwischen sich und dem Bewerber errichten würde. Die hier vertretene Auffassung reduziert die durch die Befragung hervorgerufene Zwangs-

---

[116] Vgl. BVerfG v. 18. 12. 1953, BVerfGE 3, 225 ff. (238), und v. 14. 3. 1963, BVerfGE 15, 313 ff. (319).

lage auf ein unumgängliches Mindestmaß. § 94 Abs. 1 BetrVG, der bereits die Fragen des Arbeitgebers der Kontrolle des Betriebsrates unterwirft, fügt sich in dieses System fugenlos ein.

2. Die Verpflichtung zur wahrheitsgemäßen Beantwortung jeder Frage

Mit der Feststellung der Unzulässigkeit gewisser Fragen ist die These vom unbegrenzten Informationsrecht bereits im wesentlichen entkräftet. Das Postulat einer wahrheitsgemäßen Antwort erscheint bei einer Frage, die in Rechte des Bewerbers eingreift und damit unzulässig ist, von vornherein als zweifelhaft. So billigen denn auch Rechtsprechung und Lehre, soweit sie unzulässige Fragen anerkennen, dem Arbeitnehmer ein Recht zu unwahren Angaben zu[117].

a) Begriff des Rechts zur Lüge

Die dennoch vorgetragenen Bedenken oder gar die Ablehnung eines solchen Rechts beruhen größtenteils auf der Verkennung seines Inhalts. Die Gewährung eines Rechts zur Lüge besagt, daß die falsche Antwort keine Rechtsnachteile nach sich zieht[118]. Man kann daher dem Arbeitgeber nicht die Anfechtung oder Kündigung bei unwahren Auskünften auf unzulässige Fragen versagen und gleichzeitig das Recht zur Lüge ablehnen[119].

b) Bedenken gegenüber dem Recht zur Lüge

Fundiertere Kritik am Recht zur Lüge übt vor allem *Larenz*[120]. Neben dem allgemeinen Hinweis auf die Abschlußfreiheit des Arbeitgebers[121], führt er als Konsequenz und zugleich als Grund für eine Ablehnung des Rechts zur Lüge Erschütterung des Vertrauens[122] und Verschaffung der gewünschten Kenntnis auf andere Weise an.

---

[117] Vgl. nur BAG v. 7. 2. 1964, BAGE 15, 261 ff. (263); LAG Düsseldorf v. 30. 9. 1972, BB 1972, 706; *Neumann-Duesberg,* JZ 1962, 204 ff. (206); *Schröder,* JJb. 6, 159 ff. (181); *Gumpert,* BB 1970, 804 f. (804).

[118] Siehe *Schröder,* JJb. 6, 159 ff. (181).

[119] So aber LAG Bremen v. 24. 2. 1960, BB 1960, 743; *Neumann,* Betr. 1961, 1291 ff. (1293); *Haberkorn,* RdA 1962, 416 ff. (417); *Trappe,* BlStSozArbR 1962, 201 ff. (202). *Herschel,* AP Nr. 7 zu § 1 KSchG Verhaltensbedingte Kündigung, Bl. 768 R f. (769), beachtet die Bedeutung des Rechts zur Lüge nicht, wenn er mit dem Rechtfertigungsgrund der Sozialadäquanz bestimmte falsche Antworten rechtfertigen und die Bedeutsamkeit der Sozialadäquanz für das Problem der Lüge u. a. aus § 384 Nr. 2 ZPO u. § 55 Abs. 1 StPO ableiten will; die genannten Vorschriften geben dem Zeugen nur ein Auskunftsverweigerungsrecht und nicht das Recht, vor Gericht folgenlos zu lügen.

[120] AP Nr. 15 zu § 123 BGB, Bl. 1255 ff. (1255 R f.).

[121] So auch *Gangloff,* SAE 1959, 162 ff. (163).

[122] So auch BAG v. 22. 9. 1961, BAGE 11, 270 ff. (275).

Die Feststellung, der Arbeitnehmer habe keinen Anspruch auf den von ihm erstrebten und durch die Täuschung herbeigeführten Arbeitsvertrag, richtet sich in Wirklichkeit gegen die Unzulässigkeit bestimmter Fragen. Unzulässige Fragen und Recht zur Lüge schränken zwar die Entschließungsfreiheit des Arbeitgebers ein[123], bedeuten aber selbst in ihrer praktischen Auswirkung keine Pflicht zur Einstellung[124]. Sie sind Folge einer zwischen völlig unbegrenzter Einstellungsfreiheit und Einstellungsgebot stehenden Pflichtenbindung des Arbeitgebers. Man kann daher allenfalls von einer Vorstufe zum Einstellungsgebot sprechen, die als solche aber zum Schutz des Bewerbers unumgänglich ist. Das Recht zu unwahren Angaben beruht nicht auf einem Anspruch auf Einstellung, sondern letztlich auf dem Anspruch auf Unterlassung unzulässiger Fragen.

Wer — wie *Larenz* — den durch uneingeschränkte Befragung hervorgerufenen Vertrauensschwund beim Bewerber als Argument für eine Begrenzung der Fragen nicht einmal erwähnt, hat es von vornherein schwer, gegen das Recht zur Lüge eine Erschütterung des Vertrauens des Arbeitgebers ins Feld zu führen. Sicherlich können aufgedeckte Lügen das Vertrauen des Arbeitgebers in den Arbeitnehmer schmälern. Aber auch eine Pflicht zur wahrheitsgemäßen Antwort würde die Anzahl der falschen Antworten kaum herabsetzen und damit am Vertrauensschwund beim Arbeitgeber nichts ändern. In der Regel lügt der Bewerber nämlich, weil er die Frage als anstößig oder seiner Bewerbung hinderlich empfindet und damit unabhängig davon, ob die Rechtsordnung ihm ein Recht zur Lüge gewährt oder nicht.

Schon aus der gerade aufgezeigten Motivation des Arbeitnehmers geht hervor, daß der Arbeitgeber in jedem Fall, ob mit oder ohne Recht zur Lüge, mit wahrheitswidrigen Antworten rechnen muß und daher nicht selten etwa den früheren Arbeitgeber oder mitunter auch eine Auskunftei zusätzlich befragen wird. Allein eine Begrenzung der Befragung Dritter wird hier einen umfassenden Bewerberschutz garantieren können[125].

Moralische Bedenken gegen das Recht zur Lüge[126] können nicht ausschlaggebend sein. Recht und Moral gehören zwei verschiedenen Ebe-

---

[123] Lediglich formal, nicht aber in der Sache anderer Ansicht *Ramm*, ArbuR 1963, 161 ff. (171).

[124] Siehe zum Kontrahierungs- sowie Verhandlungszwang BAG v. 2. 8. 1963, BAGE 14, 282 ff. (288 ff.).

[125] Zur Befragung des früheren Arbeitgebers siehe vor allem *Grobe*, BlStSozArbR 1968, 365 ff., und *Trinkhaus*, RdA 1961, 221 ff., beide mit umfassenden Nachweisen; siehe auch unten § 4 IV 3. Zur Einholung einer Auskunft bei einer Auskunftei RG v. 13. 1. 1927, RGZ 115, 416 ff.; *Heinitz*, JR 1964, 443 ff. (442); siehe auch BGH v. 30. 10. 1967, BGHZ 49, 19 ff.

[126] *Schwenk*, MDR 1960, 353 ff. (354); *Neumann-Duesberg*, UFITA 36, 101 ff. (113); wohl auch *Hueck*, AP Nr. 2 zu § 123 BGB, Bl. 235 f.

nen an, so daß moralische Erwägungen allenfalls zur Schließung einer schon fast vollständigen rechtlichen Argumentationskette herangezogen werden dürfen.

Schließlich irrt auch *Ramm*[127], wenn er meint, die Diskussion um das Recht zur Lüge sei weitgehend entschärft durch die Frage, ob und wann die Sanktion der Anfechtung versagt werden soll. Er verlagert damit die Problematik lediglich auf eine andere Ebene, ohne sie zu vereinfachen, und macht außerdem eine allgemeingültige Beurteilung der Lüge unmöglich.

Die Bedenken gegen ein Recht zur Lüge auf unzulässige Fragen des Arbeitgebers haben sich als unhaltbar erwiesen[128]. Im Rahmen der erst vor kurzem durchgeführten Reform des Strafregisterrechts wurde sogar in § 51 BZRG ausdrücklich ein Recht zur Lüge gegenüber Fragen nach bestimmten Vorstrafen statuiert. Wahrheitswidrige Auskünfte auf unzulässige Fragen bilden die einzige Möglichkeit zum Schutz des Arbeitnehmers. Eine Verweigerung der Antwort würde nämlich mit großer Wahrscheinlichkeit zur Ablehnung der Einstellung führen[129] und der dritte und letzte Weg der wahrheitsgemäßen Auskunft de iure unzulässige Fragen in de facto zulässige verwandeln.

c) Ergebnis

Die Lehre vom unbegrenzten Informationsrecht des Arbeitgebers ist unhaltbar: Nicht alle Fragen sind zulässig. Werden unzulässige Fragen dennoch gestellt, darf der Bewerber sie falsch beantworten, ohne einen Rechtsnachteil zu erleiden.

Zusammenfassung

Bei der Kritik bisheriger Lösungsversuche hat sich gezeigt, wie umfassend die Skala der Thesen zum Fragerecht des Arbeitgebers ist. Sie reicht von fast völliger Ablehnung bis hin zu uneingeschränkter Zustimmung. Deutlich wurde bei der Auseinandersetzung mit den 6 Thesen bereits, daß ein absolut schrankenloses Fragerecht nicht besteht. Andererseits haben sich auch die das Fragerecht begrenzenden Begründungsversuche als unzureichend erwiesen.

---

[127] ArbuR 1963, 161 ff. (171).

[128] Ebenfalls für ein Recht zur Lüge BAG v. 5. 12. 1957, BAGE 5, 159 ff. (163); v. 7. 2. 1964, BAGE 15, 261 ff. (263); *Neumann-Duesberg*, JZ 1962, 204 ff. (206); UFITA 36, 101 ff. (113); *Kemter*, RdA 1962, 307 ff. (309); *Schröder*, JJb. 6, 159 ff. (181); *Gumpert*, BB 1970, 804 f. (804); *Falkenberg*, BB 1970, 1013 ff. (1014); *Herschel*, AP Nr. 7 zu § 1 KSchG Verhaltensbedingte Kündigung, Bl. 768 R ff.; *van Gelder*, JurA 1971, 221 ff. (232).

[129] Siehe *Gumpert*, BB 1970, 804 f. (804); *Hofmann*, SAE 1971, 134 ff. (135); *Leipold*, ArbuR 1971, 161 ff. (163).

§ 4. Vertragsfreiheit des Arbeitgebers und Persönlichkeitsrecht des Bewerbers

I. Das Spannungsverhältnis zwischen Vertragsfreiheit und Persönlichkeitsrecht

Sinn aller Vertragsverhandlungen ist die Suche nach einem Ausgleich der entgegengesetzten Ziele und Interessen. Beim Arbeitsvertrag richtet sich dieses Bestreben für den Arbeitgeber vor allem auf die Person des Arbeitnehmers. Der Unternehmer möchte möglichst viel über den Bewerber erfahren, dieser indes möglichst wenig ungünstige Umstände bei der Befragung mitteilen.

Diese zunächst rein tatsächliche Spannungslage muß in rechtliche Kategorien übertragen und gelöst werden. Das Informationsinteresse des Arbeitgebers wird durch seine verfassungsrechtlich gewährleistete Vertragsfreiheit geschützt[1]. Wie jede Freiheit konkurriert auch die Vertragsfreiheit mit der Gleichheit: je mehr Vertragsfreiheit um so weniger Gleichheit[2]. Dieser Antagonismus war in den letzten Jahrzehnten mehr und mehr durch die Zurückdrängung der Vertragsfreiheit gekennzeichnet[3], wenn nicht sogar die Geschichte der Vertragsfreiheit überhaupt die ihrer Beschränkung ist[4]. In Übereinstimmung hiermit wurde die Begrenzung des Fragerechts des Arbeitgebers bereits im grundsätzlichen dargelegt. Das Allgemeine Persönlichkeitsrecht des Bewerbers könnte die Rechtsgrundlage abgeben und zugleich die unzulässigen von den zulässigen Fragen scheiden.

1. Die Vertragsfreiheit

In erster Linie umfaßt die Vertragsfreiheit, neben Gestaltungs- und Formfreiheit, die Abschlußfreiheit, also die Freiheit, einen genehmen Vertragspartner zu wählen[5]. Allerdings ist gerade diese Freiheit des Arbeitgebers keine absolute. So ist sie etwa durch das Einstellungsgebot der §§ 4 ff. des Gesetzes zur Sicherung der Eingliederung Schwerbehinderter in Arbeit, Beruf und Gesellschaft vom 29. 4. 1974 zugunsten Schwerbehinderter fast völlig aufgehoben. Diese Tendenz zur Reduzierung der Vertragsfreiheit des Arbeitgebers geht ebenfalls aus § 51

---

[1] Siehe oben § 3 I 2 b.

[2] Zur Spannung zwischen Freiheit und Gleichheit siehe *Küchenhoff*, ArbuR 1966, 321 ff.

[3] Siehe *Ludwig Raiser*, JZ 1958, 1 ff. (4); *Gamillscheg*, AcP 164, 385 ff. (398); BAG v. 21. 10. 1954, BAGE 1, 136 ff. (138).

[4] So *Leisner*, S. 323 f.

[5] Siehe insbesondere *Ludwig Raiser*, JZ 1958, 1 ff.

BZRG hervor, wonach sich der Verurteilte auch bei einer Bewerbung unter gewissen Voraussetzungen als unbestraft bezeichnen und damit den Arbeitgeber täuschen darf. Vor allem aber bedeutet die Mitbestimmung des Betriebsrates in personellen Angelegenheiten, insbesondere nach §§ 94, 95, 99, 100, 101 BetrVG, eine äußerst weitgehende Beschneidung in der Auswahl der Mitarbeiter[6].

Diese Beispiele eingeschränkter Einstellungsfreiheit des Arbeitgebers dürfen indes nicht zu ihrer allgemeinen Geringschätzung und leichtfertigen weiteren Begrenzung führen. Die Auswahl der Mitarbeiter ist ein entscheidender Bestandteil der unternehmerischen Handlungsfreiheit[7] und muß es in einer freien Wirtschaft auch weiterhin bleiben. Zu berücksichtigen ist dabei allerdings, daß ungebändigte Vertragsfreiheit Abhängigkeit hervorruft oder verstärkt[8].

2. Das Allgemeine Persönlichkeitsrecht

a) Rechtsgrundlage

Nachdem der *Bundesgerichtshof* — vor allem im Anschluß an *Nipperdey*[9] und *Coing*[10] — schon frühzeitig das Allgemeine Persönlichkeitsrecht als sonstiges Recht i. S. des § 823 Abs. 1 BGB anerkannt hatte[11], diese Auffassung in ständiger Rechtsprechung bestätigte[12] und den Schutzbereich des Rechts präzisierte, wird es heute in der Rechtsprechung uneingeschränkt und nahezu ebenso einhellig in der Lehre gebilligt[13]. Der Bundesgerichtshof beruft sich im wesentlichen auf den in Art. 1 Abs. 1 GG enthaltenen Grundsatz der Unantastbarkeit der Würde des Menschen und das in Art. 2 Abs. 1 GG garantierte Recht auf freie Entfaltung der Persönlichkeit. Diese knappe Begründung hat

---

[6] *Galperin,* S. 34 ff. (38), spricht sogar von einer verfassungswidrigen Regelung; siehe ferner *Hanau,* BB 1972, 451 ff.; *Peltzer,* Betr. 1972, 1164 ff.

[7] So zu Recht *Galperin,* S. 38.

[8] Zur der Vertragsfreiheit immanenten Sozialbindung *Robert Fischer,* DRiZ 1974, 209 ff.

[9] Vgl. Grundrechte I, S. 1 ff. (40 ff.).

[10] Vgl. *Staudinger / Coing,* Vorbem. 17 ff. vor § 1 BGB.

[11] Entsch. v. 25. 5. 1954, BGHZ 13, 334 ff. (338).

[12] Siehe vor allem BGH v. 2. 4. 1957, BGHZ 24, 72 ff. (76 ff.); v. 18. 3. 1959, BGHZ 30, 7 ff.; v. 24. 10. 1961, BGHZ 36, 77 ff.; v. 20. 3. 1968, BGHZ 50, 133 ff.; v. 30. 11. 1971, BGHZ 57, 325 ff.

[13] BFH v. 29. 10. 1963, NJW 1964, 744; OLG München v. 7. 8. 1958, NJW 1959, 388; KG v. 14. 5. 1968, NJW 1968, 1919; OLG Koblenz v. 5. 10. 1972, JZ 1973, 279 ff.; LG Nürnberg-Fürth v. 23. 1. 1970, NJW 1970, 2066 f.; *Schwenk,* NJW 1968, 822 ff. (823); *Heinitz,* JR 1964, 441 ff.; *Hubmann,* Persönlichkeitsrecht, S. 155 m. w. N.; siehe auch BVerfG v. 14. 2. 1973, BVerfGE 34, 269 ff. (280 ff.).

Hubmann[14] in der bisher umfassendsten Untersuchung des Problemkreises in vortrefflicher Weise ausgebaut, durch neue Gesichtspunkte bereichert und dabei die Gegenargumente der ganz überwiegend älteren Kritik der Lehre überzeugend zurückgewiesen[15]. Das Allgemeine Persönlichkeitsrecht ist daher fester Bestandteil unserer Privatrechtsordnung, seine Einreihung unter die absoluten Rechte des § 823 Abs. 1 BGB dogmatisch abgesichert.

Entsprechend seiner verfassungsrechtlichen Basis kommt der Schutz dieses Rechtes im Grundsatz jedermann zu jeder Zeit zugute. Danach besteht also auch ein Allgemeines Persönlichkeitsrecht des Arbeitnehmers[16]. Es begrenzt nicht nur die Macht des Arbeitgebers bei bestehendem Arbeitsverhältnis[17], sondern verschafft bereits dem Bewerber für die Vertragsverhandlungen eine Rechtsposition[18], die auch zu einer Begrenzung des Fragerechts führen kann[19].

Das Allgemeine Persönlichkeitsrecht beruht zwar auf Art. 1 Abs. 1 GG und Art. 2 Abs. 1 GG, doch ist es nicht mit dem Recht auf freie Entfaltung der Persönlichkeit identisch[20], sondern ein davon zu unterscheidendes absolutes Privatrecht. Auf die im Arbeitsrecht ohnehin im Grundsatz anerkannte Drittwirkung der Grundrechte[21] kommt es daher nicht an. Der in der arbeitsrechtlichen Rechtsprechung und Literatur dennoch nicht selten unmittelbar aus Art. 1 Abs. 1, 2 Abs. 1 GG entnommene Persönlichkeitsschutz des Arbeitnehmers[22] sollte auf das

---

[14] Ebd., S. 85 ff.

[15] Zur Kritik der Gegenmeinung siehe auch *Nipperdey*, Grundrechte II, S. 741 ff. (833 ff.).

[16] BAG v. 10. 11. 1955, BAGE 2, 221 ff. (224 f.); v. 14. 9. 1967, BB 1967, 1378 f.; v. 1. 3. 1973, BB 1973, 704; ArbG Düsseldorf v. 23. 11. 1966, BB 1967, 148; *Neumann-Duesberg*, UFITA 36, 101 ff.; *Küchenhoff*, RdA 1969, 97 ff. (100); RdA 1972, 336 ff. (339); *Schmid*, BB 1971, 1237 ff. (1238 f.); *Wiese*, ZfA 1971, 273 ff. (300).

Zur Notwendigkeit eines Rückgriffs auf das Allgemeine Persönlichkeitsrecht im Arbeitsrecht siehe *Schwerdtner*, Fürsorgetheorie, S. 97 ff., der z. B. den Gleichbehandlungsgrundsatz, die Beschäftigungspflicht und die Wiedereinstellung nach Verdachtskündigung auf dieses Recht stützt.

[17] Dazu *Schwenk*, NJW 1968, 822 ff.; *Wiese*, ZfA 1971, 273 ff.

[18] Siehe demgegenüber die Ablehnung einer Rechtsposition durch das BAG in der Entsch. v. 22. 9. 1961, BAGE 11, 270 ff. (275).

[19] Ähnlich *Neumann-Duesberg*, UFITA 36, 101 ff.; JR 1967, 1 ff. (3); *Schwenk*, NJW 1968, 822 ff. (822 f.).

[20] *Nipperdey*, Grundrechte II, S. 741 ff. (836).

[21] BAG v. 3. 12. 1954, BAGE 1, 185 ff. (193); v. 29. 6. 1962, BAGE 13, 168 ff. (174 ff.); LAG Hamm v. 14. 10. 1969, Betr. 1969, 2353; LAG Düsseldorf v. 30. 9. 1971, Betr. 1971, 2071; *Gamillscheg*, AcP 164, 385 ff. (404): „ständige Praxis, die sich dem Gewohnheitsrecht nähert".

[22] BAG v. 10. 11. 1955, BAGE 2, 221 ff. (224 f.); v. 10. 5. 1957, BAGE 4, 274 ff. (276 ff.); LAG Hamm v. 14. 10. 1969, Betr. 1969, 2353; LAG Düsseldorf v. 30. 9. 1971, Betr. 1971, 2071; *Falkenberg*, BB 1970, 1013 ff. (1014).

durch § 823 Abs. 1 BGB geschützte Allgemeine Persönlichkeitsrecht gestützt werden[23]. Wenn sich auch das Arbeitsrecht zu einem vom allgemeinen bürgerlichen Recht weithin selbständigen Rechtsgebiet entwickeln konnte[24] und damit eine größere Aufnahmebereitschaft gegenüber dem Verfassungsrecht besteht[25], so haben doch das Erste und Zweite Buch des BGB gerade für das Individualarbeitsrecht die Bedeutung eines Allgemeinen Teils nicht verloren. Das Arbeitsrecht wurde nämlich zu einem besonderen Rechtsgebiet, weil sich viele seiner Probleme, vor allem die des kollektiven Bereichs, mit den traditionellen, den sozialen Gedanken nicht berücksichtigenden Kategorien des Bürgerlichen Gesetzbuches nicht mehr erfassen ließen. In dieser Ursache der Verselbständigung liegt zugleich ihre Begrenzung. Erst wenn und soweit das allgemeine bürgerliche Recht die Bereinigung eines Interessenkonflikts nicht ermöglicht, sollte daher eine Abweichung von der allgemeinen Zivilrechtsdogmatik — u. U. auch durch eine unmittelbar verfassungsrechtliche Lösung — ins Auge gefaßt werden. Das allgemeine bürgerliche Recht bietet heute in seiner Weiterentwicklung durch Rechtsprechung und Lehre eine Fülle von gefestigten Rechtsinstituten und befriedigenden Begründungen. Eigenständigkeit des Arbeitsrechts um jeden Preis bedeutet Verzicht auf diesen dogmatischen Schatz und damit wegen des so erforderlichen Rückgriffs auf allgemeine Wertvorstellungen letztlich Verzicht auf Rechtssicherheit[26].

b) Grundgehalt

Die eigentliche Schwierigkeit liegt darin, den Inhalt des Allgemeinen Persönlichkeitsrechts des Bewerbers festzulegen. Von dem das Recht auslegenden Arbeitsrechtler verlangt die Aufgabe der Konkretisierung und Präzisierung methodisch nichts Neues, muß er doch in weitem Umfang ohne ausdrückliche Rechtsnormen auskommen und mitunter auch gesetzesvertretende Entscheidungen fällen[27].

Ob eine Persönlichkeitsrechtsverletzung vorliegt, kann nur durch tatbestandsbestimmende und gegebenenfalls auch rechtfertigende Ab-

---

[23] Selbst *Nipperdey*, der im Grundsatz eine unmittelbare privatrechtliche Wirkung der Grundrechte befürwortet, lehnt diese beim Persönlichkeitsschutz der Art. 1 Abs. 1, 2 Abs. 1 GG ab, siehe Grundrechte II, S. 741 ff. (836); ebenso *Hubmann*, Persönlichkeitsrecht, S. 112 f.

[24] BVerfG v. 22. 4. 1958, BVerfGE 7, 342 ff. (348 ff.).

[25] *Leisner*, S. 256; *Leibholz*, S. 41: Arbeitsrecht als „konkretisiertes Verfassungsrecht".

[26] Gegen die These von der Emanzipation des Arbeitsrechts von der allgemeinen Privatrechtsordnung neuerdings *Richardi*, ZfA 1974, 3 ff.

[27] Zum Problem des arbeitsrechtlichen Richterrechts siehe insbesondere *Gamillscheg*, AcP 164, 385 ff. (388, 397 f., 444 f.), der zu Recht den Richter als eigentlichen Herrn des Arbeitsrechts bezeichnet; ferner *Mayer-Maly*, RdA 1970, 289 ff.

wägung der beiderseitigen Interessen festgestellt werden[28]. Die erstgenannte Art der Abwägung ist ausreichend bei normalen Interessengegensätzen. Ein Eingriff kann indes bei besonderer Sachlage durch Wahrnehmung berechtigter Interessen gerechtfertigt sein, so daß dann auch auf der Rechtswidrigkeitsebene eine Abwägung erforderlich ist. Eine Einwilligung beseitigt normalerweise bereits die Tatbestandsmäßigkeit einer Persönlichkeitsverletzung[29]. Beim Problem des Fragerechts spielt sie indes keine Rolle. Eine Befragung kann ja stets nur dann durchgeführt werden, wenn der Bewerber einverstanden ist. Würde nun die Einwilligung sonst unzulässige Fragen in zulässige verwandeln können, wäre der Arbeitnehmer schutzlos, das Fragerecht des Arbeitgebers gerade unbegrenzt. Gegen die Annahme eines echten Einverständnisses spricht im übrigen häufig die soziale oder wirtschaftliche Abhängigkeit des Bewerbers[30].

aa) Inhalt und Grenzen des Persönlichkeitsrechts des Bewerbers

Das Allgemeine Persönlichkeitsrecht sichert jedermann einen Bereich privater Lebensgestaltung, über den er allein bestimmen und in dem er nach seinen Wünschen und Eigenarten leben kann[31]. Diese generalklauselartige[32] Erläuterung läßt bereits die Vielzahl der geschützten Interessen erkennen. Der Bewerber kann danach vom Arbeitgeber verlangen, daß die Fragen nicht in seinen Innenraum eingreifen; insoweit besitzt er ein „Recht auf Einsamkeit“ als Teilaspekt seines Allgemeinen Persönlichkeitsrechts[33]. Unbeachtlich ist dabei, daß der Arbeitgeber allein durch die Frage noch keinen Einblick in die Verhältnisse des Bewerbers gewinnt. Wegen des automatisch zur Antwort führenden Ablaufs der Befragung muß zur Frage stets die Antwort hinzugedacht

---

[28] Siehe *Hubmann*, Persönlichkeitsrecht, S. 159 ff. m. w. N.; ders. umfassend zur Methode der Abwägung in Festschr. f. Schnorr v. Carolsfeld, S. 173 ff.

[29] Siehe *Hubmann*, Persönlichkeitsrecht, S. 325, 332.

[30] Siehe allgemein zur Aufhebung des Persönlichkeitsschutzes durch den Hinweis auf die Freiwilligkeit einer Auskunft *Walter Schmidt*, JZ 1974, 241 ff., der auf den Mißbrauch der „Freiwilligkeit“ als Ersatzkonstruktion für fehlende gesetzliche Ermächtigungen hinweist und von „Freiwilligkeits-Fiktionen“ spricht.

[31] Vgl. BGH v. 18. 3. 1959, BGHZ 30, 7 ff. (11); OLG Hamburg v. 11. 5. 1967, NJW 1967, 2314 ff. (2316); BVerfG v. 16. 7. 1969, BVerfGE 27, 1 ff. (6); v. 5. 6. 1973, BVerfGE 35, 202 ff. (220); *Hubmann*, Persönlichkeitsrecht, S. 136, 269; *Nipperdey*, Grundrechte II, S. 741 ff. (849).

[32] Zum notwendig generalklauselartigen Charakter des Allg. Persönlichkeitsrechts siehe *Hubmann*, Persönlichkeitsrecht, S. 136 f.; ferner BGH v. 2. 4. 1957, BGHZ 24, 72 ff. (78).

[33] Vgl. BVerfG v. 16. 7. 1969, BVerfGE 27, 1 ff. (6), und v. 5. 6. 1973, BVerfGE 35, 202 ff. (220): „Recht, Einblick durch andere auszuschließen“; ferner *Hubmann*, Persönlichkeitsrecht, S. 107, 322, und *Neumann-Duesberg*, BB 1973, 949 ff. (950), die in Anlehnung an das amerikanische Recht auch von einem „right to be let alone“ bzw. einem „right of privacy“ sprechen.

werden, so daß der Arbeitgeber mit den betreffenden Fragen nicht nur in den Innenraum einzudringen versucht, sondern diesen unmittelbar verletzt[34].

Das Persönlichkeitsrecht des Bewerbers schützt damit gewissermaßen als Reflex gleichzeitig sein Einstellungsinteresse, da der Arbeitgeber für die Einstellung ungünstige Umstände aus dem Innenraum des Arbeitnehmers wegen der Unzulässigkeit solcher Fragen überhaupt nicht erfährt. *Leipold*[35] irrt deshalb, wenn er ausführt, aus dem Recht an der Intimsphäre könne ein Schutz des Interesses an der Einstellungschance — durch die Unzulässigkeit bestimmter Fragen — nicht entnommen werden. Das Persönlichkeitsrecht sorgt dafür, daß die Einstellungschance nicht durch dieses Recht verletzende Fragen des Arbeitgebers vermindert oder gar zunichtegemacht wird.

Sind Fragen zulässig, so folgt doch aus dem Grundsatz des schonendsten Mittels[36], daß sie in angemessener Form zu stellen sind[37]. Insbesondere muß bei der Fassung der einzelnen Fragen die größtmögliche Rücksicht auf das Empfinden des Bewerbers genommen werden. Daß beleidigende Fragen unzulässig sind, ergibt sich schon aus § 185 StGB.

bb) Arbeitssphäre, Privatsphäre und Geheimsphäre als Bestandteile des Persönlichkeitsbereichs des Bewerbers

Die an dieser Stelle zunächst abstrakt vorgenommene Präzisierung des Allgemeinen Persönlichkeitsrechts des Bewerbers konzentriert sich auf die Zerlegung seines Persönlichkeitsbereichs in einzelne, nach dem Grad der Schutzbedürftigkeit abgestufte Sphären[38]. Die Analyse der von den Arbeitgebern erfragten Umstände und Eigenschaften legt eine Zerlegung in 3 Gruppen nahe. Zu unterscheiden sind danach Arbeitssphäre, Privatsphäre und Geheimsphäre des Bewerbers. Die für den allgemein-zivilrechtlichen Indiskretionsschutz von *Hubmann*[39] vorgenommene Gliederung in Individual-, Privat- und Geheimsphäre ist für den Persönlichkeitsbereich des Bewerbers nicht sinnvoll. Hubmann zählt die berufliche und geschäftliche Tätigkeit zur Privatsphäre[40] und schützt durch die Individualsphäre den Eigenwert des Menschen in der Öffentlichkeit. Da der Bewerber nicht des Schutzes in der Öffentlich-

---

[34] Siehe dazu im einzelnen oben § 3 VI 1 b aa.

[35] ArbuR 1971, 161 ff. (163).

[36] Dazu *Gamillscheg*, AcP 164, 385 ff. (436 ff.).

[37] Ebenso BAG v. 22. 9. 1961, BAGE 11, 270 ff., 274 (Frage nach einer Schwangerschaft).

[38] Zur Notwendigkeit der Auflösung jeder Generalklausel siehe *Gamillscheg*, AcP 164, 385 ff. (421); ferner *Ramm*, ArbuR 1963, 161 ff. (163).

[39] Persönlichkeitsrecht, S. 157, 269.

[40] Ebenso BGH v. 10. 5. 1957, BGHZ 24, 200 ff. (208).

keit, sondern vor der Öffentlichkeit bedarf, ist die Individualsphäre hier ohne Bedeutung. Darüber hinaus erscheint auch die Zuordnung des gesamten beruflichen Lebens zur Privatsphäre beim Problem des Fragerechts als nachteilig, da gerade der besondere Bereich der Arbeitssphäre eine einfache Beurteilung sich hierauf beziehender Fragen ermöglicht[41].

Die Arbeitssphäre umfaßt die Faktoren, die a priori die eigentliche fachliche Qualifikation des Bewerbers ausmachen, wie etwa Berufsausbildung und Prüfungsergebnisse. Zur Geheimsphäre zählen lediglich Umstände, die der Außenwelt nicht zugänglich sind, die schon nach der Natur der Sache Geheimnischarakter tragen; sie lassen sich ohne Befragung des Bewerbers oder engster Vertrauter nicht ermitteln[42]. Als Beispiele bieten sich hier vor allem Umstände des geschlechtlich-medizinischen oder des familiären Bereichs an, wie z. B. intimer Verkehr, Unregelmäßigkeiten der Periode, Fehlgeburten oder auch Familienstreitigkeiten. Beide Bereiche sind eng zu begrenzen. Im Zweifel gehört ein Umstand weder zur Arbeitssphäre noch zur Geheimsphäre, sondern zur Privatsphäre, die damit als Hauptbereich erscheint und sich aus allen sonstigen Umständen des Privatlebens — Lebensführung, Lebensschicksal, Beziehung zu anderen Personen oder zu Sachen — zusammensetzt.

Danach zählen etwa die Fragen nach den bisherigen Beschäftigungen, nach dem Grund der Stellenlosigkeit oder der Höhe des bisherigen Gehalts nicht zur Arbeits-, sondern zur Privatsphäre und z. B. Fragen nach einer Schwangerschaft, nach Unterhaltsverpflichtungen und nach Freizeitbeschäftigungen nicht zur Geheim-, sondern ebenfalls zur Privatsphäre. Starke Zurückhaltung bei der Einordnung in Arbeitssphäre

---

[41] Soweit in der arbeitsrechtlichen Literatur überhaupt von verschiedenen Persönlichkeitssphären des Bewerbers gesprochen wird, geschieht dies ohne Systematik und klare Abgrenzung. Siehe etwa *Neumann-Duesberg,* der in JZ 1962, 204 ff. (205) den vom BAG (Entsch. v. 5. 12. 1957, BAGE 5, 159 ff., 163) zur Kennzeichnung des gesamten Persönlichkeitsbereichs des Bewerbers gebrauchten Ausdruck „Individualsphäre" mit der „Intimsphäre" gleichsetzt und in UFITA 36, 101 ff. (113) die Intimsphäre als gesteigerten Schutzbereich der Privatsphäre betrachtet, ohne diese Bereiche näher zu erläutern. Der BGH spricht meistens von „Eigensphäre" (vgl. BGH v. 25. 5. 1954, BGHZ 13, 334 ff., 338 f., u. BGH v. 10. 5. 1957, BGHZ 24, 200 ff., 208 f.; ebenso *Wiese,* ZfA 1971, 273 ff., 299), das BAG (Entsch. v. 5. 12. 1957, BAGE 5, 159 ff., 163) ganz allgemein von „rechtlich zu schützender Individualsphäre des Arbeitnehmers". Mit dem oft verwandten Begriff der „Intimsphäre" können sowohl die Privatsphäre als auch die Geheimsphäre oder sogar beide Bereiche — so etwa *Leipold,* ArbuR 1971, 161 ff. (163) — gemeint sein; er ist wegen dieser Mehrdeutigkeit abzulehnen.

[42] Vgl. die Entscheidung des BVerfG v. 16. 7. 1969, BVerfGE 27, 1 ff. (7 f.), in der das Gericht eine statistische Befragung zur Person dann für unvereinbar mit Art. 1 Abs. 1, 2 Abs. 1 GG ansieht, wenn „sie den Bereich menschlichen Eigenlebens erfaßt, der von Natur aus Geheimnischarakter hat".

und Geheimsphäre ermöglicht es, bei Umständen dieser Bereiche immer ohne besondere Interessenabwägung auszukommen, da dann die Kernbereiche der Vertragsfreiheit bzw. des Persönlichkeitsrechts ihre Wirkung zeigen: Eine die Arbeitssphäre erforschende Frage berührt niemals den Innenraum des Bewerbers, gehört ihrerseits hingegen zum Kernbereich der Vertragsfreiheit und ist daher stets zulässig[43]. Eine die Geheimsphäre betreffende Frage dringt in den unantastbaren innersten Persönlichkeitsbereich[44] ein und ist somit stets unzulässig[45].

cc) Allgemeines und besonderes Persönlichkeitsrecht

Überwiegend gewinnt man aus dem Bündel der durch das Allgemeine Persönlichkeitsrecht geschützten Interessen einzelne besondere Persönlichkeitsrechte[46]. Teilweise werden, insbesondere in der Rechtsprechung, dem Allgemeinen Persönlichkeitsrecht nur die durch Gesetz ausdrücklich geschützten Persönlichkeitsrechte, wie etwa das Namensrecht nach § 12 BGB, als besondere Rechte gegenübergestellt[47].

Es handelt sich um einen mehr terminologischen Unterschied, denn im Ergebnis ergeben sich keine Abweichungen[48]. Allerdings entspricht die insbesondere von *Neumann-Duesberg* und *Hubmann* angestrebte möglichst umfangreiche Aufteilung des Allgemeinen Persönlichkeitsrechts in besondere Persönlichkeitsrechte durch die Präzisierung der geschützten Persönlichkeitsinteressen besser der allgemeinen Forderung nach Auflösung generalklauselartiger Tatbestände. Diese Auffassung gewährleistet eine größtmögliche Rechtssicherheit und durch die schlagwortartige Kennzeichnung besonderer Persönlichkeitsrechte[49] eine bessere Übersichtlichkeit. Danach kommt es für die Beurteilung des Fragerechts des Arbeitgebers vor allem auf die besonderen Persön-

---

[43] Im Ergebnis allg. Meinung; siehe nur *Falkenberg,* BB 1970, 1013 ff. (1013); vgl. auch BAG v. 6. 6. 1972, SAE 1973, 94 ff. In der eventuellen Lästigkeit einer solchen Frage liegt noch keine Persönlichkeitsbeeinträchtigung, vgl. BGH v. 24. 10. 1961, BGHZ 36, 77 ff. (82).

[44] Siehe BVerfG v. 16. 1. 1957, BVerfGE 6, 32 ff. (41); v. 8. 3. 1972, BVerfGE 32, 373 ff. (379); v. 5. 6. 1973, BVerfGE 35, 202 ff. (220, 232).

[45] Siehe ArbG Kaiserslautern v. 30. 7. 1969, ARSt. 1971, Nr. 78, S. 71 (Unzulässigkeit der Frage nach Unregelmäßigkeiten der Periode).

[46] So vor allem *Neumann-Duesberg,* JZ 1973, 261 ff.; BB 1973, 949 ff. (950); UFITA 36, 101 ff. (113); JZ 1962, 204 ff. (205); *Hubmann,* Persönlichkeitsrecht, S. 172 ff.; *Nipperdey,* Grundrechte II, S. 741 ff. (836 ff.).

[47] Vgl. BVerfG v. 14. 2. 1973, BVerfGE 34, 269 ff.; BGH v. 2. 4. 1957, BGHZ 24, 72 ff. (78 f.); OLG Hamburg v. 11. 5. 1967, NJW 1967, 2314 ff. (2316).

[48] Vgl. *Wronka,* UFITA 69, 71 ff. (85): „Tatbestands- und Rechtsfolgenidentität."

[49] z. B. besonderes Persönlichkeitsrecht auf Wahrung der Diskretion, *Neumann-Duesberg,* JR 1957, 324 f.; der Selbstbestimmung des Eigenverhaltens, *Neumann-Duesberg,* BB 1973, 949 ff. (950); auf Achtung der persönlichen Gefühlswelt, *Nipperdey,* Grundrechte II, S. 741 ff. (851).

lichkeitsrechte des Bewerbers auf Achtung der Geheimsphäre sowie der Privatsphäre an.

II. Die Bedeutung der Beziehungen zwischen Arbeitgeber und Arbeitnehmer

Wie bereits ausgeführt, besitzt das besondere Persönlichkeitsrecht des Bewerbers auf Achtung seiner Geheimsphäre absoluten Rang und verbietet jede diesen Bereich erforschende Frage. Anders verhält es sich mit dem besonderen Persönlichkeitsrecht auf Achtung der Privatsphäre. Ob dieses Recht durch eine Frage des Arbeitgebers verletzt wird, läßt sich erst durch eine besondere Abwägung der Interessen von Bewerber und Arbeitgeber feststellen. Die unumstößliche Herrschaft der Vertragsfreiheit bzw. des Persönlichkeitsrechts, wie sie bei Arbeits- und Geheimsphäre dargelegt werden konnte, ist hier ausgeschlossen[1]. Güter, Werte, Pflichten, Aufgaben, Risiken, Beziehungen, Vorteile und Nachteile müssen beurteilt und so die einander entgegenstehenden Rechte in Einklang gebracht werden[2]. Von grundsätzlichem Gewicht ist zunächst, wie bei jedem beabsichtigten Vertragsschluß, die Natur des angestrebten Rechtsverhältnisses[3]. Damit ist die viel umstrittene Frage nach dem Gehalt der einzelvertraglichen Beziehungen zwischen Arbeitgeber und Arbeitnehmer aufgeworfen[4]. Je stärker man die Intensität dieses Kontaktes betont, desto umfassender muß das Fragerecht des Arbeitgebers im Hinblick auf Umstände der Privatsphäre des Bewerbers ausgestaltet sein. Zu Unrecht hält *Adomeit*[5] die Ermittlung der Rechtsnatur des Arbeitsverhältnisses für „ein wenig altmodisch". Sein Vorschlag, durch die Orientierung am Gesetzeszweck oder notfalls mit einem offen eingeführten rechtspolitischen Postulat eine konkretere Argumentation zu erreichen, ist zum einen wegen der Lückenhaftigkeit des geschriebenen Rechts und zum anderen wegen der rechtlichen Unverbindlichkeit rechtspolitischer Forderungen weitgehend ohne Nutzen.

1. Der Theorienstreit

Die Diskussion um die Rechtsnatur des Arbeitsverhältnisses wird vom Dualismus der Theorien vom personenrechtlichen Gemeinschafts-

---

[1] Zur Unmöglichkeit einer Rangordnung der Grundrechte in ihren Randbereichen siehe *Gamillscheg*, AcP 164, 385 ff. (428).

[2] Vgl. *Hubmann*, Festschr. für Schnorr v. Carolsfeld, S. 173 ff.

[3] Siehe *Herschel*, RdA 1965, 191 ff. (191 f.).

[4] Zu der komplexen Bedeutung dieses Problems für viele arbeitsrechtliche Einzelfragen siehe *Wiedemann*, S. 47 ff.

[5] In: Hanau / Adomeit, S. 130.

verhältnis und vom schuldrechtlichen Austauschverhältnis beherrscht. *Thomas Raiser*[6] hat vor kurzem diesen beiden Lehren eine dritte, die Theorie von der organisationsbezogenen Rolle, hinzugefügt. Im Gegensatz zur Austausch- und Gemeinschaftstheorie beansprucht die Rollentheorie allerdings keine Geltung de lege lata. Ihre rechtliche Konzeption des Arbeitsverhältnisses soll vielmehr der Lösung von Einzelfragen in einem Arbeitsgesetzbuch dienen[7]. Sie trägt daher Modellcharakter, ein Vorschlag an den Gesetzgeber. Gleichwohl erscheint eine aktuelle rechtliche Bedeutung nicht ausgeschlossen.

a) Die Lehre vom personenrechtlichen Gemeinschaftsverhältnis

Als ein personenrechtliches Gemeinschaftsverhältnis wird das Arbeitsverhältnis von der wohl noch herrschenden Meinung[8] betrachtet. Danach handelt es sich um Beziehungen, die über den Austausch von Lohn und Arbeit hinausgehen, indem eine persönliche Verbundenheit der Beteiligten begründet und gegenseitige Treue verlangt wird[9]. Es liegt auf der Hand, daß eine solche Sicht des Arbeitsverhältnisses zu recht umfassender Bindung der Privatsphäre des Bewerbers führt.

Gerade in letzter Zeit ist diese Auffassung zu Recht mehr und mehr in das Feuer der Kritik geraten[10]. Das Grundübel liegt in der Begründung des wesentlichsten Ergebnisses dieser Lehre. Aus dem gemeinschaftsbegründenden Arbeitsvertrag werden Treue- und Fürsorgepflichten entnommen und dann mit diesen Pflichten die Wirklichkeit einer Gemeinschaft „bewiesen"[11]. Trotz oder gerade wegen der ungeheuren Weite des Gemeinschaftsbegriffs — z. B. Ehegemeinschaft, Arbeitsgemeinschaft, Hausgemeinschaft, nachbarliche Gemeinschaft, Erbengemeinschaft, Bruchteilsgemeinschaft, Gemeinschaft aller Verkehrsteilnehmer nach § 1 StVO — war die h. M. bisher nicht in der Lage, den Begriff der Gemeinschaft im arbeitsvertraglichen Sinn positiv

---

[6] Unternehmen und ZRP 1973, 13 ff.

[7] Siehe *Thomas Raiser*, ZRP 1973, 13 ff. (13, 15).

[8] BAG v. 10. 11. 1955, BAGE 2, 221 ff. (224) = AP Nr. 2 zu § 611 BGB Beschäftigungspflicht; v. 17. 10. 1969, AP Nr. 7 zu § 611 BGB Treuepflicht, Bl. 200: „arbeitsrechtliche Treuepflicht"; v. 31. 10. 1972, AP Nr. 80 zu § 611 BGB Fürsorgepflicht, Bl. 193: „nachwirkende Fürsorgepflicht wegen des personellen Faktors des beendeten Arbeitsverhältnisses"; LAG Hamm v. 20. 3. 1970, Betr. 1970, 1034 f. (1034); BVerfG v. 22. 4. 1958, BVerfGE 7, 342 ff. (349 f.); *Nikisch*, § 19 I 4 u. II, S. 162 ff.; *Hueck / Nipperdey*, § 22, S. 128 ff. mit Nachweisen; weitere Nachweise bei *Schwerdtner*, Fürsorgetheorie, S. 16.

[9] So z. B. *Hueck / Nipperdey*, § 22 II 2 e, S. 131.

[10] *Schwerdtner*, Fürsorgetheorie, S. 40 ff., und ZRP 1970, 62 ff.; *van Gelder*, JurA 1972, 221 ff. (233); *Thomas Raiser*, ZRP 1973, 13 ff. (16 f.); *Richardi*, ZfA 1974, 3 ff. (21).

[11] Zu Recht bezeichnet *Schwerdtner*, ZRP 1970, 62 ff. (65), dieses Vorgehen als Zirkelschluß.

zu formulieren. Nur bei einer sehr weiten Definition, die u. a. auf persönliche Verbundenheit, Gemeinschaftsgefühl, Interessenparallelität verzichtet, könnten alle Arbeitsverhältnisse als Gemeinschaft von Arbeitgeber und Arbeitnehmer bezeichnet werden, wie schon ein Blick auf die große Masse der beziehungsentfremdeten Industriearbeit zeigt. Der Erfolg einer solchen Begriffsbildung wäre freilich mehr als zweifelhaft: Je weiter eine Definition gefaßt wird oder auch nur aufgefaßt werden kann, desto untauglicher ist sie für die Ableitung konkreter Rechtsfolgen, das Ziel jeder Definition bzw. Theorie.

b) Die Lehre vom schuldrechtlichen Austauschverhältnis

Die älteste Theorie zur Erklärung der Beziehungen zwischen Arbeitgeber und Arbeitnehmer sieht in dem Arbeitsverhältnis ein schuldrechtliches Austauschverhältnis. Das Schwergewicht wird nach wie vor im Austausch von Lohn gegen Arbeitsleistung gesehen, doch wird entsprechend der allgemein-schuldrechtlichen Dogmatik eine besonders umfangreiche Kette von vertraglichen Nebenpflichten anerkannt[12]. Die Zulässigkeit die Privatsphäre des Bewerbers erforschender Fragen wird die Austauschtheorie im Gegensatz zur Gemeinschaftstheorie zurückhaltend beurteilen.

Mit diesem Grundkonzept liefert die Lehre vom schuldrechtlichen Austauschverhältnis durchaus einen Ansatzpunkt für die Erfassung und Lösung der Interessenkonflikte zwischen Arbeitgeber und Arbeitnehmer. Die besonderen Beziehungen zwischen beiden Parteien stehen der Anerkennung eines schuldrechtlichen Verhältnisses nicht im Wege. Allerdings vermag die Austauschtheorie in ihrer jetzigen Form die Funktion des Arbeitnehmers und damit seine Rechtsstellung gegenüber dem Arbeitgeber nur recht allgemein zu erfassen. Dies zeigt schon der Hinweis auf die bekanntlich nach § 242 BGB zu konkretisierenden vertraglichen Nebenpflichten[13]. Es fehlt eine Untersuchung der gegenwärtigen Arbeitssituation, die etwa die jeweiligen Besonderheiten des Verhältnisses des Industriearbeiters und des Handwerkers zu ihren Arbeitgebern berücksichtigt und so von der Theorie her konkretere Rückschlüsse für die Lösung von Einzelfragen, wie etwa das Fragerecht des Arbeitgebers, erlaubt.

c) Die Lehre von der organisationsbezogenen Rolle

Thomas Raiser[14] will de lege ferenda die soziologische Organisations- und Rollentheorie[15] für die Bestimmung des Wesens des Arbeitsver-

---

[12] So insbesondere *Schwerdtner*, Fürsorgetheorie, S. 79 ff. m. w. N.
[13] Siehe *Schwerdtner*, Fürsorgetheorie, S. 91.
[14] Unternehmen und ZRP 1973, 13 ff.

hältnisses fruchtbar machen. Eine Organisation ist eine Vereinigung von zusammenarbeitenden Mitgliedern, die ein mehr oder weniger genau bestimmtes Ziel mit Hilfe einer generalisierten Ordnung verfolgt, die jedem Mitglied abgrenzbare und klar umrissene Aufgaben zur Erfüllung des Organisationszwecks — eine soziale Rolle — überträgt. Die Industrie- und Dienstleistungsunternehmen erscheinen damit als Organisationen, von denen lediglich die kleinen Betriebe, denen eine formalisierte Ordnung fehlt — z. B. Handwerksbetriebe, bäuerliche Betriebe —, zu unterscheiden sind[16]. Der Arbeitnehmer wird zum Mitglied in der Organisation erhoben und erhält so eine wesentlich gewichtigere Stellung als nach der Austausch- und der Gemeinschaftstheorie. Für das Problem des Fragerechts des Arbeitgebers folgt aus der am Engagement orientierten Begrenztheit der Rolle die entsprechende Begrenztheit der Fragen.

Begriffe wie Herrschaft, Gruppe oder auch Organisation wurden von der Soziologie zur Erklärung unseres Sozialgefüges, zur Analyse der zwischenmenschlichen Kontakte erarbeitet. Der Wert ihrer Ergebnisse für die juristische Argumentation ist nicht zu verkennen[17]. Wenn das Recht eine gerechte Ordnung der menschlichen Beziehungen zum Ziel haben[18] und die ihm zugewiesene Aufgabe der sozialen Kontrolle erfüllen soll[19], müssen zunächst einmal seine soziale Wirklichkeit ergründet und dann mit Hilfe der angewandten Rechtssoziologie Rechtspolitik (Gesetzgebung im weitesten Sinn) und Rechtsdogmatik (Gesetzesanwendung) an ihr orientiert werden[20]. Dennoch kann ein soziologischer Begriff wegen seiner nur beschreibenden Natur nicht ohne weiteres zu einem Rechtsbegriff, also zu normativem Charakter, erhoben werden[21]. Der Übergang von dem Seinsurteil der Soziologie zu dem Sollensurteil des Rechts — und damit die Transformation soziologischer Erkennt-

---

[15] Ausführlich zum Begriff der sozialen Rolle als Element der soziologischen Theorie *Popitz;* siehe ferner *König / Ziegler,* S. 234 ff. u. *König / Lepsius,* S. 129 ff.

[16] Weitere Organisationen sind etwa Parteien, Schulen, Kirchen, die sich vom Unternehmen durch ihre nichtwirtschaftliche Zielsetzung — politische, kulturelle, soziale Zwecke usw. — abheben.

[17] Für die Einbeziehung der Soziologie z. B. *Ramm,* Anfechtung, S. 18 ff.; *Schwerdtner,* ZRP 1970, 62 ff. (64); Fürsorgetheorie, S. 43; siehe andererseits *Hueck,* in: Hueck / Nipperdey, § 22, S. 130, Fußn. 9 a, der die Bestimmung des Wesens des Arbeitsverhältnisses mit Hilfe der in der Soziologie entwickelten Begriffe als „methodisch verfehlt" ansieht und auf die „ganz anderen Zwecke" hinweist.

[18] Vgl. *Larenz,* Methodenlehre, S. 174 ff.

[19] Vgl. *König,* S. 260, 278.

[20] Ähnlich *Gamillscheg,* Festschrift für H. Schmitz, S. 68 ff. (72), für die Auslegung des Rechts.

[21] Vgl. *Thomas Raiser,* ZRP 1973, 13 ff. (15); *Schwerdtner,* Fürsorgetheorie, S. 50.

nisse und Begriffe in das Recht — ist nur durch Rechtsetzung oder durch soziologisch beeinflußte Auslegung ausfüllungsbedürftiger Rechtsbegriffe unter gleichzeitiger Auseinandersetzung mit den bereits bestehenden rechtlichen Wertvorstellungen möglich.

Raiser[22] spaltet die Arbeitsverhältnisse in organisationsbezogene und nicht-organisationsbezogene. Die grundsätzliche Einheit und Gemeinsamkeit aller Arbeitsverhältnisse stellt er dennoch zu Recht nicht in Frage. Wenn er aber empfiehlt, die These vom schuldrechtlichen Austauschverhältnis aufzugeben[23], so verkennt er deren Leistungsfähigkeit. Besonderheiten können ohne weiteres über die Figur der vertraglichen Nebenpflichten erfaßt werden. Für die Präzisierung dieser aus § 242 BGB entspringenden Pflichten liefert die von Raiser vorgenommene soziologische Betrachtung den wichtigsten Anhaltspunkt, dessen Kern die Begrenztheit der organisationsbezogenen Rolle bildet. Gerade bei § 242 BGB, der allgemeinsten aller Generalklauseln, ist eine soziologisch orientierte Auslegung erforderlich. Die Grenze der gesetzesfreien Wirkung[24] der soziologischen Erkenntnisse im Recht ist hingegen beim Problem der Mitgliedschaft des Arbeitnehmers im Unternehmen erreicht. Aus der organisationssoziologischen Sicht des Arbeitsverhältnisses betrachtet Raiser[25] die Arbeitnehmerstellung ebenso wie die Kapitalbeteiligung als Mitgliedschaft im Unternehmen mit all ihren besonderen Rechten und Pflichten. Dies mag de lege ferenda zulässig sein, de lege lata fehlt für eine solche Erweiterung der Arbeitnehmerrechtsstellung der gesetzliche Anknüpfungspunkt.

2. Die Austauschtheorie und die Zweier-Disparität der Arbeitsverhältnisse

Die Austauschtheorie hat sich als alleingültige Erklärung des Wesens des Arbeitsverhältnisses erwiesen. Sie entspricht der in den §§ 611 ff. BGB zum Ausdruck gekommenen Gestaltung des Arbeitsvertrages als eines schuldrechtlichen Austauschvertrages. Diese gesetzgeberische Entscheidung steht weiterhin im Einklang mit der sozialen Wirklichkeit, da das Schwergewicht der Beziehungen zwischen Arbeitgeber und Arbeitnehmer auch heute noch im Austausch von Lohn gegen Arbeit liegt[26]. Die Betonung der einheitlichen Grundnatur aller Arbeitsver-

---

[22] ZRP 1973, 13 ff. (14).

[23] *Raiser*, ZRP 1973, 17.

[24] Gesetzesfreie Wirkung wird hier als Wirkung über generalklauselartige Rechtsbegriffe und damit als Gegensatz zur ausdrücklichen gesetzlichen Übernahme soziologischer Resultate aufgefaßt, wie dies etwa durch § 613 a BGB geschehen ist.

[25] Unternehmen, S. 154 ff., und ZRP 1973, 13 ff. (14 f.).

[26] So zutreffend *Schwerdtner*, Fürsorgetheorie, S. 81.

hältnisse darf freilich nicht über die Disparität der Arbeitsverhältnisse unter diesem gemeinsamen Dach des schuldrechtlichen Austausches von Lohn gegen Arbeit hinwegtäuschen. Die Theorie des schuldrechtlichen Austauschverhältnisses ermöglicht die Berücksichtigung insoweit unterschiedlicher Beziehungen zwischen Arbeitgeber und Arbeitnehmer durch eine Differenzierung bei den arbeitsvertraglichen Nebenpflichten. Mit zunehmender Enge dieser Beziehungen wachsen auch die Konfliktsituationen, was umfassendere Verhaltensanforderungen zur Folge haben muß[27].

Untersucht man dementsprechend die Kontakte zwischen Arbeitgeber und Arbeitnehmer auf ihre Intensität, so heben sich 2 Gruppen deutlich voneinander ab. Auf der einen Seite erscheinen die organisationsbezogenen Arbeitsverhältnisse, die arbeitgeberneutral sind, auf der anderen Seite die arbeitgeberbestimmten Verhältnisse. Jedes Arbeitsverhältnis begründet zwar eine mehr oder weniger starke Abhängigkeit des Arbeitnehmers vom Arbeitgeber, die auf dessen grundsätzlicher Weisungsbefugnis und entsprechender Weisungsgebundenheit des Arbeitnehmers beruht. Der Begriff „arbeitgeberneutrales Arbeitsverhältnis" ist dennoch keinesfalls widersinnig, da hierdurch gerade die Distanz zwischen Arbeitgeber und Arbeitnehmer im Gegensatz zum „arbeitgeberbestimmten Arbeitsverhältnis" zum Ausdruck gebracht wird. Diese Begriffe sind verhältnismäßig transparent, da sie den damit verbundenen Sinn hindurchscheinen lassen, was bei den abstrakteren Begriffen „organisationsbezogen" bzw. „nicht-organisationsbezogen" nicht in diesem Maße der Fall ist[28].

a) Arbeitgeberneutrale Arbeitsverhältnisse

Der weitaus überwiegende Teil aller Arbeitsverhältnisse ist arbeitgeberneutral, da die Industrie- und Dienstleistungsunternehmen den Organisationsbegriff erfüllen[29]. Der Arbeitsprozeß wird hier durch eine generalisierte und formalisierte Ordnung geregelt, die Anonymität der Organisationsstruktur zur Folge hat. Die Rolle des Arbeitnehmers ist auf die Erfüllung spezifischer Funktionen zugeschnitten. Unmittelbare Verbindungen zwischen Arbeitgeber und Arbeitnehmer sind auf ein Minimum zurückgedrängt. Beide sind nicht aufeinander bezogen und mithin ohne Beeinträchtigung des Leistungsvollzuges auswechselbar. Seinen sichtbaren Ausdruck findet dies in all den Rechtsnormen, die das Verhältnis zwischen Arbeitgeber und Arbeitnehmer immer umfassender regeln und damit — wie alles geschriebene Recht — notwendiger-

---

[27] Ebenso *Schwerdtner*, ZRP 1970, 62 ff. (65).

[28] Zur Wichtigkeit der Transparenz der Begriffe siehe *Larenz*, Methodenlehre, S. 387 ff.

[29] Siehe oben § 4 II 1 c.

weise die beiderseitigen Beziehungen verobjektivieren und entpersönlichen[30]. Bestes Beispiel ist hierfür das Betriebsverfassungsgesetz. Die arbeitnehmervertretende Institution des Betriebsrates schließt unmittelbare Kontakte beider Arbeitsvertragsparteien weitgehend aus, indem die Konfliktsaustragung durch Mitbestimmung und Mitwirkung des Betriebsrates formalisiert wird[31].

b) Arbeitgeberbestimmte Arbeitsverhältnisse

Grundlegend anders sind die Beziehungen zwischen Arbeitgeber und Arbeitnehmer bei den arbeitgeberbestimmten Arbeitsverhältnissen gestaltet. Bei ihnen bilden die Arbeitnehmer entweder ein Team mit ihrem Arbeitgeber, oder sie erscheinen selbst als Arbeitgeber. Diese Gruppe macht zwar nur einen verhältnismäßig geringen Teil aus und wird mit fortschreitender Wirtschaftskonzentration immer kleiner, was aber nicht zu einer Verallgemeinerung des großen Bereichs der arbeitgeberneutralen Arbeitsverhältnisse führen darf[32].

aa) Arbeitsverhältnisse in Kleinbetrieben

Arbeitgeberbestimmt sind zunächst die Arbeitsverhältnisse in den Kleinbetrieben[33]. Im wesentlichen zählen hierzu kleine Handwerksbetriebe, Ladengeschäfte, bäuerliche Betriebe und Betriebe von Angehörigen der freien Berufe. Hier treffen Arbeitgeber und Arbeitnehmer typischerweise täglich zusammen. Beide arbeiten Hand in Hand und sind so unmittelbar aufeinander angewiesen. Der Arbeitgeber entläßt seine Mitarbeiter nicht allein deshalb, weil er eine billigere Arbeitskraft einstellen könnte; der Arbeitnehmer wechselt seinen Arbeitsplatz selbst bei höheren Gehaltsangeboten Dritter nicht so häufig wie in größeren Betrieben und berücksichtigt bei seiner Entscheidung die Lage des Arbeitgebers. Da der Arbeitgeber den Arbeitsablauf selbst übersehen kann, sind generalisierte Kooperationsanordnungen überflüssig. An ihre Stelle tritt die laufende persönliche Kommunikation, die nicht nur Arbeitsanweisungen, sondern auch persönliche Gespräche und die Austragung von Konflikten zum Gegenstand hat. Die soziale Rolle des

---

[30] Vgl. *Ramm*, Anfechtung, S. 21.

[31] Vgl. *König / Lepsius*, S. 129 ff. (137 f.).

[32] Vgl. *Ramm*, Anfechtung, S. 23.

[33] Siehe *Thomas Raiser*, Unternehmen, S. 120, der in anderem Zusammenhang feststellt, daß sich der Tätigkeitsbereich bei Kleinkaufleuten in den Augen der Gehilfen und Geschäftspartner in der Person des Inhabers selbst verdichtet, statt sich in einer Organisation zu verselbständigen; ferner *Schwerdtner*, Fürsorgetheorie, S. 41, der auf „qualitative Unterschiede" zwischen Kleinbetrieb und Großbetrieb hinweist; ähnlich *Ramm*, Anfechtung, S. 21.

Arbeitnehmers wird damit nicht nur durch seine Tätigkeit, sondern in starkem Maße, wenn auch selbstverständlich erst in zweiter Linie, durch nicht-arbeitsspezifische Gesichtspunkte bestimmt.

Mit einem soziologischen Begriff läßt sich der Kleinbetrieb — anders als die Industrie- und Dienstleistungsunternehmen, die den soziologischen Organisationsbegriff erfüllen — nicht erfassen. Am ehesten ließe sich noch an „Gemeinschaft" oder „Gruppe" denken. So bezeichnet auch *Thomas Raiser*[34] die Kleinbetriebe als small groups, als Kleingruppen, bei denen die Beziehungen Gemeinschaftscharakter trügen. Aus soziologischer Sicht trifft dies nur annähernd zu. Gemeinschaft und Gruppe setzen ein „Wir-Gefühl" voraus[35], das trotz der Enge der Zusammenarbeit nicht typisch für diese Verhältnisse ist und, wenn überhaupt, erst nach längerer Zeit entstehen wird[36]. Will man den Kleinbetrieb überhaupt schlagwortartig charakterisieren[37], so sieht man besser in ihm ein Team zwischen Arbeitnehmer und Arbeitgeber.

Die Arbeitgeberbestimmtheit des Arbeitsverhältnisses im Kleinbetrieb ist damit zwar beschrieben, für die Rechtsanwendung wäre es indes vorteilhaft, wenn zusätzlich eine zahlenmäßige Grenze zwischen den arbeitgeberneutralen und den arbeitgebergebundenen Verhältnissen gefunden werden könnte. Der Gesetzgeber hat diesen Weg auf Spezialgebieten des Arbeitgeber-Arbeitnehmer-Verhältnisses längst eingeschlagen. So besitzt z. B. das Kündigungsschutzgesetz fast keine Bedeutung für Betriebe, in denen in der Regel 5 oder weniger Arbeitnehmer ausschließlich der Lehrlinge beschäftigt werden, §§ 23, 1 KSchG[38]; nach § 1 BetrVG werden Betriebsräte nur in Betrieben mit mindestens 5 ständig wahlberechtigten Arbeitnehmern, von denen 3 wählbar sein müssen, gewählt. Mit dem Verzicht auf eine Erfassung der Kleinbetriebe[39] erkennt der Gesetzgeber das Faktum der engen Zusammenarbeit zwischen Arbeitgeber und Arbeitnehmer an, das eine leichte Auflösbarkeit des Arbeitsverhältnisses verlangt. Doch besitzt

---

[34] Unternehmen, S. 102 f., und ZRP 1973, 13 ff. (14), unter Hinweis auf die fließenden Übergänge zur Organisation.

[35] *König*, S. 95, 113.

[36] Gegen das Bestehen einer Gemeinschaft im soziologischen Sinn ausführlich *Schwerdtner*, Fürsorgetheorie, S. 49 ff.

[37] Entscheidender als jede schlagwortartige Kennzeichnung eines bestimmten Lebenssachverhalts ist der Beweis der Zusammengehörigkeit und Einheit dieses Bereichs als Voraussetzung einer gleichen rechtlichen Behandlung.

[38] Auch der Kündigungsschutz des Gesetzes über den Schutz des Arbeitsplatzes bei Einberufung zum Wehrdienst v. 21. 5. 1968 ist bei dieser Betriebsgröße nur begrenzt wirksam, vgl. § 2 Abs. 3 ArbPlSchG.

[39] *Hanau*, in: Hanau / Adomeit, S. 196, spricht von einem „Raum verdünnten Arbeitsrechts" bei den Kleinbetrieben.

der Arbeitnehmer andererseits gerade durch seine persönlichen Beziehungen zum Arbeitgeber einen gewissen Schutz vor Kündigungen; ein Betriebsrat ist wegen der kleinen Belegschaft überflüssig. Es liegt daher nahe und entspricht auch den tatsächlichen Gegebenheiten, die Arbeitsverhältnisse in Betrieben, die höchstens 5 Arbeitnehmer beschäftigen, als arbeitgeberbestimmte einzustufen[40]. Regelmäßig arbeitgeberneutral sind hingegen zumindest alle Arbeitsverhältnisse in Betrieben, die mehr als 20 Arbeitnehmer eingestellt haben, vgl. § 99 BetrVG. Bleibt somit auch ein verhältnismäßig großer Zwischenbereich, so hat die Zurückhaltung bei der Einordnung in arbeitgeberneutrale und arbeitgeberbestimmte Verhältnisse doch den Vorteil der absoluten Übereinstimmung mit der sozialen Wirklichkeit[41].

bb) Arbeitsverhältnisse der Arbeitnehmer mit Arbeitgeberfunktion

Arbeitgeberbestimmt sind auch die Arbeitsverhältnisse der Arbeitnehmer, die typische Arbeitgeberfunktionen wahrnehmen und somit als Quasiarbeitgeber in Erscheinung treten. Unmittelbare Zusammenarbeit und persönlicher Kontakt mit den Arbeitgebern fehlen hier zwar nicht selten, z. B. bei einer juristischen Person als Arbeitgeber, doch gründet sich die Arbeitgeberbestimmtheit zumindest auf die teilweise oder auch vollständige Ersetzung des Arbeitgebers innerhalb und außerhalb des Betriebes, die solche Arbeitsverhältnisse als besondere Vertrauensverhältnisse erscheinen läßt.

Schon dieser kurze Abriß läßt eine Verbindung zu den Arbeitsverhältnissen der leitenden Angestellten erkennen. Eine allgemein gültige Legaldefinition des leitenden Angestellten fehlt. Im Betriebsverfassungsrecht, in dem die Hauptbedeutung der Unterscheidung zwischen den leitenden und den übrigen Angestellten liegt, ist eine Umschreibung in § 5 Abs. 3 BetrVG vorhanden. Das *Bundesarbeitsgericht* hat in seiner Grundsatzentscheidung vom 5. März 1974[42] insoweit ausgeführt, von einem leitenden Angestellten i. S. des § 5 Abs. 3 Nr. 3 BetrVG

---

[40] Vgl. *Pleyer*, Betr. 1966, 1476 ff. (1481), der nach der alten Rechtslage (jetzt § 613 a BGB) für den Ausschluß des automatischen Übergangs von Arbeitsverhältnissen auf den neuen Betriebsinhaber die im KSchG festgelegte Grenze von 5 Arbeitnehmern erwog und in diesem Zusammenhang feststellte, daß in diesem Fall noch die Person des Betriebsinhabers dem Arbeitsvertrag das Gepräge gebe und nicht der Betrieb.

[41] Nach *Thomas Raiser*, Unternehmen, S. 118, liegt ein organisationsbezogenes — und damit stets arbeitgeberneutrales — Arbeitsverhältnis „schon bei einem Kreis von vielleicht zehn oder zwanzig Mitarbeitern" vor; nicht dazu gehören nach ihm die Arbeitsverhältnisse in Kleinbetrieben, „die nicht mehr als eine handvoll Angestellte oder Gesellen beschäftigen".

[42] BB 1974, 553 ff.

könne nur dann gesprochen werden, wenn dieser spezifische unternehmerische Teilaufgaben wahrnehme, die im Hinblick auf seine Gesamttätigkeit und die Gesamtheit der Unternehmeraufgaben erheblich seien und bei deren Erfüllung er einen eigenen erheblichen Entscheidungsspielraum habe. Diese Abgrenzung hat das Gericht dann in seinen Beschlüssen vom 19. November 1974[43] trotz der teilweise ablehnenden Haltung in der Lehre[44] bestätigt, zugleich verdeutlicht und ergänzt. Für die Wahrnehmung unternehmerischer Funktionen sind danach regelmäßig wichtig: Entscheidungsfreiheit, Entscheidungsvorbereitung, Entscheidungsvorwegnahme, Entscheidungskontrolle, Eigenverantwortung, Arbeitgeberfunktion im Hinblick auf einen Interessengegensatz der leitenden Angestellten zur Arbeitnehmerschaft.

Das Gericht hat damit gleichzeitig genau die Kriterien angegeben, die ein in Aussicht genommenes Arbeitsverhältnis zu einem arbeitgeberbestimmten machen. Bewerber um solche Positionen sollen später wegen ihres Aufgabenbereichs auf der Seite des Unternehmers stehen. Sind einzelne Abgrenzungsmerkmale weniger ausgeprägt, so kann dies durch andere, besonders stark vorhandene ausgeglichen werden. Im übrigen ist die Arbeitgeberbestimmtheit natürlich auch gegeben, wenn gewisse Richtlinien die Entscheidungsfreiheit einschränken.

Die Rolle eines Arbeitnehmers, der in dieser Weise unternehmerische Funktionen erfüllen soll, wird auch durch nicht unmittelbar arbeitsbezogene Kriterien geprägt.

c) Vereinbarkeit der Zweier-Disparität mit § 613 a BGB

Der durch § 122 des neuen Betriebsverfassungsgesetzes in das Bürgerliche Gesetzbuch aufgenommene § 613 a BGB scheint allerdings gegen die rechtliche Relevanz einer Einteilung der Arbeitsverhältnisse in arbeitgeberbestimmte und arbeitgeberneutrale zu sprechen. Diese Vorschrift bestimmt für den Fall des rechtsgeschäftlichen Übergangs eines Betriebes auf einen anderen Inhaber dessen Eintritt in alle Arbeitsverhältnisse[45].

Ein solcher automatischer Wechsel in der Person des Vertragspartners des Arbeitnehmers war vor dem Eingreifen des Gesetzgebers stark umstritten[46], nach herrschender Meinung aber jedenfalls ausgeschlossen in Arbeitsverhältnissen, bei denen nicht der Betrieb, sondern

---

[43] BB 1974, 1530 f.; ferner v. 17. 12. 1974, Betr. 1975, 59 f.

[44] Vor allem *Rüthers*, JZ 1974, 625 ff.; siehe andererseits *Mayer-Maly*, BB 1974, 1124 ff., der das „durch sachgerechte Einsicht in Problemstrukturen erzielte Resultat" hervorhebt (S. 1127).

[45] Zur gesetzlichen Neuordnung *Neumann-Duesberg*, BB 1971, 969 ff.

[46] Siehe *Pleyer*, Betr. 1966, 1476 ff. mit umfassenden Nachweisen.

die Person des Arbeitgebers im Vordergrund stand[47]. Damit war der Übergang von Arbeitsverhältnissen davon abhängig, ob eine arbeitgeberbestimmte oder eine arbeitgeberneutrale Beziehung vorlag. Der Gesetzgeber hat sich dieser Auffassung bewußt nicht angeschlossen[48]. Seine Entscheidung liegt innerhalb seines weiten Ermessensraumes[49] und darf nicht wieder aufgeweicht werden[50]. Gerade dies versucht *Thomas Raiser*[51], indem er den Wortlaut des § 613 a BGB als zu weitgefaßt ansieht und individuelle Vertrauensverhältnisse vom Übergang ausnimmt[52].

Trotz dieser Vorgeschichte des § 613 a BGB und trotz seines uneinschränkbaren Geltungsbereichs ist die hier vorgenommene soziologisch orientierte Zweiteilung der Arbeitsverhältnisse mit dieser Vorschrift vereinbar. Der Gesetzgeber hat zwar dem Prinzip des Bestandsschutzes den Vorrang auch vor den Besonderheiten des arbeitgeberbestimmten Arbeitsverhältnisses gegeben, damit aber nicht die rechtliche Bedeutung der Zweier-Disparität in Frage gestellt. Rechtspolitisch war sein Verzicht auf eine differenzierende Regelung durchaus sinnvoll. Der Arbeitnehmer kann sich durch Kündigung ohnehin leicht vom neuen Arbeitgeber trennen, wie dies ebenso umgekehrt für eine Kündigung des neuen Chefs bei arbeitgeberbestimmten Arbeitsverhältnissen in der Regel der Fall ist, vgl. §§ 23, 14 Abs. 2, 1 KSchG. Der automatische Übergang auch der arbeitgeberbestimmten Verhältnisse erlaubt aber immerhin beiden Seiten, sich im Falle einer Kündigung durch den Vertragspartner auf die neue Situation innerhalb der Kündigungsfrist umzustellen. Die gesetzgeberische Entscheidung ist damit nicht nur nicht gegen die Unterscheidung in arbeitgeberneutrale und arbeitgeberbestimmte gerichtet, sie läßt sogar Raum für eine Berücksichtigung der besonderen Beziehungen zwischen Arbeitgeber und Arbeitnehmer in den arbeitgeberbestimmten Verhältnissen.

---

[47] *Küchenhoff*, ArbuR 1964, 225 ff. (232 f.); *Pleyer*, Betr. 1966 m. w. N. Die gleiche Meinung vertrat das BAG bei besonderen Vertrauensverhältnissen, z. B. bei den Arbeitsverhältnissen der leitenden Angestellten; siehe etwa BAG v. 18. 2. 1960, BAGE 9, 62 ff. (70 f.) = AP Nr. 1 zu § 419 BGB Betriebsnachfolge.

[48] Siehe die Begründung zum Regierungsentwurf eines Betriebsverfassungsgesetzes, BT-Drucksache VI/1786, S. 59 (zu § 123).

[49] Siehe demgegenüber *Galperin*, S. 11, der in § 613 a BGB (§ 123 Regierungsentwurf) ausnahmslos eine Beeinträchtigung der unternehmerischen Freiheit sieht, die den Grundrechtskatalog des Grundgesetzes tangiere.

[50] Vgl. BAG v. 17. 11. 1961, BAGE 12, 43 ff. (47), sowie oben § 1 V.

[51] ZRP 1973, 13 ff. (17).

[52] Nach dem LAG Bayern v. 28. 7. 1972, ARSt. 1973, Nr. 1188, S. 159, gehen die Arbeitsverhältnisse der leitenden Angestellten nicht kraft Gesetzes über; siehe auch *Mayer-Maly*, BB 1973, 761 ff. (769), der unter Hinweis auf § 118 Abs. 1 BetrVG Arbeitsverhältnisse in Tendenzbetrieben vom Übergang ausnehmen will, wenn sich ihr Fortbestand nicht mit der Eigenart des Betriebes vereinbaren ließe, a. A. *Neumann-Duesberg*, NJW 1973, 268 ff. (269).

d) Ergebnis

Die Beziehungen zwischen Arbeitgeber und Arbeitnehmer werden in jedem Fall zunächst durch den schuldrechtlichen Austausch von Lohn und Arbeit bestimmt. Darüber hinaus zerfallen die Arbeitsverhältnisse in 2 grundlegend verschiedene Gruppen: zum einen in den Hauptbereich der arbeitgeberneutralen und zum anderen in die arbeitgeberbestimmten Arbeitsverhältnisse. Bestätigt wird diese Unterscheidung durch die weitgehende Ausklammerung der arbeitgeberbestimmten Verhältnisse im Kündigungsschutzgesetz und im Betriebsverfassungsgesetz. Hierin wird zugleich die Ähnlichkeit der Beziehungen bei den Arbeitsverhältnissen der Arbeitnehmer in Kleinbetrieben und denjenigen der Arbeitnehmer mit Arbeitgeberfunktion sichtbar.

Das Verhältnis zwischen arbeitgeberbestimmten und arbeitgeberneutralen Arbeitsverhältnissen läßt sich mit Hilfe der Denkform des „Typus“ verdeutlichen[53]. Ausgangspunkt ist der vom Bürgerlichen Gesetzbuch zugrunde gelegte Normaltypus des Dienstvertrages, dem der Arbeitsvertrag als Grundlage des Arbeitsverhältnisses wegen weitgehender Abweichungen als Sondertypus gegenübersteht[54]. Bilden damit auch das arbeitgeberneutrale und das arbeitgeberbestimmte Arbeitsverhältnis im Hinblick auf das Dienstverhältnis einen Sondertypus, so ist das arbeitgeberneutrale doch gleichzeitig Normaltypus gegenüber dem Sondertypus des arbeitgeberbestimmten Verhältnisses. Das erste weicht wegen der unterschiedlichen Beziehungen zwischen Arbeitgeber und Arbeitnehmer vom zweiten ab; es ist viel häufiger, es ist das charakteristische und damit das typische, das repräsentative Arbeitsverhältnis. Die einheitliche Grundnatur aller Arbeitsverhältnisse wird dadurch nicht in Frage gestellt. Jeder Sondertypus besitzt ja Gemeinsamkeiten mit dem Normaltypus, die augenscheinlich darin zum Ausdruck kommen, daß der Gesetzgeber seine Regelungen an dem Normaltypus orientiert und dann die Eigenarten des Sondertypus durch Sonder- und Ausnahmevorschriften berücksichtigt.

3. Das Fragerecht beim arbeitgeberbestimmten Arbeitsverhältnis

Die unterschiedlichen Beziehungen zwischen Arbeitgeber und Mitarbeiter bei den arbeitgeberneutralen und den arbeitgeberbestimmten Arbeitsverhältnissen lassen das unterschiedliche Gewicht des besonderen Persönlichkeitsrechts des Arbeitnehmers auf Achtung seiner Privatsphäre für diese beiden Arten der Arbeitsverhältnisse erkennen.

---

[53] Zur Funktion des „Typus“ allgemein und speziell als Mittel der Erfassung und Darstellung von Rechtsverhältnissen siehe *Larenz*, Methodenlehre, S. 423 ff. (427 ff.).

[54] Siehe *Hueck / Nipperdey*, § 22 VI, S. 134 f.

Damit ist auch die Lösung des Problems der Verletzung des Persönlichkeitsrechts davon abhängig, ob der Normaltypus oder der Sondertypus des Arbeitsverhältnisses abgeschlossen werden soll.

a) Grundlagen der Interessenabwägung

Bei der erforderlichen Abwägung der beiderseitigen Interessen ist von der grundsätzlichen Gleichrangigkeit der Vertragsfreiheit des Arbeitgebers und des Persönlichkeitsrechts des Bewerbers auszugehen[55].

Das in Art. 20 Abs. 1 und Art. 28 Abs. 1 Satz 1 GG normierte Sozialstaatsprinzip wird häufig zugunsten des Arbeitnehmers und gerade auch zur Begrenzung der Vertragsfreiheit des Arbeitgebers herangezogen[56]. Daneben wird ein Schutz des Arbeitnehmers zum Teil aus einem sozialrechtlichen Schutzprinzip entnommen[57]. Rechtsverbindlichkeit, die Bedeutung einer objektiven Rechtsnorm kann dem sozialrechtlichen Schutzprinzip schon wegen seiner unklaren Konturen nicht eo ipso zukommen[58], diese folgt vielmehr aus seiner Zugehörigkeit zum Sozialstaatsprinzip, das den Arbeitnehmerschutzgedanken enthält[59]. Es ist fraglich, ob sich für die Rechtsanwendung im Arbeitsrecht allein aus dem Sozialstaatsgedanken über die Sicherung eines sozialen Minimums[60] hinausgehende Folgerungen ergeben. Wegen der Dehnbarkeit dieses Begriffs ist Zurückhaltung jedenfalls stets geboten. Deshalb kann das Sozialstaatsprinzip bei der Auslegung gesetzlicher Bestimmungen lediglich eine nahezu fertige Argumentationskette schließen oder eine bereits auf anderem Wege gefundene Lösung bestätigen[61]. Dies gilt in besonderem Maße für die Beurteilung der Fragen des Arbeitgebers, für

---

[55] Siehe oben § 3 I 3.

[56] Siehe etwa BAG v. 31. 10. 1954, BAGE 1, 128 ff. (131 f.); *Wollny,* ArbuR 1973, 33 ff. (38); ferner *Leibholz,* S. 38 ff., und *Maunz / Dürig / Herzog,* Rdn. 60 ff. zu Art. 2 Abs. 1 GG.

[57] *Farthmann,* RdA 1958, 338 ff. (340); *Pinther,* ArbuR 1961, 225 ff. (229); *Wiedemann,* S. 13 m. w. N.

[58] A. A. *Farthmann,* RdA 1958, 338 ff.; siehe demgegenüber *Wolf,* Betr. 1971, 1863 ff. (1867 f.), der die Existenz dieses Prinzips schlechthin verneint.

[59] Vgl. *Gamillscheg,* Festschr. f. H. Schmitz, S. 68 ff. (75), der feststellt, daß es für das Ergebnis unbeachtlich sei, ob das soziale Schutzprinzip oder das Sozialstaatsprinzip herangezogen werde.

[60] Darauf begrenzt *Gamillscheg,* AcP 164, 385 ff. (389 f.) im wesentlichen die Bedeutung der Sozialstaatsklausel für den Richter.

[61] Das BAG mißt der Sozialstaatsklausel eine größere Bedeutung als Auslegungsrichtlinie zu, doch bleibt dies in der Regel ohne Konsequenzen für die Sachentscheidung, denn auch ohne die häufige Berufung auf das Sozialstaatsprinzip wäre das Gericht regelmäßig zum gleichen Ergebnis gelangt, so auch *Wollny,* ArbuR 1973, 33 ff., der die Entscheidungen des BAG zum Sozialstaatsprinzip analysiert und einen zwar verbal großen, in der Sache aber geringen Einfluß dieses Grundsatzes feststellt.

die dieser Grundsatz schon auf den ersten Blick einen viel zu groben Maßstab liefert, bei dem allzu leicht eine detaillierte Begründung durch ein Schlagwort ersetzt wird. *Neumann-Duesberg*[62] leitet aus dem Sozialstaatsgrundsatz eine „Sozialpflichtigkeit" von Arbeitgeber und Bewerber als Gebot gegenseitiger Rücksichtnahme ab, dem er z. B. bei der Frage nach einer Schwangerschaft wichtige Bedeutung zumißt. Den gleichen Gedanken hat das *Bundesverfassungsgericht* schon frühzeitig in seiner Entscheidung vom 20. Juli 1954[63] entwickelt, in der es die Gemeinschaftsbezogenheit und Gemeinschaftsgebundenheit der Person betont, ohne hierfür das Sozialstaatsprinzip besonders zu bemühen. Wichtig ist auf jeden Fall, daß die Pflicht zur Rücksichtnahme auch den Arbeitnehmer trifft[64].

Die als schutzwürdig erkannten beiderseitigen Interessen müssen nach dem Grad ihrer Schutzwürdigkeit abgewogen werden[65]. Je empfindlicher und intensiver die Frage den Bewerber trifft, desto schutzwürdiger müssen die Interessen des Arbeitgebers für die Stellung der Frage sein[66]. Die Zulässigkeit aller die Privatsphäre des Bewerbers erforschender Fragen, die ohnehin nur bei den arbeitgeberbestimmten Arbeitsverhältnissen in Betracht kommt, ist nur bei einem selbst die umfassendste Frage zulassenden Informationsinteresse des Arbeitgebers möglich.

b) *Abwägung der beiderseitigen Interessen*

In den arbeitgeberbestimmten Arbeitsverhältnissen führt die unmittelbare Nähe des Arbeitnehmers zum Arbeitgeber — sei es durch gemeinsame Arbeit oder die Ausübung von Arbeitgeberfunktionen durch den Arbeitnehmer — zwangsläufig zu einer eingehenden Erfassung der Person des Arbeitnehmers. Der Arbeitgeber muß sich gerade über seine engsten Vertreter, denen er seine ureigensten Aufgaben und Befugnisse oder wesentliche Teile davon übertragen will, umfassend informieren[67]. Auf der anderen Seite fordert ein solcher Posten von dem Arbeitnehmer den Einsatz seiner gesamten Persönlichkeit[68] und eine

[62] JZ 1962, 204 ff. (206); ablehnend *Schwerdtner*, Fürsorgetheorie, S. 38 ff.

[63] BVerfGE 4, 7 ff. (15); st. Rspr., siehe etwa ferner BVerfG v. 31. 1. 1973, BVerfGE 34, 238 ff. (246).

[64] So zutreffend *Neumann-Duesberg*, JZ 1962, 204 ff.

[65] Zu den drei Stufen jeder Interessenabwägung — Auffinden der entscheidenden Gesichtspunkte, ihre Bewertung und ihre Abwägung — siehe *Hubmann*, Festschrift für Schnorr v. Carolsfeld, S. 173 ff. (177 ff.).

[66] Siehe *Hubmann*, Persönlichkeitsrecht, S. 165 ff., der von „Interessenintensität" spricht; ferner die Entscheidung des BVerfG v. 5. 6. 1973, BVerfGE 35, 202 ff. (225 f.).

[67] Siehe *Heinitz*, JR 1964, 441 ff. (442).

[68] *Schlessmann*, RdA 1973, 190 f. (190), weist darauf hin, daß „hohe Funktionen im Betrieb den Menschen mit Haut und Haaren erfassen".

weitgehende Homogenität zwischen ihm und dem Arbeitgeber, die wegen des Eigentums oder zumindest der Nutzungsbefugnis des Arbeitgebers an den Produktionsmitteln nur an seinen gesetzeskonformen Vorstellungen und nicht an denen des Arbeitnehmers ausgerichtet sein kann. Gleiches gilt beim Arbeitnehmer im Kleinbetrieb. Die auf der Notwendigkeit laufender persönlicher Verständigung und Zusammenarbeit beruhende Unmittelbarkeit eines solchen Arbeitsverhältnisses verlangt ebenfalls eine an den Ansichten des Arbeitgebers orientierte Abstimmung zwischen den Vertragsparteien[69].

Jedermann ist naturgemäß daran interessiert, Umstände seiner Privatsphäre zurückzuhalten, insbesondere vor Dritten, zu denen kein besonderer Kontakt besteht. Dieses zunächst rein immaterielle Interesse wird verstärkt, wenn aus einer Mitteilung materielle Nachteile erwachsen können, wie etwa das Scheitern der Bewerbung. Beim Bewerber für ein arbeitgeberbestimmtes Arbeitsverhältnis kann sich indes gerade solche Scheu negativ auswirken. Aufgrund der engen Zusammenarbeit wird der Arbeitgeber bereits nach kurzer Zeit feststellen, ob der neue Mitarbeiter seinen Vorstellungen und Wünschen entspricht. Er wird ihn gegebenenfalls, vom Gesetz in der Regel ungehindert, entlassen. Das Kündigungsschutzgesetz gewährt bei den arbeitgeberbestimmten Arbeitsverhältnissen — ebenso wie das Anhörungsrecht des Betriebsrats nach § 102 BetrVG und die Mitteilungspflicht des Arbeitgebers nach § 105 BetrVG — nur selten Schutz, §§ 23 Abs. 1 Satz 2, 14 Abs. 2 KSchG; in jedem Fall kommt das Kündigungsschutzgesetz erst nach sechsmonatigem Bestand des Arbeitsverhältnisses zum Tragen, § 1 Abs. 1 KSchG. Außerhalb des Geltungsbereichs des Kündigungsschutzgesetzes lassen Rechtsprechung und Lehre einen Kündigungsschutz nur in engen Grenzen nach §§ 138 Abs. 1, 134, 242 BGB zu[70]. Die vorherige Befragung verhindert eine den Arbeitnehmer oft hart treffende, aber kaum zu vermeidende Kündigung, die jede weitere Stellungssuche erschwert.

Das Informationsinteresse des Arbeitgebers läßt sich nur durch die Befragung des Bewerbers befriedigen, so daß er dem Interessenkonflikt nicht ausweichen kann[71] und eine Abwägung der aufgezeigten

---

[69] Siehe *Ramm,* Anfechtung, S. 19, der aus der Unmittelbarkeit eines Gemeinschaftsverhältnisses die völlige Berücksichtigung des individuellen Willens bei seiner Begründung folgert.

[70] Siehe BAG v. 28. 9. 1972, JZ 1973, 375 ff.; zum Nachweis des Schrifttums siehe ebd. und *Schwerdtner,* JZ 1973, 377 ff.

[71] Zum Ausweichprinzip siehe *Hubmann,* AcP 155, 85 ff. (124); Festschr. f. Schnorr v. Carolsfeld, S. 173 ff. (179 f.); vgl. ferner BVerfG v. 5. 6. 1973, BVerfGE 35, 202 ff. (226). Das Ausweichprinzip ist identisch mit dem bekannteren Grundsatz des schonendsten Mittels, dazu *Gamillscheg,* AcP 164, 385 ff. (436 ff.).

beiderseitigen Interessen unumgänglich ist. Die ebenfalls in Betracht kommende Befragung Dritter, etwa des früheren oder jetzigen Arbeitgebers, liefert notgedrungen nur unvollständige Erkenntnisse und ist deshalb kein gleichwertiger Ersatz. Das gleiche gilt von der Vereinbarung eines Probearbeitsverhältnisses, wie sich schon daraus ergibt, daß die Erprobung dem Arbeitgeber erst zu einem späteren Zeitpunkt Aufschluß über den Bewerber geben kann als die Befragung. Für die Abwägung ist zunächst bedeutsam, daß das Informationsinteresse des Arbeitgebers ebenfalls persönlichkeitsrechtlichen Gehalt besitzt[72], wenn auch in geringerem Umfang als dies bei den Persönlichkeitsschutzinteressen des Bewerbers der Fall ist. Wichtig ist ferner, daß das aus der Unmittelbarkeit des arbeitgeberbestimmten Arbeitsverhältnisses folgende eminent schutzwürdige Interesse des Arbeitgebers an der Befragung mit dem starken Interesse des Bewerbers an einem dauerhaften Arbeitsplatz korrespondiert. Das Interesse des Arbeitnehmers an einer erfolgreichen Bewerbung ist demgegenüber wegen der Entlassungsgefahr nur von geringem Gewicht. Das Persönlichkeitsschutzinteresse eines Arbeitnehmers, der Arbeitgeberfunktionen übernehmen soll, muß schon wegen seiner umfassenden Rolle, die weite Bereiche seiner Persönlichkeit umfaßt, zurücktreten. Das gleiche gilt für den Bewerber im Kleinbetrieb, wenn man die angestrebte enge Zusammenarbeit mit dem Arbeitgeber bedenkt, die außerdem recht bald doch zur gewünschten Kenntnis von Umständen der Privatsphäre des Arbeitnehmers durch den Arbeitgeber führt. Die Interessenabwägung führt daher zu dem Ergebnis, daß die Fragen des Arbeitgebers grundsätzlich zumutbar[73] sind, das besondere Persönlichkeitsrecht des Bewerbers auf Achtung seiner Privatsphäre nicht verletzen.

c) Umfang des Fragerechts

Damit sind gegenüber den Bewerbern um arbeitgeberbestimmte Arbeitsverhältnisse auch unter Berücksichtigung ihres Persönlichkeitsrechts grundsätzlich alle Fragen nach Umständen der Privatsphäre zulässig[74]. Toleranz des Arbeitgebers ist sicherlich zu begrüßen, bei Bewerbungen um arbeitgeberbestimmte Arbeitsverhältnisse jedoch in der Regel nicht zu erzwingen.

---

[72] Vgl. *Hubmann*, Persönlichkeitsrecht, S. 190 ff., 192.

[73] Die Zumutbarkeit ist kein die Interessenabwägung ergänzendes Kriterium, die gesamte Interessenabwägung besteht vielmehr gerade in der Erforschung der Zumutbarkeit bzw. Nichtzumutbarkeit, vgl. *Gamillscheg*, AcP 164, 385 ff. (432).

[74] Das BAG hatte bisher noch keine Gelegenheit, zur Befragung von Bewerbern um arbeitgeberbestimmte Arbeitsverhältnisse Stellung zu nehmen. In der Lehre wird eine recht starke Erforschung der Privatsphäre zugelassen, wenn es um den Posten eines leitenden Angestellten, um eine geho-

Zweifel bei der Einordnung in die beiden Arten des Arbeitsverhältnisses führen zur Annahme einer arbeitgeberneutralen Verbindung. So wird dann eine an den einzelnen Fragen ausgerichtete Interessenabwägung möglich.

Das besondere Persönlichkeitsrecht des Bewerbers auf Achtung seiner Privatsphäre erfordert Ausnahmen vom Fragerecht. Es wird zwar wegen des überwiegenden Informationsinteresses des Arbeitgebers grundsätzlich nicht verletzt, verbietet aber dennoch Fragen, die nur aus Wissensdurst gestellt werden. Hier kommt der Grundsatz der Verhältnismäßigkeit zum Tragen, nach dem die Nachteile aus einer Öffnung der Privatsphäre des Bewerbers nicht außer Verhältnis zur Bedeutung der Information für den Arbeitgeber stehen dürfen[75]. Reine Neugier bildet keine taugliche Grundlage für eine vom Recht gedeckte Erforschung persönlicher Umstände[76]. Sie liegt vor, wenn den Arbeitgeber die Antwort des Bewerbers für seine Einstellungsentscheidung nicht interessiert, er vielmehr die Bewerbung lediglich zum Anlaß nimmt, nach persönlichen Dingen zu schnüffeln[77]. Das der Vertragsfreiheit immanente Informationsrecht gestattet dem Arbeitgeber zwar weitgehendes, nicht aber beliebiges Ausfragen des Bewerbers um ein arbeitgeberbestimmtes Arbeitsverhältnis. Aus einem gesetzlichen Differenzierungsverbot, wie z. B. Art. 3 Abs. 3 GG, oder aus einem ausdrücklich gesetzlich zugelassenen Recht zur Lüge, wie z. B. § 51 BZRG, können sich weitere Ausnahmen ergeben, die wegen der gemeinsamen Grundproblematik zusammen mit dem Fragerecht bei arbeitgeberneutralen Arbeitsverhältnissen erörtert werden sollen. Dort entscheidet sich auch

---

bene Führungsposition oder auch generell um — besondere — Vertrauensverhältnisse geht; siehe *Schmid,* BB 1971, 1237 ff. (1239); *Bürger,* AR-Blattei, 8. Fortsetzungsbl. R; *Bleistein,* BlStSozArbR 1969, 172 ff. (174 f.); *Heinitz,* JR 1964, 441 ff. (442); *Schlessmann,* Personalleitung, S. 103 f.; *Hubmann,* Persönlichkeitsrecht, S. 324, Fußn. 24; siehe ferner LAG Heidelberg v. 22. 5. 1950, BB 1950, 704. Falls überhaupt eine nähere Bestimmung dieser Bewerbergruppen versucht wird, erschöpft sie sich in allgemeinen Formulierungen oder in der Angabe einzelner Beispiele; ähnliches gilt für die Festlegung des Umfangs des Fragerechts; am konkretesten ist noch *Schmid,* BB 1971, 1237 ff. (1239). Den Besonderheiten des Kleinbetriebes wird für das Fragerecht nur sehr selten Bedeutung zuerkannt und auch dann nur in Teilbereichen; siehe *Gamillscheg,* AcP 164, 385 ff. (418 f., 410); ferner *Neumann-Duesberg,* JZ 1962, 204 ff. (204 Fußn. 2); *Steindorff,* JZ 1958, 513 f. (514); vgl. auch *Hubmann,* Persönlichkeitsrecht, S. 331.

[75] Zur Bedeutung des Grundsatzes der Verhältnismäßigkeit für den Schutz der Persönlichkeit siehe BVerfG v. 5. 6. 1973, BVerfGE 35, 202 ff. (225 ff.); vgl. auch BAG GS v. 21. 4. 1971, AP Nr. 43 zu Art. 9 GG Arbeitskampf (Bl. 309 R f.).

[76] Ähnlich OLG Hamburg v. 11. 7. 1960, MDR 1960, 1008 ff. (1010); *Hubmann,* Persönlichkeitsrecht, S. 166.

[77] In jeder Hinsicht sinnlose Fragen sind danach stets unzulässig. Es geht jedoch zu weit, wenn *Hans Gustav Fischer,* Betr. 1972, 706 f. (707), die Frage nach einer Schwangerschaft so einstuft.

die Zulässigkeit der Frage nach einer Schwangerschaft sowie das Fragerecht bei arbeitgeberbestimmten Aushilfsarbeitsverhältnissen. Die Schwangerschaft ist bekanntlich durch einen besonderen Kündigungsschutz privilegiert und außerdem ein zwar zur Privatsphäre gehörender, doch an der Grenze zur Geheimsphäre liegender Umstand, so daß eine sich nur auf diese Frage beziehende besondere Interessenabwägung geboten ist; die gleiche Folgerung scheint für das arbeitgeberbestimmte Aushilfsarbeitsverhältnis wegen der von vornherein nur als vorübergehend gedachten Beziehungen zwischen Arbeitgeber und Arbeitnehmer angebracht.

III. Das Fragerecht beim arbeitgeberneutralen Arbeitsverhältnis Gesichtspunkte zur Interessenabwägung

Das besondere Persönlichkeitsrecht des Arbeitnehmers auf Achtung seiner Privatsphäre besitzt bei Bewerbungen um arbeitgeberneutrale Arbeitsverhältnisse schon wegen der hier fehlenden unmittelbaren Nähe zum Arbeitgeber viel größeres Gewicht als dies bei den arbeitgeberbestimmten Arbeitsverhältnissen festgestellt werden konnte. Der Umfang des Fragerechts kann daher nur durch eine an den einzelnen Fragen ausgerichtete Interessenabwägung bestimmt werden. Sie muß die starke Begrenzung, das Ausschnitthafte der Rolle des Arbeitnehmers berücksichtigen, die auch eine entsprechende Begrenzung der Fragen erfordern und damit zu einer weitgehenden Unzulässigkeit die Privatsphäre erforschender Fragen führen werden. Geringfügige Beeinträchtigungen der Privatsphäre sind allerdings stets unbeachtlich[1]: *Minima non curat praetor.* Ein Beispiel bildet etwa die Frage nach den Vornamen des Ehegatten und der Kinder. Im übrigen kann von den bereits dargelegten Grundlagen der Interessenabwägung ausgegangen werden. Vorher soll aber noch die Bedeutung übergeordneter Gesichtspunkte, die also nicht nur für die Bewertung einzelner Fragen relevant sind, erörtert werden.

1. Tätigkeitsbereich

Neben der grundlegenden Bedeutung der Beziehungen zwischen Arbeitgeber und Bewerber wird der vorgesehene Tätigkeitsbereich nur ausnahmsweise als zusätzliches Kriterium der Interessenabwägung relevant. Die Art des Arbeitsplatzes oder des ganzen Betriebes ist in der Regel nur von Belang für die Einordnung eines erfragten Umstandes in die Arbeits- oder die Privatsphäre[2]. Besonderheiten verlangen

---

[1] Vgl. BGH v. 24. 10. 1961, BGHZ 36, 77 ff. (82); *Hubmann,* Persönlichkeitsrecht, S. 323 f.

[2] Siehe oben § 4 I 2 b bb.

allerdings eine zu der tatbestandsbestimmenden Interessenabwägung hinzukommende rechtfertigende Abwägung[3]. Eine in das Persönlichkeitsrecht eingreifende Frage kann daher gerade durch aus dem Tätigkeitsbereich des Arbeitnehmers resultierende Eigenarten gerechtfertigt sein.

Als Beispiel sei an dieser Stelle der oft erörterte Tendenzbetrieb[4] herausgegriffen. Seine Hauptbedeutung liegt zwar im Betriebsverfassungsrecht, doch kann die Eigenschaft eines Betriebes, unmittelbar und überwiegend politischen, konfessionellen usw. Zwecken zu dienen und damit unter § 118 Abs. 1 BetrVG zu fallen, anerkannterweise auch zu einer größeren Bindung des Privatlebens des Arbeitnehmers führen[5]. Grundlegend ist dabei die Einteilung der Arbeitnehmerschaft des Tendenzbetriebes in Tendenzträger, also mit spezifisch tendenzbestimmten Aufgaben versehene Arbeitnehmer, und Nichttendenzträger. *Neumann-Duesberg*[6] räumt dementsprechend beim Tendenzträger dessen Tendenzbeachtungspflicht die Priorität gegenüber dessen Persönlichkeitsrecht ein, während er dem Persönlichkeitsrecht des Nichttendenzträgers in der Regel den Vorrang gibt, wenn sich dieser nicht gerade tendenzaggressiv, also unmittelbar die Tendenz bekämpfend, verhält. Diese Differenzierung ist auch für die Beurteilung des Fragerechts des Tendenzarbeitgebers angebracht, da mit der Befragung die Eignung für eine Tätigkeit im Tendenzbetrieb festgestellt werden soll. Danach sind gegenüber einem Bewerber um eine tendenzbezogene Position, u. a. regelmäßig bei einem leitenden Angestellten, sich auf sein tendenzkonformes Verhalten beziehende Fragen zulässig[7]. Dem als Nichttendenzträger vorgesehenen Arbeitnehmer, etwa einer Putzfrau, dürfen demgegenüber nur sein eventuelles tendenzaggressives Auftreten erforschende Fragen gestellt werden; sein tendenzdefensives Benehmen ist wegen seines besonderen Persönlichkeitsrechts auf Achtung seiner Privatsphäre dem Zugriff des Arbeitgebers entzogen.

Der Tendenzbetrieb des § 118 BetrVG ist das wichtigste Muster einer gegenüber dem Normalfall gesteigerten Privatlebensbindung. Daneben kann sich die Rechtfertigung eines Eingriffs in das Persönlichkeitsrecht auch bei Betrieben ergeben, die nicht unter diese Vorschrift fallen. Ebenso wie beim Tendenzbetrieb gilt dies allerdings nur für solche Arbeitsplätze, auf die sich die Eigenart des Betriebes auch auswirkt,

---

[3] Siehe oben § 4 I 2 b vor aa.

[4] Dazu neuerdings *Neumann-Duesberg*, BB 1973, 949 ff., und *Mayer-Maly*, BB 1973, 761 ff., beide m. w. N.

[5] *Mayer-Maly*, BB 1973, 768 und ArbuR 1968, 1 ff. (6).

[6] BB 1973, 949 ff. (951).

[7] Das Erfordernis der Zustimmung des Betriebsrats nach § 94 BetrVG entfällt insoweit, § 118 BetrVG, vgl. *Hanau*, BB 1973, 901 ff. (905).

also nicht für den Betriebsmaurer eines Rüstungsunternehmens[8], oder bei denen nicht der ganze Betrieb eine Sonderstellung einnimmt, sondern nur einzelne Stellen eine größere Erforschung der Privatsphäre rechtfertigende Besonderheiten aufweisen, wie etwa beim Bankkassierer bezüglich etwaiger Schulden. Der Arbeitsplatz ist in jedem Fall bei Zweifeln an seiner Bedeutung als den Persönlichkeitsschutz minderndes Kriterium unbeachtlich, was aus dem Ausnahmecharakter einer Berücksichtigung des vorgesehenen Tätigkeitsbereichs folgt[9].

2. Dauerarbeitsverhältnis und Aushilfsarbeitsverhältnis

Der Arbeitsvertrag soll dem Arbeitnehmer in der Regel einen Dauerarbeitsplatz schaffen und entsprechend dem Arbeitgeber auf unbestimmte Zeit eine Arbeitskraft sichern. Selbst wenn, wie sehr häufig, ein zunächst befristetes Probearbeitsverhältnis vereinbart wird, ist doch eine Dauerbeziehung das durch die Bewährung des Arbeitnehmers bedingte Ziel. Dies gilt nicht nur für das Probearbeitsverhältnis, das nach Ablauf der Probezeit automatisch in das endgültige Arbeitsverhältnis übergeht (unecht befristetes Probearbeitsverhältnis), sondern auch für den Fall, daß es mit Ablauf der Frist enden soll, und so ein neuer Vertragsschluß erforderlich wird (echt befristetes Probearbeitsverhältnis)[10]. Da das Dauerarbeitsverhältnis das typische Arbeitsverhältnis ist, besteht insoweit kein Grund für eine besondere Beurteilung der Fragen des Arbeitgebers.

Eine andere Sicht erfordert das Aushilfsarbeitsverhältnis, das sich vom Dauerarbeitsverhältnis durch seine besondere Zweckbestimmung, nämlich einen vorübergehenden Bedarf an Arbeitsleistung zu überbrücken[11], unterscheidet. In einem solchen Fall ist wegen der lediglich einstweiligen Aufnahme des Arbeitnehmers in den Betrieb eine besondere Konstellation gegeben, die nur eine gegenüber dem Dauerarbeitsverhältnis reduzierte Befragung zuläßt[12]. Bedeutsam ist diese Fest-

---

[8] Vgl. die Entsch. d. ArbG Wesel v. 10. 4. 1968, BB 1968, 914 f., mit einer entsprechenden Differenzierung bei der Berücksichtigung von Sicherheitsbelangen bei der Personalauswahl der Bundeswehr.

[9] Daß der Tendenzbetrieb eine engbegrenzte Ausnahme bleiben muß, ist allgemein anerkannt; siehe *Leisner*, S. 264 ff., 269.

[10] Zu den Formen des Probearbeitsverhältnisses siehe BAG v. 8. 3. 1962, BAGE 12, 328 ff. (332) = AP Nr. 22 zu § 620 BGB Befristeter Arbeitsvertrag, und *Hueck / Nipperdey*, § 55 IV, S. 539 ff.

[11] BAG v. 10. 5. 1957, AP Nr. 11 zu § 1 TVG Auslegung (Bl. 469); ferner LAG Baden-Württemberg v. 25. 1. 1969, Betr. 1969, 1609; zu den einzelnen Fallgruppen siehe *Schröter*, S. 150 ff.

[12] Ebenso beim Arbeitsverhältnis im Saisonbetrieb; hier fällt im Unterschied zum Aushilfsarbeitsverhältnis Arbeit grundsätzlich nur während eines bestimmten Zeitraumes an; siehe LAG Kiel v. 22. 4. 1954, BB 1954, 471, u. *Schröter*, S. 157 ff.

stellung besonders für die arbeitgeberbestimmten Arbeitsverhältnisse. Wird ein solches Arbeitsverhältnis zur Aushilfe angestrebt, so sind im Gegensatz zu einem solchen auf Dauer angelegten Verhältnis nicht alle die Privatsphäre erforschenden Fragen im Regelfall zulässig[13]. Es ist vielmehr, wie bei arbeitgeberneutralen Beziehungen, eine die einzelnen Fragen umfassende Interessenabwägung erforderlich. In diesem Fall und generell bei allen arbeitgeberneutralen Arbeitsverhältnissen führt der Aushilfscharakter dazu, daß im Zweifel eine Frage gegen das besondere Persönlichkeitsrecht des Bewerbers auf Achtung seiner Privatsphäre verstößt.

3. Finanzielles Risiko des Arbeitgebers

Der Arbeitgeber trägt die Verantwortung für die Betriebsorganisation und damit grundsätzlich auch für das betriebliche oder sich unmittelbar auf den Betrieb auswirkende Verhalten des Arbeitnehmers. Er haftet etwa aus positiver Vertragsverletzung in Verb. mit § 278 BGB[14] oder aus Delikt in Verb. mit § 831 BGB[15] für Schäden, die aus dessen Tätigkeit anderen Personen entstehen. Ihm kann ferner aus dem Verhalten des Arbeitnehmers unmittelbar ein eigener Schaden entstehen. Selbst wenn der Mitarbeiter zum Ausgleich des Schadens verpflichtet ist, kann sich aus tatsächlichen Gründen die Wertlosigkeit eines solchen Anspruchs ergeben.

Diese allgemeine Haftungslage bildet jedoch aus mehreren Gründen kein Kriterium für die Beurteilung die Privatsphäre erforschender Fragen. Das Vermögen des Arbeitgebers wird in der Regel durch einen neuen Mitarbeiter nicht konkret, sondern höchstens abstrakt gefährdet[16]. Der Unternehmer kann sein Risiko außerdem durch die Arbeitssphäre betreffende Fragen verringern, wie auch eine weitgehende Freizeichnung gegenüber Dritten[17] möglich ist. Sind damit die Interessen des Arbeitgebers an einer Erforschung der Privatsphäre des Bewerbers aus finanziellen Erwägungen von vornherein gering, so müssen sie den immateriellen Interessen des Bewerbers weichen, zumal ohnehin immaterielle Werte im Regelfall den Vorrang von rein materiellen besitzen[18]. Die danach verbleibende Ungewißheit gehört zum

---

[13] Siehe oben § 4 II 3 c.

[14] Dazu OLG Celle v. 11. 6. 1964, VersR 1964, 1211.

[15] Dazu BGH v. 22. 5. 1968, BB 1968, 809 f.

[16] Das gleiche gilt für die Gefährdung des Ansehens des Arbeitgebers, die von vornherein im wesentlichen nur für arbeitgeberbestimmte Arbeitsverhältnisse in Betracht kommt. Hier ist nicht eine umfassendere Befragung das geeignete Gegenmittel, sondern die Ausübung des Direktionsrechts während des Arbeitsverhältnisses, vgl. *Mayer-Maly*, ArbuR 1968, 1 ff. (2).

[17] Vgl. *Palandt / Heinrichs*, Rdn. 5 B zu § 276 BGB.

Arbeitgeberrisiko[19]. Weniger stark wirkt allerdings das besondere Persönlichkeitsrecht des Bewerbers auf Achtung seiner Privatsphäre, wenn sich das abstrakte finanzielle Risiko zu einem mit großer Wahrscheinlichkeit zu erwartenden materiellen Nachteil verdichtet. Hierbei darf nicht auf jeden Einzelfall der Befragung eines Bewerbers abgestellt werden. Entscheidend ist vielmehr, ob der Arbeitgeber bei einem generellen Verzicht auf die Frage mehr oder weniger regelmäßig mit großer Wahrscheinlichkeit eine Vermögenseinbuße erleiden wird[20].

4. (Begrenzt) offenkundige Umstände

Ob ein Umstand der Privatsphäre beim Bewerber vorliegt oder nicht, ist einem mehr oder weniger engbegrenzten Personenkreis bekannt. Das Interesse des Arbeitnehmers an der Zurückhaltung solcher Umstände wird dadurch nicht geschmälert, zumal die Offenkundigkeit meistens nur für nahestehende Personen besteht und eine ähnliche Beziehung des Bewerbers zum Arbeitgeber gerade fehlt. Diese Aussage gilt auch für eine Vorbestrafung des Arbeitnehmers. Er wurde dann zwar in öffentlicher Verhandlung verurteilt, aber in aller Regel lediglich vor einem stark begrenzten Personenkreis[21].

Auch die spätere, nach der Einstellung eintretende Offenkundigkeit eines Umstandes für den Arbeitgeber ist unbeachtlich. Aus dieser Tatsache folgt nämlich nicht, daß das Merkmal auch bereits vor der Einstellung aufgedeckt werden dürfte, ganz abgesehen davon, daß sich das spätere Bekanntwerden im Zeitpunkt der Bewerbung nicht voraussagen läßt. Das *Bundesarbeitsgericht*[22] argumentiert daher auf ungeeigneter Grundlage, wenn es die Zulässigkeit der Frage nach einer Schwangerschaft auch damit begründet, daß sie in naher Zukunft ohnehin offenbar werde[23]. Diese Frage wird ja nicht nur an schwan-

---

18 *Hubmann*, Persönlichkeitsrecht, S. 163. *Nipperdey*, Grundrechte I, S. 1 ff. (23), und *Wiese*, ZfA 1971, 273 ff. (282), verlangen anscheinend einen ausnahmslosen Vorrang der Persönlichkeit; dagegen zutreffend *Hubmann*, ebd. Siehe ferner die Entscheidungen des BGH v. 19. 9. 1961, BGHZ 35, 363 ff. (369), und des BAG v. 14. 9. 1967, AP Nr. 1 zu § 252 BGB (Bl. 274), wonach insbesondere ein auf materiellen Gründen beruhender Eingriff in das Persönlichkeitsrecht auch einen Schmerzensgeldanspruch rechtfertigen kann.

19 Zur Bedeutung des Risikogedankens im Recht siehe *Gamillscheg*, Festschr. f. H. Schmitz, S. 68 ff. (74).

20 Vgl. *Gamillscheg*, AcP 164, 385 ff. (430), der im Rahmen der Frage nach einer Schwangerschaft ausführt, daß die Frage nach einem Zustand, aus dem bald erhebliche geldliche Belastungen für den Arbeitgeber erwachsen sollen, nicht Unrecht sein könne.

21 Siehe demgegenüber *Neumann-Duesberg*, UFITA 36, 101 ff. (109).

22 Entsch. v. 22. 9. 1961, BAGE 11, 270 ff. (274 f.).

23 Ablehnend auch *Ramm*, ArbuR 1963, 161 ff. (168).

gere, sondern an alle Bewerberinnen gestellt, bei Nichtschwangeren kann daher von späterer Offenkundigkeit keine Rede sein.

5. Bürotechnisch bedeutsame Umstände

Fragen aus reiner Neugier sind unzulässig[24]. Nichts anderes gilt, wenn der Arbeitgeber für die Stellung einer Frage lediglich ihre Notwendigkeit für die bürotechnische Abwicklung nach erfolgter Einstellung anführen kann[25]. Solche vor allem für die Lohnabrechnung erforderlichen Angaben, wie die Religionszugehörigkeit, kann der Unternehmer ohne unzumutbare Mehrbelastung nach Abschluß des Arbeitsvertrages nachholen[26]. Nur so wird erreicht, daß lediglich der Arbeitgeber solche Umstände erfährt, der den Bewerber auch wirklich einstellt.

6. Drittbezogene Umstände

Recht häufig erkundigen sich die Arbeitgeber nicht nur nach in der Person des Bewerbers liegenden Umständen, sondern auch nach solchen aus seiner Verwandtschaft[27]. Für derartige drittbezogene Fragen besitzt er im Regelfall kein schützenswertes Interesse. Nicht Ehegatte, Kinder, Eltern oder Geschwister des Arbeitnehmers bewerben sich um den freien Arbeitsplatz, sondern allein der Arbeitnehmer. Meint der Unternehmer, er müsse zur Beurteilung des Bewerbers auch dessen Angehörige heranziehen und ihn gegebenenfalls deshalb abweisen, so würde er hiermit eine arbeitsrechtliche Sippenhaftung statuieren[28]; ein Gedanke, der unserem Arbeitsrecht fremd ist, und nicht entschieden genug abgelehnt werden kann.

7. Pflicht zur Befragung

Darf der Arbeitgeber den Arbeitnehmer nur unter bestimmten Voraussetzungen auf dem freien Arbeitsplatz beschäftigen, so kann ihm das Recht, das Vorliegen dieser Bedingungen durch entsprechende Fra-

---

[24] Siehe oben § 4 II 3 c.

[25] Ähnlich *Neumann-Duesberg*, UFITA 36, 101 ff. (114 f.).

[26] Siehe demgegenüber *Meisel*, S. 71, der sogar behauptet, daß über die Zulässigkeit der Befragung nach der Religionszugehörigkeit oder sonstiger für eine ordnungsmäßige Lohnbuchhaltung erforderlicher Fragen nie Streit bestand. Auch bei der Beurteilung der Frage nach einer Schwangerschaft beachtet *Meisel*, S. 72, den Zeitpunkt der Befragung nicht, wenn er die Zulässigkeit dieser Frage in erster Linie damit begründet, daß der Arbeitgeber nur bei Kenntnis der Schwangerschaft die Gebote und Verbote des Mutterschutzgesetzes beachten könne.

[27] Siehe oben § 1 IV 1 a. E.

[28] Vgl. *Mayer-Maly*, ArbuR 1968, 1 ff. (3), der unter Hinweis auf das „Ärgernis einer arbeitsrechtlichen Sippenhaftung" Straftaten von Angehörigen des Arbeitnehmers jede arbeitsrechtliche Bedeutung abspricht.

gen zu prüfen, nicht abgesprochen werden. In einem solchen Fall ist ausnahmsweise gerade der Verzicht auf eine Frage unzulässig.

Eine Befragungspflicht kann sich unmittelbar aus gesetzlichen Vorschriften ergeben. Als Beispiel sind hier die §§ 17 und 18 des Bundesseuchengesetzes zu nennen. Bei in § 17 BSeuchenG enumerativ aufgezählten schweren Infektionskrankheiten, wie Typhus, Ruhr oder offene Tbc, darf der Arbeitnehmer vor allem nicht mit der Herstellung oder dem Inverkehrbringen von Lebensmitteln betraut werden[29]. Die hieraus zu entnehmende Pflicht des Unternehmers, nach derartigen Erkrankungen zu fragen, könnte allerdings auch noch während des Zeitraumes zwischen Abschluß des Vertrages und tatsächlicher Arbeitsaufnahme erfüllt werden. Da aber der Arbeitsvertrag nach § 134 BGB nichtig ist, wenn eine dieser Krankheiten vorliegt[30], ist die nachträgliche Befragung unzumutbar. Sie würde auch dem Interesse des Arbeitnehmers an einer klaren und eindeutigen Einstellungsentscheidung zuwiderlaufen.

Beim Problem der Erforschung von Krankheiten wird zugleich deutlich, daß eine Pflicht zur Befragung auch ohne unmittelbaren gesetzlichen Anhaltspunkt gegeben sein kann. Ergibt sich für bestimmte Betriebe, für bestimmte ansteckende Krankheiten ein solches Gebot aus §§ 17, 18 BSeuchenG, so müssen auch darüber hinaus alle Arbeitgeber die Arbeitnehmer nach ansteckenden Krankheiten befragen[31]. Nur so wird eine Gefährdung des Arbeitgebers, seiner Mitarbeiter sowie der Kunden verhindert. Eine Befragung erst nach Abschluß des Vertrages wäre nur eine unvollkommene Sicherung und kann deshalb nicht verlangt werden.

Das öffentliche Interesse liegt der Pflicht zur Befragung zugrunde. Da es die Summe vieler privater Interessen ist[32], kommt ihm auch sonst für die Interessenabwägung eine nicht zu unterschätzende Bedeutung zu[33]. Gerade zugunsten des Arbeitgebers darf es allerdings nicht voreilig ins Feld geführt werden, um etwa die Zulässigkeit einer Frage mit Gesichtspunkten wie der Forderung nach allgemeiner Zucht und Ordnung zu begründen, was gewiß nicht Sache des Arbeitgebers wäre.

---

29 Durch landesrechtliche Vorschriften ist eine Erweiterung der Beschäftigungsverbote des Bundesseuchengesetzes möglich, § 80 Nr. 7 BSeuchenG, und auch teilweise vorhanden; vgl. BayObLG v. 28. 7. 1966, Betr. 1966, 1605.

30 Siehe BAG v. 2. 3. 1971, BB 1971, 1005; das Gericht lehnt die Nichtigkeit des Arbeitsvertrages bei einem erst nachträglich angeordneten Beschäftigungsverbot ab, läßt aber zugleich bei einem schon vorher bestehenden Verbot die Nichtigkeit des Vertrages durchblicken; nach LAG Düsseldorf v. 16. 8. 1967, Betr. 1968, 1136 ff. (1136), liegt Nichtigkeit nahe.

31 Ebenso *Neumann-Duesberg,* UFITA 36, 101 ff. (104 f.).

32 *Hubmann,* Persönlichkeitsrecht, S. 163, 165.

33 Siehe im einzelnen dazu *Gamillscheg,* AcP 164, 385 ff. (440 ff.).

Auf der anderen Seite ist die persönlichkeitsrechtliche Stellung des Bewerbers besonders stark, wenn die Interessen der Allgemeinheit mit seinem Zurückhaltungsinteresse übereinstimmen.

8. Gesetzliches Recht zur Lüge

Unzulässige Fragen darf der Bewerber falsch beantworten[34]. Folgt damit aus der Unzulässigkeit einer Frage ein Recht zur Lüge, so kann sich auch umgekehrt aus einem Recht zur Lüge die Unrechtmäßigkeit einer Frage ergeben.

Ein arbeitsrechtlich bedeutsames, ausdrückliches gesetzliches Recht zur Lüge findet sich zur Zeit nur in § 51 Abs. 1 BZRG[35]. Danach darf sich auch ein verurteilter Bewerber als unbestraft bezeichnen und braucht den der Verurteilung zugrunde liegenden Sachverhalt nicht mitzuteilen, wenn seine Verurteilung nicht im Bundeszentralregister einzutragen, nicht in das Führungszeugnis aufzunehmen oder zu tilgen ist. Über die Unzulässigkeit einer entsprechenden Frage des Arbeitgebers sagen Gesetz und Materialien unmittelbar nichts aus[36]. Sie ergibt sich aber aus mehreren Erwägungen. Ziel jeder Gesetzgebung ist eine möglichst hohe Effektivität. Der Schutz des § 51 BZRG erreicht den Bewerber aber nur, wenn er über sein Recht zur Lüge auch informiert ist. Als einziger Weg bietet sich in aller Regel nur eine aus den vorvertraglichen Beziehungen entspringende Pflicht des Arbeitgebers an, den Bewerber über den Umfang seiner Auskunftsverpflichtung über Vorstrafen zu belehren[37]. Stellt der Arbeitgeber Fragen, so muß er sich schon im eigenen Interesse danach erkundigen, ob der Bewerber von Rechts wegen lügen darf, und diese Kenntnis darf er dem Arbeitnehmer nicht vorenthalten; er würde sonst arglistig handeln.

Damit wird vom Arbeitgeber nichts Außergewöhnliches verlangt, denn eine Pflicht des Unternehmers zur Aufklärung des Arbeitnehmers über dessen Rechte ist unserem Arbeitsrecht nicht fremd, wie ein Blick

---

[34] Siehe oben § 3 VI 2.

[35] Art. 140 GG in Verb. mit Art. 136 Abs. 3 Satz 1 WRV enthalten schon dem Wortlaut nach nur ein Auskunftsverweigerungsrecht, ein verfassungsrechtliches Recht zur Lüge wäre auch sehr unwahrscheinlich; a. A. ohne Begründung *Ramm*, ArbuR 1963, 161 ff. (171). Allein aus einem Auskunftsverweigerungsrecht kann nicht die Unzulässigkeit einer Frage abgeleitet werden, da ein solches Recht stets besteht. Die Frage nach der Religionszugehörigkeit ist daher auf keinen Fall wegen der Art. 140 GG, 136 Abs. 3 Satz 1 WRV unzulässig; a. A. *Falkenberg*, Betr. 1970, 1013 ff. (1016).

[36] Vgl. BT-Drucksache VI/1477 u. BT-Sitzungsberichte VI/87. Sitzung, S. 4847 ff.

[37] *Götz*, BB 1971, 1325 ff. (1326), nimmt lediglich ein „nobile officium" des Arbeitgebers an. Zur regelmäßigen Schutzlosigkeit des Bewerbers ohne Belehrung siehe oben § 3 III 2 a, VI 1 a.

in die Arbeitsschutzgesetze zeigt. Nach § 54 JArbSchG und nach § 18 MuSchG muß der Arbeitgeber einen Abdruck dieser Gesetze im Betrieb aushängen, wenn er regelmäßig 1 Jugendlichen bzw. mehr als 3 Frauen beschäftigt. Trifft damit den Arbeitgeber gegenüber dem Bewerber eine Belehrungspflicht über dessen gesetzliches Recht zur Lüge, so bedeutet es keine weitere Belastung, die Befragung von vornherein nur auf nicht vom Recht zur Lüge erfaßte Vorstrafen zu erstrecken[38].

9. Gesetzliches Differenzierungsverbot

Wenn der Arbeitgeber bei seiner Einstellungsentscheidung von Gesetzes wegen bestimmte Umstände nicht berücksichtigen darf[39], beruht eine entsprechende Frage auf reiner Neugier. Sie ist damit grundsätzlich unzulässig[40]. Wenn andererseits der Unternehmer auf einen Punkt abstellen darf, ist damit noch längst nicht eine entsprechende Frage zulässig, wie *Leipold*[41] meint. Ergibt sich auch aus einem Differenzierungsverbot ein Frageverbot, so darf doch nicht umgekehrt von einem Frageverbot auf ein entsprechendes Differenzierungsverbot geschlossen werden, wie dies *Hanau*[42] für konsequent hält. Der Grund der Unzulässigkeit einer Frage liegt nämlich entgegen Hanau nicht darin, daß ansonsten einzelne Bewerber in ungerechtfertigter Weise zurückgesetzt werden könnten, sondern im Persönlichkeitsrecht des Arbeitnehmers, das zwar bestimmte Fragen, zumindest in der Regel aber nicht entsprechende Differenzierungen untersagt.

Das wichtigste Differenzierungsverbot[43] enthält Art. 3 Abs. 3 GG. Danach darf niemand wegen seines Geschlechtes, seiner Abstammung, seiner Rasse, seiner Sprache, seiner Heimat und Herkunft, seines Glaubens, seiner religiösen oder politischen Anschauungen benachteiligt oder bevorzugt werden. Umstritten ist allerdings, ob und gegebenenfalls inwieweit diese Vorschrift für die arbeitgeberische Einstellungspolitik bindend ist. Die Auffassungen reichen von uneingeschränkter

---

[38] Bereits in seiner Entsch. v. 5. 12. 1957 hat das BAG vom Arbeitgeber verlangt, in der Fragestellung zum Ausdruck zu bringen, daß getilgte oder der beschränkten Auskunft unterliegende Strafen nicht angegeben werden müssen, BAGE 5, 157 ff. (160); ebenso *Bleistein*, BlStSozArbR 1969, 172 ff. (173); *Maurer*, ArbuR 1972, 9 ff. (10); *Dietz / Richardi*, Rdn. 16 zu § 94 BetrVG.

[39] Siehe bereits oben § 3 IV 2 b.

[40] Siehe oben § 4 II 3 c.

[41] ArbuR 1971, 161 ff. (163 f.); diese Aussage *Leipolds* ist nur verständlich, wenn man die von ihm aufgestellten umfassenden Differenzierungsverbote bedenkt; zur Ablehnung seiner These siehe oben § 3 IV.

[42] In: Hanau / Adomeit, S. 139 f.

[43] Zum Teil wird auch von Diskriminierungsverbot, z. B. BAG v. 28. 9. 1972, JZ 1973, 375 ff., seltener von Verwertungsverbot, z. B. in § 49 BZRG, gesprochen.

Geltung[44] bis hin zu völliger Ablehnung[45]; eine Mittelmeinung verlangt für die Anwendung des Verbots eine soziale Machtstellung des Arbeitgebers[46].

Eine privatrechtsgestaltende Wirkung des Art. 3 Abs. 3 GG muß im Licht des allgemeinen Problems der Drittwirkung von Grundrechten gesehen werden. Im Arbeitsrecht hat die mittelbare und unmittelbare Drittwirkung heute ihren festen Platz[47]. Über ihren Umfang besteht indes Einigkeit lediglich insofern, als die Frage der Grundrechtsgeltung für jedes Grundrecht gesondert zu betrachten ist und die Grundrechte im privaten Bereich nicht in ihrer ursprünglichen, also staatsgerichteten Bedeutung wirken[47]. Weitere Begrenzungen werden häufig nicht anerkannt. Hier setzt die Kritik ein[48]. Die grundsätzliche Drittwirkung wurde in Rechtsprechung und Lehre in ausführlichster Weise und mit den unterschiedlichsten Argumenten zutreffend begründet[49]. Gemeinsame Grundlage aller Überlegungen war und ist dabei die Feststellung, daß die Grundrechte die stets vorhandene Macht des Staates bändigen sollen, ein wirksamer Schutz des Bürgers aber nur möglich ist, wenn auch nichtstaatliche Mächte gebunden sind[50]. Wird damit die Drittwirkung aus einer auch bei Privatpersonen möglichen sozialen Macht hergeleitet, so wird diese tragende Begründung bei der Bestimmung ihrer Reichweite außer acht gelassen[51]. Jede Erweiterung des Anwendungsbereiches einer Norm findet aber ihre Grenze an dem Grund der Ausdehnung. Drittwirkung im Arbeitsrecht setzt daher eine der Staatsmacht vergleichbare Position des Arbeitgebers voraus[52].

---

[44] Etwa *Ramm*, ArbuR 1963, 161 ff. (165); *Schröder*, JJb. 6, 159 ff. (168); *Küchenhoff*, RdA 1969, 97 ff. (105); *Leipold*, ArbuR 1971, 161 ff. (166). Das BAG hat bisher nicht eindeutig Stellung bezogen, siehe die Entsch. v. 3. 12. 1954, BAGE 1, 187 ff. (193), und v. 28. 9. 1972, JZ 1973, 375 ff. (376).

[45] Etwa *Götz Hueck*, S. 62 f., und *Frey*, BB 1963, 1139 ff. (1139 f.); ebenso *Wiedemann*, S. 96 f., der sogar meint, es bestände Einigkeit darüber, daß der Arbeitgeber seine Mitarbeiter nach Geschmack auswählen könne.

[46] *Gamillscheg*, AcP 1964, 385 ff. (417 f.).

[47] BAG v. 3. 12. 1954, BAGE 1, 185 ff. (191 ff.); v. 28. 9. 1972, JZ 1973, 375 ff. (376); *Depenbrock*, RdA 1961, 186 ff. (187); *Gamillscheg*, AcP 164, 385 ff. (404).

[48] Umfassend dazu *Gamillscheg*, AcP 164, 385 ff. (404 ff.).

[49] z. B. *Leisner*, S. 1 ff., u. *Laufke*, S. 145 ff.

[50] *Olbersdorf*, ArbuR 1958, 193 ff. (194); *Leisner*, S. 249 ff., 253, 255 f. m. w. N.; weitere umfassende Nachweise bei *Schwabe*, S. 12 f.

[51] Siehe etwa *Leisner*, S. 275, 385, bei dem der Widerspruch besonders hervortritt. *Leisner* sieht das Arbeitsverhältnis in seinem Entstehen als Verhältnis unter Gleichgeordneten an, dagegen in seinem Bestehen als Gewaltverhältnis obrigkeitsähnlicher Art, S. 257 ff., und will dennoch dem Arbeitgeber nicht nur während des Arbeitsverhältnisses, sondern bereits vor Vertragsschluß eine Differenzierung nach Art. 3 Abs. 3 GG verbieten.

[52] *Gamillscheg*, AcP 164, 385 ff. (406 ff.); *Nipperdey* vertritt nur im Grundsatz die gleiche Auffassung, da er den Begriff der sozialen Macht sehr weit auslegt, siehe Grundrechte II, S. 741 ff. (752 ff.).

Nur dann ist er auch an das Differenzierungsverbot des Art. 3 Abs. 3 GG gebunden. Daneben bestehen Differenzierungsverbote, die sich an jeden Arbeitgeber wenden. So verbietet Art. 9 Abs. 3 Satz 2 GG alle auf eine Behinderung der Koalitionsfreiheit des Arbeitnehmers zielenden Maßnahmen und damit u. a. die Berücksichtigung der Gewerkschaftszugehörigkeit bei der Einstellung[53]; der Wille des Verfassungsgebers ist hier auf die Bindung aller Unternehmer gerichtet und deshalb einer Korrektur nicht zugänglich[54]. Nach § 49 Abs. 1 BZRG darf eine Vorbestrafung auch vom Arbeitgeber nicht berücksichtigt werden, wenn die Eintragung über die Verurteilung im Bundeszentralregister getilgt worden oder zu tilgen ist[55].

Der Arbeitgeber übt soziale Macht aus, wenn er in der Lage ist, den Willen des Arbeitnehmers zu beugen, wie *Gamillscheg*[56] zutreffend ausführt. Nur dann ist der Arbeitnehmer einem gegenüber jedem Bürger vom Staat ausgehenden vergleichbaren Zwang ausgesetzt, befindet sich in einer unentrinnbaren Lage. *Nipperdey*[57] hingegen verläßt den Boden der Begründung der Drittwirkung, wenn er erst bei völliger oder jedenfalls annähernd rechtlicher und tatsächlicher Gleichheitslage soziale Gewalt nicht mehr als gegeben ansehen will. Die Macht, den Willen des Arbeitnehmers zu beugen, besitzt der Unternehmer stets bei einem schon bestehenden Arbeitsverhältnis, da er mit dem Verlust des Arbeitsplatzes drohen kann. Insoweit stimmt also die auf soziale Macht verzichtende These von der Drittwirkung im Ergebnis mit der hier vertretenen Auffassung überein. Vor Vertragsschluß ist soziale Macht hingegen nur ausnahmsweise vorhanden[58], weil der Arbeitnehmer wegen des in der Regel auf dem Arbeitsmarkt herrschenden Konkurrenzkampfes auf andere Arbeitgeber ausweichen kann; speziell für Art. 3 Abs. 3 GG gilt im übrigen, daß ein Arbeitgeber nur selten in dieser Bestimmung genannte Umstände zur Grundlage seiner Entscheidung machen wird. Gerade dies zeigt, wie verfehlt eine generelle grundrechtliche Bindung der Arbeitgeber und damit die Einschränkung ihrer Vertragsfreiheit vor der Einstellung des Arbeitnehmers wäre. Erst wenn der Arbeitgeber, etwa aus monopol- oder konjunkturbedingten Gründen, soziale Macht ausübt, versagt der Mechanismus des Ar-

---

[53] *Rüthers*, BB 1966, 824 ff. (825 f.); *Leipold*, ArbuR 1971, 161 ff. (166).

[54] A. A. *Gamillscheg*, AcP 164, 385 ff. (418) unter Hinweis darauf, daß die Koalitionsfreiheit nicht stärkere Kraft als Art. 3 Abs. 3 GG entfalten könne.

[55] Siehe *Götz*, Rdn. 9 zu § 49 BZRG; ferner den Schriftlichen Bericht des Sonderausschusses für die Strafrechtsreform über den Entwurf der Bundesregierung zum BZRG, BT-Drucks. VI/1550, S. 21 ff.

[56] AcP 164, 385 ff. (408 ff.); siehe ferner oben § 3 III 2 a.

[57] Grundrechte II, S. 741 ff. (754).

[58] Ausführlich dazu *Gamillscheg*, AcP 164, 385 ff. (411 ff.), und *Schröter*, S. 102 ff.

beitsmarktes. Dann müssen die Grundrechte des Bewerbers in der Tat die Vertragsfreiheit des Arbeitgebers korrigieren.

Als Ergebnis bleibt festzuhalten, daß das Differenzierungsverbot des Art. 9 Abs. 3 Satz 2 GG von jedem Arbeitgeber zu beachten ist, während Art. 3 Abs. 3 GG nur den soziale Macht ausübenden Arbeitgeber bindet; Ausnahmen von diesen Verboten sind möglich, etwa bei Bewerbungen um eine solche Umstände erfassende Position im Tendenzbetrieb[59]. Bei allen Arbeitsverhältnissen ist daher in der Regel die Frage nach der Gewerkschaftszugehörigkeit unzulässig[60]. Fragen nach den Umständen des Art. 3 Abs. 3 GG darf ein sozial mächtiger Unternehmer nicht stellen, wenn er nicht aus besonderen Gründen diese Kenntnis benötigt, etwa die Staatsangehörigkeit des Bewerbers zur Prüfung des Erfordernisses einer Arbeitserlaubnis[61]; einige Gesichtspunkte, wie Geschlecht und Sprache, ergeben sich bereits aus der persönlichen Vorstellung, so daß eine Frage dem Arbeitgeber keine zusätzliche Information verschafft. Ansonsten sind solche Fragen bei arbeitgeberbestimmten Arbeitsverhältnissen zulässig, während bei Bewerbungen um arbeitgeberneutrale Verhältnisse ihre Unzulässigkeit trotz fehlender sozialer Macht aus dem besonderen Persönlichkeitsrecht des Bewerbers auf Achtung seiner Privatsphäre folgen kann. Aus dem Differenzierungsverbot des § 49 Abs. 1 BZRG kann zwar ebenfalls ein entsprechendes Frageverbot abgeleitet werden, eine Frage nach den dort erwähnten Verurteilungen ist allerdings bereits wegen des Rechts des Bewerbers zur Lüge nach § 51 BZRG unzulässig.

IV. Einzelprobleme

1. Die Rechtswidrigkeit unzulässiger Fragen

Die Rechtsprechung und fast die gesamte Lehre haben es bisher stets vermieden, unberechtigten Fragen den unzweideutigen Stempel der Rechtswidrigkeit aufzudrücken. Statt dessen begnügt man sich mit der Feststellung, die betreffende Frage sei zulässig bzw. unzulässig.

Wenn aber eine Frage in das besondere Persönlichkeitsrecht des Bewerbers auf Achtung seiner Privatsphäre oder Geheimsphäre eingreift, wird sie gerade vom Gesetz mißbilligt und ist damit rechtswidrig[1],

---

[59] Siehe oben § 4 III 1.

[60] Ebenso *Rüthers,* BB 1966, 824 ff.: Frage als „eindeutiger Verfassungsverstoß" (S. 826); a. A. *Knevels,* BB 1965, 336 ff.

[61] Vgl. BayObLG v. 25. 9. 1974, Betr. 1975, 112.

[1] Im Ergebnis ebenso *Neumann-Duesberg,* JR 1967, 1 ff. (3).

Gleichfalls — umgekehrt — die Lüge des Bewerbers bei rechtmäßigen Fragen; im Ergebnis ebenso *Herschel,* AP Nr. 7 zu § 1 KSchG Verhaltensbedingte Kündigung, Bl. 768 R ff. (769).

zumal sie ja ein absolutes Recht i. S. des § 823 Abs. 1 BGB[2] verletzt[3]. Die Rechtswidrigkeit unzulässiger Fragen ist damit beinahe selbstverständlich. Teilt man dementsprechend die Fragen in rechtmäßige und rechtswidrige ein, so liegen die Vorteile auf der Hand. Der „Unzulässigkeit" ist im Gegensatz zur „Rechtswidrigkeit" in der Zivilrechtsdogmatik und -politik kein fester Platz zugewiesen. Begriff und Bedeutung der Rechtswidrigkeit sind verhältnismäßig klar umrissen und ermöglichen verständlichere Aussagen, insbesondere eine dogmatisch saubere Subsumtion unter die Rechtswidrigkeit voraussetzenden Tatbestandsmerkmale der Täuschungsanfechtung[4] und des Schadensersatzanspruchs aus culpa in contrahendo. Unzulässige Fragen sollten daher ohne Scheu als rechtswidrig bezeichnet werden. Auch Wortverbindungen, wie „Unzulässigkeit im Rechtssinn"[5] oder „rechtliche Unzulässigkeit"[6], sind fehl am Platze, da „tatsächliche Unzulässigkeit" im Recht ohnehin bedeutungslos ist.

2. Das Recht zur Lüge

a) Voraussetzungen

Die gegenüber einem Recht des Bewerbers zur Lüge in der Lehre teilweise geäußerten Bedenken wurden bereits zurückgewiesen[7]. Dabei wurde zugleich festgestellt, daß der Arbeitnehmer jede unzulässige, also rechtswidrige Frage falsch beantworten darf, ohne Rechtsnachteile in Kauf nehmen zu müssen. Bereits hieraus folgt die Rechtswidrigkeit einer gleichzeitigen Kontrolle der Antworten durch einen Lügendetektor (Polygraphen)[8], denn der Detektor würde auch Lügen auf rechtswidrige Fragen dem Arbeitgeber anzeigen und so den in der Unterscheidung zwischen rechtmäßigen und rechtswidrigen Fragen liegenden Schutz des Bewerbers zunichtemachen. Selbst eine Begrenzung der Überwachung auf Antworten, die auf rechtmäßige Fragen gegeben

---

[2] Siehe oben § 4 I 2 a.

[3] Zur grundsätzlichen Rechtswidrigkeit unerlaubter Handlungen i. S. des § 823 BGB siehe *Wussow*, NJW 1958, 891 ff.

[4] Umfassend und zutreffend hat *Neumann-Duesberg*, JR 1967, 1 ff. (2 f.), das Erfordernis der Rechtswidrigkeit beim Täuschungstatbestand des § 123 BGB nachgewiesen, insbesondere durch Vergleiche mit dem Drohungstatbestand des § 123 BGB, mit dem strafrechtlichen Betrugstatbestand und dem Recht der unerlaubten Handlung.

[5] *Häßler / Kehrmann*, BlStSozArbR 1967, 44 ff. (46).

[6] *Trappe*, BlStSozArbR 1962, 201 ff. (202); *Neumann-Duesberg*, UFITA 36, 101 ff. (104).

[7] Siehe oben § 3 VI 2.

[8] Der Lügendetektor wird in der BRD nicht verwandt, doch sollen nach *Westin*, S. 147 ff. (148), in den USA schätzungsweise 30 - 40 000 Firmen dieses Gerät zur Analyse des Personals benutzen, nicht wenige davon auch zur Kontrolle der Antworten der Bewerber.

werden, wäre eine der schwersten Verletzungen des Allgemeinen Persönlichkeitsrechts des Arbeitnehmers, da die Freiheit seines Willens vollständig aufgehoben wäre[9]. Aus diesem Grund wäre auch eine Einwilligung unbeachtlich.

Bei rechtmäßigen Fragen besteht hingegen Wahrheitspflicht[10]. Auch die Antwort „Ich weiß es nicht" ist damit rechtswidrig, wenn dem Bewerber der betreffende Umstand bekannt ist. *Hunn*[11] stellt diesen Fall der Verweigerung der Auskunft gleich, weil der Arbeitgeber in beiden Fällen praktisch keine Antwort erhalte, übersieht dabei jedoch das den Arbeitgeber beeinträchtigende Täuschungselement, das bei der bloßen Auskunftsverweigerung fehlt. Eine solche Auskunft ist natürlich nur bei Fragen nach Umständen denkbar, bei denen die objektive und die subjektive Seite auseinanderfallen können, also etwa nicht beim Alter, wohl aber bei einer Schwangerschaft. Ausnahmsweise darf der Bewerber auch auf rechtmäßige Fragen eine wahrheitswidrige Antwort geben, wenn er anderenfalls Umstände mitteilen müßte, nach denen gerade nicht gefragt werden darf. Nur auf diese Weise läßt sich ein vollkommener Persönlichkeitsschutz erreichen. Wichtigstes Beispiel ist die jedenfalls im Grundsatz die Arbeitssphäre betreffende und damit rechtmäßige Frage nach den bisherigen Beschäftigungen (lückenlose Angaben). Würde eine wahrheitsgemäße, vollständige Beantwortung dieser Frage auch die Bekanntgabe der Verbüßung einer Freiheitsstrafe während eines bestimmten Zeitraums erfordern, darf der Bewerber für diese Zeit ein Arbeitsverhältnis behaupten, wenn die direkte Frage nach der dem Freiheitsentzug zugrunde liegenden Vorstrafe rechtswidrig ist[12]. Allerdings muß dabei zum Schutz des Arbeitgebers der Eindruck langjähriger Berufserfahrung soweit wie möglich vermieden werden, etwa durch die Angabe einer andersartigen Tätigkeit als der jetzt geplanten. In allen anderen Fällen müssen rechtmäßige Fragen wahrheitsgemäß beantwortet werden. Selbst wenn die Gefahr

---

[9] Ablehnend auch *Schwenk*, NJW 1968, 822 ff. (823); *Schmid*, Testverfahren, S. 123 f.; *Wiese*, ZfA 1971, 273 ff. (296). Der BGH hat bereits frühzeitig die Verwendung des Polygraphen für strafprozessuale Zwecke untersagt; siehe die Entscheidung v. 16. 2. 1954, BGHSt. 5, 332 ff. Umfassend zum Schutz des Willens *Hubmann*, Persönlichkeitsrecht, S. 253 ff., und zum Problem des Lügendetektors *Maunz / Dürig / Herzog*, Rdn. 35 zu Art. 2 Abs. 1 GG.

[10] Der Terminus der „Wahrheitspflicht" sollte dem häufiger benutzten Begriff der „Auskunftspflicht" vorgezogen werden, da eine Pflicht des Bewerbers zur Auskunft niemals besteht.

[11] ArbuR 1954, 18 ff. (19).

[12] Im Ergebnis ebenso LAG Frankfurt/M. — 5 Sa 348/68 — im vorinstanzlichen Urteil zur Revisionsentscheidung des BAG v. 12. 2. 1970, BAGE 22, 278 ff. (280); das BAG läßt das Problem ausdrücklich offen. A. A. *Brill*, ArbuR 1968, 136 ff. (143).

Das gleiche gilt für die Angabe des bisherigen Lebensweges im vom Arbeitgeber erbetenen Lebenslauf.

besteht, daß eine richtige Auskunft zu einer Strafverfolgung führt, darf der Arbeitnehmer nicht lügen[13]. Dieses Risiko liegt in seiner Sphäre, so daß der unbeteiligte und nichts von der Gefahr wissende Arbeitgeber nicht belastet werden darf. Der Bewerber muß insoweit auf sein stets bestehendes Auskunftsverweigerungsrecht verwiesen werden, selbst wenn dies seine Stellungssuche erheblich erschweren sollte[14]. Auch Umstände, die die Bewerbung mit Sicherheit scheitern lassen, müssen bei rechtmäßigen Fragen, wenn überhaupt eine Antwort erfolgt, wahrheitsgemäß angegeben werden[15]. Für die arbeitgeberische Einstellungspolitik bestehen ja in aller Regel keine Differenzierungsverbote. In beiden Fällen wird sicherlich viel vom Arbeitnehmer verlangt, wenn aber die Interessenabwägung die Rechtmäßigkeit einer Frage ergeben hat, darf diese Frage nicht wieder auf einem Umweg zu einer rechtswidrigen werden.

Da das Recht zur Lüge letztlich auf der Notlage des Bewerbers beruht[16], greift es nicht ein, wenn der Arbeitnehmer von sich aus unwahre Angaben macht, selbst wenn diese sich auf einen seiner Offenbarungspflicht nicht unterliegenden Punkt beziehen[17]. Damit ist die Wahrheitspflicht des Bewerbers nur bei fehlender Befragung umfassend. Sie setzt ansonsten eine rechtmäßige Frage des Arbeitgebers voraus, besteht aber selbst dann insoweit nicht, wie diese Frage indirekt rechtswidrig ist.

b) Auswirkungen, insbesondere auf den Täuschungstatbestand des § 123 BGB

Die wesentlichen rechtlichen Konsequenzen des Fragerechts des Arbeitgebers und damit auch des Rechts zur Lüge des Bewerbers wurden schon kurz dargelegt[18]. Besitzt der Arbeitnehmer ein Recht zur Lüge, so liegt in der falschen Antwort weder die soziale Rechtfertigung

---

[13] Vgl. *Hartleb*, ZBR 1970, 179 ff. (182), die die gleiche Auffassung bei der Frage nach der Mitgliedschaft eines Beamten in einer verfassungswidrigen Partei vertritt.

[14] Auch der Zeuge besitzt vor Gericht nur ein Zeugnisverweigerungsrecht und nicht ein Recht zur Lüge bei Fragen, deren Beantwortung die Gefahr seiner Verfolgung wegen einer Straftat mitsichbringen würde, § 384 Nr. 2 ZPO, § 55 Abs. 1 StPO.

[15] Eine Offenbarungspflicht (bei fehlender Befragung) kann indes aus diesem Grund ausgeschlossen sein; dafür ArbG Gelsenkirchen v. 3. 5. 1955, BB 1955, 1139; *Sommer*, AR-Blattei, 1. Fortsetzungsbl. R; *Prasse*, ArbuR 1957, 76 (77).

[16] *Gamillscheg*, AcP 164, 385 ff. (419).

[17] Ebenso LAG Stuttgart v. 2. 6. 1954, AP Nr. 2 zu § 626 BGB, Bl. 30 ff., 31 f. (bestehendes Arbeitsverhältnis); wohl auch BVerwG v. 14. 11. 1969, ZBR 1970, 87 f.

[18] Siehe oben § 3 vor I.

einer ordentlichen Kündigung noch ein wichtiger Grund zur fristlosen Entlassung. Ferner scheiden eine Bestrafung des Bewerbers wegen Anstellungsbetruges und ein Schadensersatzanspruch des Unternehmers aus culpa in contrahendo aus.

Auch der Täuschungstatbestand des § 123 BGB ist bei Lügen auf rechtswidrige Fragen nicht erfüllt. Wie dieses allgemein als gerecht angesehene Ergebnis in dogmatisch einwandfreier Weise erreicht werden kann, ist allerdings umstritten. 3 Anknüpfungspunkte bieten sich an[19]. Die ganz herrschende Meinung[20] läßt die Anfechtung in diesem Fall am Kriterium der „Arglist" scheitern. Demgegenüber arbeitet *Neumann-Duesberg*[21] mit dem Rechtfertigungsgrund der Notwehr und *Herschel*[22] mit dem der Sozialadäquanz. *Trieschmann*[23] verneint schließlich bereits eine Täuschung.

Alle 3 Auffassungen sind vertretbar. Gerade die herrschende Meinung hat es allerdings bisher versäumt, ihre Auffassung zu begründen. So war es für die Kritiker ein leichtes, darauf zu verweisen, daß die Täuschung üblicherweise bereits bei dem Zweck, den Willen des Getäuschten zu beeinflussen, als arglistig angesehen werde[24], und damit für eine Berücksichtigung des Rechts zur Lüge kein Raum sei[25].

Der Inhalt eines rechtstechnischen Begriffs, wie der Arglist, steht indes nicht unumstößlich für alle Zeiten fest. Wenn Rechtsprechung und Lehre aus der Verfassung das Allgemeine Persönlichkeitsrecht abgeleitet haben, müssen zugleich alle hiermit kollidierenden Rechtsnormen persönlichkeitskonform oder eben verfassungskonform ausgelegt wer-

---

[19] Ein vierter Weg zur Einschränkung des Täuschungstatbestandes, nämlich die von *Ramm,* ArbuR 1963, 161 ff., vorgenommene Übertragung der objektiven Kriterien des § 119 Abs. 2 BGB auf § 123 BGB, wurde bereits abgelehnt (siehe oben § 3 V).

[20] BAG v. 5. 12. 1957, BAGE 5, 159 ff. (163); v. 22. 9. 1961, BAGE 11, 270 ff. (273 ff.); *Gamillscheg,* AcP 164, 385 ff. (425); *Neumann,* Betr. 1961, 1291 ff. (1293); *Hueck,* AP Nr. 2 zu § 123 BGB, Bl. 235 ff. (235 R f.): „nicht geradezu als arglistig anzusehen"; ebenso *Brill,* ArbuR 1968, 136 ff. (138 f.), u. *Haberkorn,* RdA 1962, 416 ff. (417), die allerdings unzutreffenderweise die Arglist als Oberbegriff für alle Voraussetzungen des Täuschungstatbestandes ansehen. Keine „arglistige Täuschung im Sinne des § 123 BGB": LAG Düsseldorf v. 30. 9. 1971, BB 1972, 706; *H. G. Fischer,* BB 1972, 706 f. (707); *Löwisch,* SAE 1971, 176 f. (177).

[21] JR 1967, 1 ff. (3 f.); UFITA 36, 101 ff. (112 f.).

[22] AP Nr. 7 zu § 1 KSchG Verhaltensbedingte Kündigung, Bl. 768 R ff. (769 f.).

[23] BArbBl. 1958, 196 ff. (197); so wohl auch LAG Bremen v. 24. 2. 1960, BB 1960, 743.

[24] Siehe *Larenz,* AT, § 20 IV a, S. 333.

[25] *Ramm,* ArbuR 1963, 161 ff. (169); *Neumann-Duesberg,* UFITA 36, 101 ff. (112 f.); JR 1967, 1 ff. (1 f.); *Larenz,* AP Nr. 15 zu § 123 BGB, Bl. 1255 ff. (1255 R).

den[26]. Bei rechtmäßigen Lügen kann man danach entweder die Täuschung oder die Arglist ablehnen: Eine rechtlich relevante Täuschung wäre bei solchen Umständen nicht möglich, deren Erfragung eine Verletzung des besonderen Persönlichkeitsrechts des Bewerbers war, die also von Rechts wegen falsch angegeben wurden. Und Arglist läge nicht vor bei rechtmäßigen Lügen[27].

Das Gebot der verfassungskonformen Auslegung kann auch erst auf der Rechtswidrigkeitsebene berücksichtigt werden, und zwar im Rahmen der Prüfung der Erforderlichkeit der Lüge beim Rechtfertigungsgrund der Notwehr[28]. Die unwahre Antwort ist erforderlich[29], da die Verweigerung der Antwort den Persönlichkeitsschutz des Bewerbers beeinträchtigen würde und damit als milderes Mittel nicht in Betracht kommt, die Lüge vielmehr der einzige Weg zur Abwehr der rechtswidrigen Frage ist. Die persönlichkeitskonforme Auslegung des Begriffs der Erforderlichkeit ergibt also, daß Lügen auf rechtswidrige Fragen dieses Merkmal ausfüllen. Bei Lügen auf die Frage nach gewissen Vorstrafen kann zur Rechtfertigung auf § 51 BZRG zurückgegriffen werden. Aus dieser Vorschrift ergibt sich ein Rechtfertigungsgrund, da dem Vorbestraften etwas erlaubt wird, was er vorher generell nicht durfte, da die wahrheitswidrige Antwort ja grundsätzlich verboten ist. Die Ablehnung eines Rechtfertigungsaspekts durch *Hofmann*[30] beruht auf seinem falschen Ausgangspunkt, nämlich der nach seiner Meinung ohnehin nur ausnahmsweise bestehenden Wahrheitspflicht[31], so daß dann in der Tat § 51 BZRG dem Bewerber lediglich das wieder erlauben würde, „was er vorher ausnahmsweise gerade nicht durfte". Demgegenüber ist der von *Herschel* herangezogene Rechtfertigungsgrund der Sozialadäquanz als für die Lösung der Problematik

---

[26] Zur verfassungskonformen Auslegung siehe die Entscheidung des Bundesverfassungsgerichts v. 11. 6. 1958, BVerfGE 8, 28 ff. (33 ff.); ferner *Ramm*, ArbuR 1963, 161 ff. (171).

Hierin liegt die von *Löwisch*, SAE 1971, 176 f. (176), und *Larenz*, AP Nr. 15 zu § 123 BGB, Bl. 1255 ff. (1255 R), vermißte dogmatische Begründung für die Einschränkung des Täuschungstatbestandes des § 123 BGB.

[27] Die Einheit von Arbeitsrecht und Zivilrecht wird damit entgegen *Ramm*, ArbuR 1963, 161 ff. (170), nicht aufgegeben, denn selbstverständlich gilt diese Aussage auch im allgemeinen Zivilrecht, wenn etwa ein Wohnungssuchender eine rechtswidrige Frage des Vermieters falsch beantwortet.

[28] *Löwisch*, SAE 1971, 176 f. (177), meint zu Unrecht, die Lösung des Problems allein mit Hilfe der Notwehr würde die erforderliche Interessenabwägung zu sehr verengen. Eine umfassende Abwägung ist bei der Prüfung des Merkmals „Angriff" möglich und wird an dieser Stelle auch von *Neumann-Duesberg*, JR 1967, 1 ff. (3), vorgenommen.

[29] A. A. *Leipold*, ArbuR 1971, 161 ff. (163); *Trappe*, BlStSozArbR 1962, 201 ff. (202); *Gangloff*, SAE 1959, 162 ff. (162).

[30] SAE 1971, 134 ff. (137) für § 4 Abs. 5 StTilgG (zusammen mit Abs. 4 Vorläufer des § 51 BZRG).

[31] Dagegen schon oben § 3 I 2.

des Fragerechts des Arbeitgebers untauglich und überflüssig abzulehnen[32]. Dieser Gesichtspunkt ist unbestimmt und inhaltsleer, dehnbar und damit für jeden Zweck einsetzbar. Wieso die anzustellenden Wertungen mit Hilfe der Sozialadäquanz schärfer an Maß und Ziel gewinnen sollen, bleibt unverständlich. Die allgemein gehaltenen Formulierungen Herschels zeigen vielmehr gerade die mit diesem Gedanken untrennbar verbundene Gefahr auf, nämlich die Ersetzung einer Begründung durch die Behauptung eines sozialadäquaten bzw. nicht sozialadäquaten Verhaltens[33].

3. Die Verschwiegenheitspflicht des Arbeitgebers

Der Bewerber muß nicht nur vor rechtswidrigen Fragen geschützt werden, sondern grundsätzlich auch vor der Weitergabe einer Antwort durch den Arbeitgeber bzw. durch den für ihn über die Einstellung entscheidenden Mitarbeiter[34]. Hat sich der Unternehmer seine Kenntnis durch eine persönlichkeitsrechtswidrige Frage verschafft, so verletzt jede Mitteilung dieses Wissens an Dritte wiederum das Persönlichkeitsrecht des Arbeitnehmers und ist daher ebenfalls nicht erlaubt[35].

Selbst wenn aber eine Frage rechtmäßig ist, so ist sie es doch nur unter der — stillschweigenden — Voraussetzung, daß der Arbeitgeber gleichzeitig zur Verschwiegenheit verpflichtet ist. Der Unternehmer darf ja in den Persönlichkeitsbereich des Bewerbers nur insoweit eingreifen, wie die Antwort zur Wahrung seines überwiegenden schutzwürdigen Interesses erforderlich ist und damit nur unter der auch unausgesprochen geltenden Bedingung der vertraulichen Behandlung der Auskunft. Die Verschwiegenheitspflicht des Arbeitgebers erscheint so als unumgängliches Korrelat der Wahrheitspflicht des Bewerbers[36].

---

[32] Ablehnend auch *Hofmann*, SAE 1971, 134 ff. (137); kritisch zur Sozialadäquanz ferner *Hubmann*, Persönlichkeitsrecht, S. 145 f.; *Larenz*, Schuldrecht, BT, § 72 I c, S. 462 ff. m. w. N. *Gamillscheg*, AcP 164, 385 ff. (432) bezeichnet die Sozialadäquanz zutreffend als „sprachlich häßliche Neubildung". Zur im Bereich von Rechtswidrigkeit und Schuld angesiedelten und überwiegend abgelehnten Lehre von der Sozialadäquanz im allgemeinen Zivilrecht siehe die Stellungnahme ihres Hauptvertreters *Nipperdey*, in: NJW 1957, 1777 ff. u. NJW 1967, 1987 ff.; ablehnend *Wussow*, NJW 1958, 891 ff.; weitere Nachweise bei *Hofmann*.

[33] Ähnlich *Gamillscheg*, AcP 164, 385 ff. (432).

[34] Zur Verteilung der personalpolitischen Zuständigkeiten in der Praxis siehe *Gaul*, Betr. 1959, 887 ff. (888).

[35] Ebenso *Neumann-Duesberg*, JR 1957, 324 f. (324), für jede Verwertung einer persönlichkeitsrechtswidrig erlangten Kenntnis.

[36] Es kommt damit nicht darauf an, ob auch die Weitergabe als solche eine Persönlichkeitsverletzung darstellt; siehe dazu die Entscheidungen des BGH v. 2. 4. 1957, BGHZ 24, 72 ff., und v. 26. 1. 1965, JZ 1965, 411 ff. (413); ferner *Wiese*, ZfA 1971, 273 ff. (310 f.), u. *Hubmann*, Persönlichkeitsrecht, S. 323, 328, beide m. w. N.

Ausnahmen von der grundsätzlichen Schweigepflicht sind von vornherein nur bei auf rechtmäßige Weise erlangten Angaben denkbar, vor allem bei einer gesetzlichen Verpflichtung zur Auskunft. Hierbei ist danach zu differenzieren, ob der Adressat der Mitteilung dem Betrieb angehört oder nicht. Eine Information anderer Mitarbeiter kann zwingend erforderlich sein, so etwa des Vorgesetzten über Umstände der Arbeitssphäre oder — sehr selten — über solche der Privatsphäre, u. U. wenn ein gerade aus langjähriger Haft entlassener Arbeitnehmer in den Betriebsprozeß einzugliedern ist; der Arbeitgeber muß dann für die Geheimhaltung durch diese Personen sorgen[37], wie er auch mit der Befragung selbst nur sorgfältig ausgesuchte und von ihm zur Verschwiegenheit verpflichtete Mitarbeiter betrauen darf. In Betrieben mit in der Regel mehr als 20 zur Wahl des Betriebsrates berechtigten Arbeitnehmern muß der Arbeitgeber vor jeder Einstellung dem Betriebsrat nach § 99 Abs. 1 Satz 1 BetrVG die „erforderlichen Bewerbungsunterlagen" und damit auch den ausgefüllten Bewerbungsfragebogen vorlegen[38]. Die Mitglieder des Betriebsrates sind nach §§ 99 Abs. 1 Satz 3, 79 BetrVG zur Verschwiegenheit verpflichtet. Wird in einem solchen Betrieb bei der Befragung ein Bewerbungsfragebogen nicht verwandt, so muß der Arbeitgeber grundsätzlich die einzelnen Fragen und Antworten an den Betriebsrat weiterreichen, da er nach § 99 Abs. 1 Satz 1 BetrVG zur „Auskunft über die Person der Beteiligten" verpflichtet ist. Diese Pflicht bezieht sich allerdings nur auf solche Umstände, die einen Grund zur Verweigerung der Zustimmung des Betriebsrates zur Einstellung des Bewerbers nach § 99 Abs. 2 BetrVG zu begründen vermögen[39], muß aber wegen der möglicherweise anderen Einschätzung durch den Betriebsrat bereits im Zweifelsfall angenommen werden[40].

An nicht zur Belegschaft zählende Dritte darf der Arbeitgeber seine durch die Befragung erlangte Kenntnis nicht weitergeben. Dies gilt insbesondere dann, wenn der Arbeitnehmer aus dem Betrieb wieder ausgeschieden ist oder ausscheiden will und nun ein an seiner Einstellung interessierter anderer Unternehmer Auskunft verlangt. Der alte Arbeitgeber ist zwar wegen des Grundsatzes der Sozialpartnerschaft innerhalb der Arbeitgeberschaft grundsätzlich zur Auskunft berech-

---

[37] Ebenso *Wiese*, ZfA 1971, 273 ff. (311).

[38] *Richardi*, Betr. 1973, 378 ff. (380); *Fitting / Auffarth / Kaiser*, Rdn. 19 zu § 99 BetrVG.

[39] Siehe im einzelnen *Richardi*, Betr. 1973, 378 ff. (379 f.); *Erdmann / Jürging / Kammann*, Rdn. 36 zu § 99 BetrVG.

[40] Das BAG lehnt demgegenüber in seinem Beschluß v. 6. 4. 1973, SAE 1974, 61 ff. (62 f.), jede vorweggenommene Prüfung der Gründe des § 99 Abs. 2 BetrVG ab.

tigt[41], nicht aber über das Resultat seiner Befragung bei der Einstellung des Arbeitnehmers. Recht häufig bittet nun der potentielle neue Arbeitgeber den Bewerber um seine Einwilligung zur Einholung einer Auskunft beim alten Arbeitgeber, die ihm auch regelmäßig erteilt wird. Wäre diese wirksam, so würde sie den alten Arbeitgeber von seiner sich auf die eigene — frühere — Befragung des Arbeitnehmers beziehende Verschwiegenheitspflicht entbinden.

Eine Einwilligung muß aber zu ihrer Wirksamkeit freiwillig erklärt worden sein[42]. Wegen der regelmäßig gegebenen sozialen Macht des Arbeitgebers bei der Befragung des Bewerbers[43] und damit auch bei der Einholung von dessen Zustimmung zur Befragung des alten Arbeitgebers ist die Einwilligung, also auch die Entbindung des alten Arbeitgebers von dessen Schweigepflicht, regelmäßig unfreiwillig. Wird sie ausnahmsweise einmal freiwillig erteilt, ist sie dennoch nur insoweit wirksam, wie dem Bewerber der Umfang der Befragung des alten Arbeitgebers bekannt ist bzw. er ihn voraussehen konnte. Die schutzwürdigen Interessen des neuen Arbeitgebers werden hierdurch nicht beeinträchtigt, da er ja den sich bei ihm bewerbenden Arbeitnehmer unmittelbar befragen kann und er so auf die partnerschaftliche Unterstützung des alten Arbeitgebers nicht angewiesen ist.

Erst recht muß der Unternehmer einen vom Bewerber ausgefüllten und ihm übergebenen Fragebogen wie auch aufgrund einer mündlichen Befragung gemachte Notizen vor dem Zugriff Unbefugter sichern. Bleibt die Bewerbung erfolglos, so kann der Bewerber trotz des Eigentums des Arbeitgebers an diesen Unterlagen die Vernichtung der Antworten verlangen[44]. Dieses Recht vereinbaren beide Parteien stillschweigend dadurch, daß der Arbeitnehmer die Fragen — für den Arbeitgeber eindeutig erkennbar — nur beantwortet, um seine Einstellung zu erreichen, und seine Antwort nur für diesen Fall als Bestandteil der Personalakten beim Arbeitgeber belassen will. Anderenfalls müßte

---

[41] BAG v. 25. 10. 1957, AP Nr. 1 zu § 630 BGB; ausführlich dazu *Grobe*, BlStSozArbR 1968, 365 ff.; *Trinkhaus*, RdA 1961, 221 ff.

[42] BGH v. 2. 12. 1963, NJW 1964, 1177 ff.

[43] Siehe oben § 3 III 2 a.

[44] Für das psychologische Gutachten im Ergebnis ebenso *Schmid*, Testverfahren, S. 199 ff.; gegen ihn *Schlessmann*, RdA 1973, 190 f. (190) unter Hinweis auf das Eigentum des Arbeitgebers. Siehe ferner *Bürger*, AR-Blattei, 2. Fortsetzungsbl., der eine Verpflichtung zur Herausgabe des Fragebogens oder sonstiger Formblätter ebenfalls wegen des Eigentums des Arbeitgebers ablehnt, wenn nicht die mitgeteilten Umstände die Privatsphäre in besonderer Weise berühren; ebenso *Brill*, ArbuR 1968, 136 ff. (137), unter Berufung auf *Bürger;* beide versäumen es allerdings, für den Fall der — nach ihnen nur ausnahmsweise bestehenden — Herausgabepflicht eine Rechtsgrundlage anzugeben.

der Bewerber seinen Persönlichkeitsbereich betreffende Umstände mitunter für lange Zeit gegenständlich — und damit der Vergeßlichkeit entzogen — einem Arbeitgeber überlassen, in dessen Betrieb er nie tätig war[45].

4. Das Fragerecht im öffentlichen Dienst

Der öffentliche Dienst unterscheidet sich vom privaten Dienst entscheidend durch die öffentlich-rechtliche Rechtsform des Dienstherrn[46]. Das Personal steht also im Dienst einer juristischen Person des öffentlichen Rechts. In erster Linie wird danach die Hauptgruppe der Beamten, Angestellten und Arbeiter erfaßt. Zugleich ergibt sich das Problem, ob allein schon die Tatsache der Bewerbung im öffentlichen Dienst eine umfassendere Befragung erlaubt.

Die Differenzierungen innerhalb des öffentlichen Dienstes beruhen u. a. auf den für ihn geltenden unterschiedlichen rechtlichen Normen, die die Eigenarten jeder Gruppe berücksichtigen, wie auch generell die Besonderheiten des öffentlichen Dienstes durch vom privaten Dienst abweichende Regelungen zum Ausdruck kommen. Diese Tatsache ändert aber nichts an der grundsätzlichen Gleichartigkeit von Arbeitsverhältnis und Dienstverhältnis[47]. Da die Übernahme der gleichen Tätigkeit, wie etwa die des Lehrers, im öffentlichen und privaten Bereich möglich ist, darf es nur auf die ausgeübte bzw. in Aussicht genommene Funktion ankommen[48], die allerdings durch ihre Besorgung im öffentlichen Dienst eine besondere Ausprägung erfahren kann, aber nicht muß.

---

[45] Große praktische Bedeutung kommt dem Recht des Bewerbers allerdings nicht zu, da der Arbeitgeber in der Regel ohnehin wegen mangelnden Interesses die Unterlagen von sich aus vernichtet oder zurückgibt.

[46] Ausführlich zum Begriff des öffentlichen Dienstes *Ule,* S. 537 ff. (543 ff.); siehe ferner BAG v. 29. 7. 1959, BAGE 8, 84 ff. (86 f.).

[47] *Hofmann,* SAE 1971, 134 ff. (137); *Herschel,* AP Nr. 7 zu § 1 KSchG Verhaltensbedingte Kündigung, Bl. 768 R ff. (769 R). Das BAG weist in seiner Entscheidung v. 15. 1. 1970 zum Fragerecht des Dienstherrn nach Vorstrafen — AP Nr. 7 zu § 1 KSchG Verhaltensbedingte Kündigung, Bl. 766 ff. (767 f.) — darauf hin, daß sich die Rechtsverhältnisse der nichtbeamteten Arbeitnehmer des öffentlichen Dienstes ihrem Wesen nach grundsätzlich nach dem allg. Arbeitsrecht richten und folgert hieraus zutreffend eine gleiche Beurteilung des Fragerechts. Dem Mitbestimmungsrecht des Betriebsrats hinsichtlich des Inhalts von Personalfragebogen, § 94 BetrVG, entspricht im übrigen das Mitbestimmungsrecht des Personalrats nach §§ 75 Abs. 3 Nr. 8, 76 Abs. 2 Nr. 2 des neuen Bundespersonalvertretungsgesetzes v. 12. 12. 1973 (BGBl. I S. 693).

[48] Wie in Fußn. 47; siehe demgegenüber das Urteil des BAG v. 28. 8. 1958, AP Nr. 1 zu § 1 KSchG Verhaltensbedingte Kündigung, Bl. 376 ff. (377), in dem das Gericht als mitentscheidend für die soziale Rechtfertigung einer Kündigung eines wegen einer Abtreibung verurteilten Schlossers der Bundesbahn ansieht, „daß der Kl. (Kläger) nicht bei einem privaten Arbeitgeber beschäftigt war, sondern im öffentlichen Dienst stand“.

Ein freier Arbeitsplatz erfordert dadurch, daß er im öffentlichen Dienst zu besetzen ist, keine ausgedehntere Befragung. Anders ausgedrückt: Die Tatsache der geplanten Beschäftigung bei einer juristischen Person des öffentlichen Rechts gibt allein kein taugliches Kriterium ab. Auch im öffentlichen Dienst ist der Dienstherr in aller Regel nicht zur Einstellung gezwungen. Seine danach bestehende Informationsfreiheit wird ebenfalls durch das Persönlichkeitsrecht des Bewerbers begrenzt. Die Einteilung der Arbeitsverhältnisse in arbeitgeberneutrale und arbeitgeberbestimmte[49] besitzt allerdings für das Fragerecht im öffentlichen Dienst keine Bedeutung. Alle Dienstverhältnisse sind nämlich dienstherrenneutral, da ein Äquivalent zu den Arbeitsverhältnissen im Kleinbetrieb fehlt und eine den Arbeitsverhältnissen der Arbeitnehmer mit Arbeitgeberfunktion vergleichbare Konstellation nicht feststellbar ist.

Wird die Ernennung zum Beamten angestrebt, ist sicherlich die Prüfung der besonderen beamtenrechtlichen Einstellungsvoraussetzungen erforderlich. Ansonsten besteht bei der Befragung kein Unterschied zur Bewerbung um die Stelle eines Arbeiters oder Angestellten[50]. Besondere Bindungen des Privatlebens müssen auf das bestehende Beamtenverhältnis begrenzt bleiben. Auch im öffentlichen Dienst sind bei der Abwägung der Interessen von Dienstherr und Bewerber Eigenarten der freien Stelle[51] und besondere gesetzliche Bestimmungen zu berücksichtigen, die formale Einordnung des Arbeitsplatzes spielt indes keine Rolle. Für die ebenfalls zum öffentlichen Dienst zählenden Gruppen der Berufssoldaten und freiwilligen Soldaten auf Zeit, der Richter und der Bediensteten der Religionsgesellschaften[52] ergibt sich nichts anderes. Im letzten Fall ist die schon erörterte Figur des Tendenzbetriebes[53] von Gewicht. Bei der Gruppe der Richter fällt auf, daß nicht nur ein einzelner Arbeitsplatz, sondern alle Stellen durch das Gebot der persönlichen und sachlichen Unabhängigkeit mitgeprägt werden, was sich so auf die Befragung auswirkt. Schließlich ist bei den Soldaten, nicht bei allen, insbesondere das Sicherheitsbedürfnis der Bundeswehr bedeutsam[54].

---

[49] Siehe oben § 4 II 2.

[50] Zu den Schwierigkeiten bei der Abgrenzung der Tätigkeit eines Beamten von der eines Angestellten siehe *Ule*, S. 537 ff. (558).

Däubler, ArbuR 1973, 233 ff. (238), stellt fest, daß „der Unterschied zwischen Beamten und Angestellten sowohl von der Funktion als auch von der Rechtsstellung her immer mehr verschwindet und der Funktionsvorbehalt nach Art. 33 Abs. 4 GG in der Praxis weithin unterlaufen wird“.

[51] Siehe oben § 4 III 1.

[52] Siehe *Ule*, S. 545 f.

[53] Oben § 4 III 1.

[54] Siehe ArbG Wesel v. 10. 4. 1968, BB 1968, 914 f.

Drittes Kapitel

Die Bewertung einzelner Fragen

Die Prüfung der im einzelnen von den Arbeitgebern an die Bewerber gerichteten Fragen[1] auf ihre Rechtmäßigkeit kann verhältnismäßig knapp ausfallen, da die grundlegenden und übergeordneten Gesichtspunkte im vorhergehenden Kapitel der Arbeit bereits ausführlich behandelt wurden. Das Fragerecht beim arbeitgeberbestimmten Arbeitsverhältnis wurde erörtert, nur die Bewertung weniger Fragen noch offengelassen. Die folgenden Ausführungen beziehen sich daher vor allem auf das arbeitgeberneutrale Arbeitsverhältnis, bei dem das besondere Persönlichkeitsrecht des Bewerbers auf Achtung seiner Privatsphäre für die Rechtswidrigkeit diesen Raum erforschender Fragen spricht und nur durch überwiegende schutzwürdige Belange des Arbeitgebers verdrängt werden kann. Auch in diesem Bereich konnten einige Fragen schon abschließend, andere beinahe endgültig beurteilt werden. Nun müssen 7 Fragenkomplexe auf die Rechtmäßigkeit der Fragen untersucht werden: zunächst die Fragen nach Vorstrafen und Strafverfahren, dann die Fragen nach den Vermögensverhältnissen, nach einer Schwangerschaft, nach dem Gesundheitszustand, nach der Partei-, der Religions- und der Gewerkschaftszugehörigkeit, nach bisherigen Beschäftigungen sowie nach familiären Verhältnissen.

§ 5. Die Frage nach Vorstrafen

I. Die Regelung des Bundeszentralregistergesetzes

Am 1. Januar 1972 trat das Bundeszentralregistergesetz vom 18. März 1971 in Kraft. § 51 Abs. 1 dieses Gesetzes gibt einem verurteilten Bewerber das Recht, sich als unbestraft zu bezeichnen, wenn die Verurteilung nicht im Bundeszentralregister einzutragen, nicht in das Führungszeugnis aufzunehmen oder zu tilgen ist; die in § 51 Abs. 2 BZRG enthaltenen Ausnahmen besitzen für Bewerbungen keine Bedeutung, vgl. §§ 39 ff. BZRG. Wie bereits ausgeführt, folgt daraus die Verpflich-

[1] Siehe dazu die Aufstellung von Fragen der Arbeitgeber in § 1 IV 1 u. § 2.

tung des Arbeitgebers, seine Befragung von vornherein nur auf nicht vom Recht des Bewerbers zur Lüge erfaßte Vorstrafen zu erstrecken[2].

Nach § 3 BZRG werden in das Register strafgerichtliche Verurteilungen (§§ 4 - 9), Entmündigungen (§ 10 Abs. 1), Entscheidungen von Verwaltungsbehörden (§ 11), Vermerke über Zurechnungsunfähigkeit (§ 12 Abs. 1), Entscheidungen über Unterbringungen (§ 13 Abs. 1) und nachträgliche Entscheidungen zu diesen Punkten (§§ 10 Abs. 2, 13 Abs. 2, 14 - 19) eingetragen. In das Privatführungszeugnis werden allerdings neben noch wirksamen Entmündigungen nur bestimmte strafgerichtliche Verurteilungen aufgenommen, § 30 BZRG. Hierbei handelt es sich um rechtskräftige Verurteilungen durch ein deutsches Gericht in der BRD wegen mit Strafe bedrohter Handlungen, die zur Anordnung einer Strafe oder einer Maßregel der Sicherung und Besserung geführt haben, §§ 30, 4 BZRG. Verurteilungen durch andere, vor allem ausländische Gerichte sind gleichgestellt, wenn sie sich auf Deutsche oder in der BRD geborene oder wohnhafte Ausländer beziehen und die Straftat nach dem bundesdeutschen Recht ein Verbrechen oder Vergehen ist, §§ 30 Abs. 1, 52 BZRG. Von diesen Verurteilungen wiederum erscheinen im Führungszeugnis im wesentlichen nicht bestimmte jugendgerichtliche Verurteilungen und generell geringere Bestrafungen, vgl. § 30 Abs. 2 Nr. 1 - 7 BZRG. Nach Ablauf einer Frist von 3 bzw. 5 Jahren, die sich bei einer Freiheitsstrafe um deren Dauer verlängert, werden Verurteilungen nicht mehr in das Führungszeugnis aufgenommen; etwas anderes gilt im wesentlichen nur bei Verurteilungen zu lebenslangem Freiheitsentzug, §§ 31, 32 BZRG. Solange allerdings im Register mehrere Verurteilungen eingetragen sind und auch nur eine von ihnen in das Führungszeugnis aufzunehmen ist, müssen alle im Zeugnis erscheinen, wenn es sich nicht u. a. um verhältnismäßig geringfügige Geld- oder Freiheitsstrafen handelt, § 36 BZRG. Das Führungszeugnis für Behörden ist umfassender, aber nur in Punkten, die für das Fragerecht des Arbeitgebers ohnehin unbedeutend sind. Schließlich werden Eintragungen im Bundeszentralregister nach Ablauf von 5, 10 und 15 Jahren getilgt; wesentliche Ausnahme ist wiederum die Verurteilung zu lebenslanger Freiheitsstrafe, §§ 43 ff. BZRG.

II. Die Bedeutung der Einschlägigkeit der Vorstrafe

1. Alte Rechtslage

Nach bisherigem Recht besaß der Bewerber ein Recht zur Lüge, wenn der Vermerk über eine Verurteilung im Strafregister getilgt war, § 4 Abs. 4 StTilgG. Wenn dieser hingegen lediglich der beschränkten Auskunft — heute ersetzt durch das registerliche Führungszeugnis — unterlag, durfte sich der Bestrafte nur gegenüber privaten Personen als unbestraft bezeichnen, nicht jedoch gegenüber Behörden, § 4 Abs. 5 StTilgG. In das polizeiliche Führungszeugnis[3] wurden andererseits geringfügige Erst- und Alleinstrafen nicht aufgenommen. Die übrigen

---

[2] Siehe oben § 4 III 8.

[3] Grundlage war der als Landesrecht weitergeltende Runderlaß des Reichsministers des Innern v. 27. 5. 1940, RMBliV Sp. 1039; dazu *Korn*, RdA 1957, 291 f.

Strafen wurden nach einer bestimmten Frist nicht mehr im Zeugnis erwähnt, ohne daß damit allerdings auch das Recht zur Lüge zur Entstehung gelangte. Dieses Recht setzte vielmehr den Ablauf längerer Fristen voraus. Verriet daher in diesem Rahmen das Führungszeugnis den vorbestraften Bewerber nicht, so besaß er doch — im Gegensatz zur heutigen Rechtslage — nicht gleichzeitig, sondern erst später ein gesetzliches Recht zur Lüge. Die Rechtsprechung und überwiegend auch die Lehre verlangten allerdings zum Schutz des Bewerbers einen sachlichen Zusammenhang zwischen der vorgesehenen Tätigkeit und der Art der Straftat und begrenzten so das Fragerecht des Arbeitgebers auf „einschlägige" Vorstrafen[4]. Eine Mindermeinung lehnte diese Einschränkung ab[5].

2. Neue Rechtslage

Der Erlaß des Bundeszentralregistergesetzes hat die Frage aufgeworfen, ob die Auffassung der herrschenden Meinung auch unter der neuen Rechtslage haltbar ist.

a) Bedenken gegenüber einem Verzicht auf die Einschlägigkeit

Maurer[6] vertritt die Meinung, der Arbeitgeber dürfe weiterhin nur nach einschlägigen Vorstrafen fragen. Eine sinnvolle Resozialisierung sei nämlich bei einer vom Arbeitsverhältnis gelösten Betrachtung nicht möglich. Ohne Fristablauf besitze der Bewerber ja nur bei sehr geringen Strafen ein Recht zur Lüge. Ferner habe der Gesetzgeber mit § 51 BZRG eine abschließende Regelung nicht getroffen, da er dies sonst klar im Gesetz hätte erwähnen müssen. Die gegenteilige Auffassung wäre außerdem ein Rückschritt.

---

[4] H. M.: BAG in st. Rspr., Entsch. v. 5. 12. 1957, BAGE 5, 159 ff. (163 f.); v. 7. 2. 1964, BAGE 15, 261 ff. (263); v. 15. 1. 1970, AP Nr. 7 zu § 1 KSchG Verhaltensbedingte Kündigung, Bl. 766 ff. (767 f.); LAG Baden-Württemberg v. 13. 6. 1967, BB 1968, 128 f.; aus der neueren Literatur *Hofmann*, SAE 1971, 134 ff. (135 f.); *Leipold*, ArbuR 1971, 161 ff. (166); *Hoppe*, BlStSozArbR 1971, 173 ff. (174); *Falkenberg*, BB 1970, 1013 ff. (1014); *Großmann*, ArbuR 1969, 97 ff. (101); *Brill*, ArbuR 1968, 136 ff. (140 f.).

[5] *Neumann-Duesberg*, UFITA 36, 101 ff. (108 f.); JZ 1962, 204 ff. (204); *Schwenk*, MDR 1960, 353 ff. (354); *Steindorff*, JZ 1958, 513 f., 514 (bei individueller Befragung); *Schröder*, JJb. 6, 159 ff., 168 (beim Mitarbeiter in gehobener Position); ArbG Wilhelmshaven v. 25. 10. 1962, WA 1963, Nr. 18, S. 13.

[6] ArbuR 1972, 9 ff. (10 f.); ebenso *Hanau*, in: Hanau / Adomeit, S. 139, 141; *Erdmann / Jürging / Kammann*, Rdn. 4 zu § 94 BetrVG; ArbG Wilhelmshaven v. 9. 11. 1972, ARSt. 1974, Nr. 28, S. 21. Der *Arbeitsring Chemie*, Rdn. 3 zu § 94 BetrVG, kommt zwar auch zu diesem Ergebnis, berücksichtigt allerdings die entscheidende Vorschrift des § 51 BZRG überhaupt nicht, sondern nur die §§ 49, 50 BZRG, die in — gegenüber dem Recht zur Lüge nach § 51 BZRG — viel engeren Grenzen ein Verwertungsverbot statuieren und damit für die Bestimmung des Umfangs des Schutzes des Bewerbers vor den Fragen nicht relevant sein können.

Der Erfolg der von allen Seiten zu Recht mit Nachdruck geforderten Wiedereingliederung des Vorbestraften in die Gesellschaft hängt entscheidend von der Gelegenheit ab, einer geregelten und nutzbringenden Arbeit nachgehen zu können[7]. Privates und öffentliches Interesse verbinden sich und verschaffen so dem Vorbestraften eine bedeutsame persönlichkeitsrechtliche Position[8], die der Arbeitgeber freilich durch ein überwiegendes schutzwürdiges Interesse überwinden kann. Wäre das Fragerecht des Unternehmers nur in dem Umfang begrenzt, in dem sich der vorbestrafte Bewerber nach § 51 Abs. 1 BZRG als unbestraft bezeichnen darf, so wäre es auch gegeben, wenn der Arbeitgeber im Einzelfall kein schützenswertes Interesse an der Kenntnis der Vorstrafe besitzt. So müßte etwa ein Bauhilfsarbeiter eine Freiheitsstrafe von 4 Monaten wegen Abtreibung angeben, obwohl dieses Delikt in keiner Beziehung zur geplanten Tätigkeit stände und bei einem so begrenzten Gebiet wie der Abtreibung Rückschlüsse auf eine Anfälligkeit auch für andere Straftaten willkürlich wären[9]; Güter des Unternehmers, seiner Mitarbeiter und anderer Personen wären nicht mehr gefährdet als bei der Einstellung jedes neuen Arbeitnehmers. Insoweit wäre der Verzicht auf das das Fragerecht des Arbeitgebers bisher nach h. M. begrenzende Kriterium der Einschlägigkeit in der Tat ein Rückschritt.

b) § 51 BZRG als abschließende Regelung des Fragerechts des Arbeitgebers nach Vorstrafen

Entscheidend kommt es somit darauf an, ob der Gesetzgeber auf die Einschlägigkeit verzichten konnte und es gegebenenfalls auch wollte.

aa) Der Ermessensraum des Gesetzgebers

Der gesetzgeberische Spielraum ist weit, viel weiter als der des Richters im gesetzesleeren Raum[10]. Allerdings darf er nach der Meinung des *Bundesverfassungsgerichtes*[11] und eines großen Teils der Lehre[12] wegen des Grundsatzes der Sozialstaatlichkeit einmal erreichte soziale Sicherungen nicht wieder ersatzlos abbauen. Die näheren Konturen eines solchen Rückschrittsverbots müssen sicherlich noch erarbeitet werden. Sie sollten im Interesse einer elastischen Gesetzgebung eng

---

[7] Umfassend zur Situation des vorbestraften Arbeitnehmers *Großmann*, ArbuR 1969, 97 ff.; ausführlich zur Resozialisierung des Straftäters auch BVerfG v. 5. 6. 1973, BVerfGE 35, 202 ff. (235 ff.).

[8] Siehe oben § 4 III 7 a. E.

[9] Siehe BAG v. 28. 8. 1958, AP Nr. 1 zu § 1 KSchG Verhaltensbedingte Kündigung, Bl. 376 ff. (376 R).

[10] *Gamillscheg*, AcP 164, 385 ff. (397); siehe ferner oben § 4 II 2 c.

[11] Siehe die Entscheidungen v. 18. 11. 1954, BVerfGE 4, 96 ff. (102), und v. 30. 11. 1965, BVerfGE 19, 303 ff. (319).

[12] *Däubler*, ArbuR 1973, 233 ff. (241 f.) m. w. N.

gezogen werden. Immerhin wird man für die Abweichung einen vernünftigen Grund verlangen müssen. Auf jeden Fall ist es dem Gesetzgeber nicht untersagt, in Einzelbereichen die Stellung des Arbeitnehmers gegenüber dem Arbeitgeber zu verschlechtern[13], indem er sich gegen eine in Rechtsprechung und Lehre herrschende Auffassung wendet, zugleich aber die Position des Arbeitnehmers durch ein in anderer Hinsicht umfassenderes Recht zur Lüge aufwertet.

bb) Der Wille des Gesetzgebers des Bundeszentralregistergesetzes

Bereits mehrfach hat der Verfasser auf die überragende Bedeutung des Willens des Gesetzgebers für die Auslegung der von diesem geschaffenen Normen hingewiesen[14]. Selbst aus rechtspolitischer Sicht — vielleicht — unangebrachte Regelungen müssen akzeptiert werden, um so mehr je jünger sie sind.

Weder im Bundeszentralregistergesetz noch in den Motiven[15] wird die „Einschlägigkeit" ausdrücklich erwähnt. Aus dem Schriftlichen Bericht des Sonderausschusses für die Strafrechtsreform über den von der Bundesregierung eingebrachten Entwurf[16] geht hervor, wie sehr der Ausschuß um eine gerechte Lösung des Spannungsverhältnisses zwischen den Interessen des Arbeitgebers und denen des Betroffenen sowie der Gesellschaft bemüht war. Immer wieder wurde beratschlagt, welche Tatsachen der Arbeitgeber vom Bewerber erfahren dürfe[17]. Ausführlich wurde auch über im Vergleich zum privaten Arbeitgeber erweiterte Informationsmöglichkeiten für den öffentlichen Arbeitgeber diskutiert[18]. Die Folge war die von Bundestag und Bundesrat einstimmig gebilligte ausgewogene Regelung der §§ 51, 4, 30, 32, 36, 44 BZRG. Der Gesetzgeber ging also bei seiner Entscheidung gerade davon aus, daß sich ein Bewerber allein wegen der mangelnden Einschlägigkeit seiner Vorstrafe nicht als unbestraft bezeichnen darf und somit das Fragerecht nicht durch dieses Kriterium begrenzt wird. Dieser Wille, eine erschöpfende Regelung der Befragung durch den Arbeitgeber nach Vorstrafen zu treffen[19], kommt in § 51 BZRG, der ja die Einschlä-

---

[13] Vgl. *Gamillscheg*, AcP 164, 385 ff. (397).

[14] Siehe oben § 1 V, § 4 II 1 c a. E. u. 2 c.

[15] Vgl. BT-Drucks. VI/477, BT-Drucks. VI/1550 u. BT-Sitzungsberichte VI/87. Sitzung, S. 4847 ff.

[16] BT-Drucks. VI/1550.

[17] BT-Drucks. VI/1550, S. 1, 4, 12 ff., 16, 23; siehe dazu auch *Götz*, BB 1971, 1325 f. (1325).

[18] BT-Drucks. VI/1550, S. 13, 19.

[19] Zum Problem der Feststellung einer erschöpfenden Regelung bzw. einer „planwidrigen Unvollständigkeit" siehe *Larenz*, Methodenlehre, S. 357 f.

gigkeit nicht erwähnt, zum Ausdruck. Wenn ferner ein Gesetz eine seit langem als verbesserungsbedürftig angesehene Materie auf eine neue Grundlage stellt, spricht eine Vermutung für die Ausschließlichkeit der neuen Bestimmungen, da die Neufassung dem Gesetzgeber gerade die eminent wichtige und damit von ihm regelmäßig auch genutzte Möglichkeit gibt, eine einheitliche, widerspruchslose und Nachteile des bisherigen Rechtszustandes vermeidende Regelung zu treffen. *Maurers* Auffassung, der Wille, eine erschöpfende und abschließende Regelung zu treffen, müsse im Gesetz klar hervortreten, ist damit unhaltbar: Zum einen setzen abschließende Normierungen eine entsprechende Angabe im Gesetzestext nicht voraus. Zum anderen wäre in diesem besonderen Fall ein klärender Hinweis nur erforderlich gewesen, wenn der Gesetzgeber der Einschlägigkeit weiterhin Bedeutung zuerkennen wollte.

Bestätigt wird diese Auslegung durch den Inhalt des registerlichen Führungszeugnisses. Nach nahezu allgemeiner Meinung war der Arbeitgeber auch schon nach bisherigem Recht befugt, vom Bewerber in jedem Fall ein Führungszeugnis zu verlangen[20]. Wiederum zeigen neben dem Gesetzeswortlaut die Motive zum Bundeszentralregistergesetz, daß eine andere Auffassung, etwa eine Begrenzung der Vorlagepflicht auf Vertrauensposten, heute eindeutig unhaltbar ist. Es wurde bei den Beratungen zu Recht der Wunsch geäußert, der Arbeitgeber solle Registerauszüge nicht routinemäßig anfordern[21], von einem Verbot in bestimmten Fällen ging man also gerade nicht aus. Kann der Arbeitgeber damit die Einstellung von der Vorlage eines Führungszeugnisses abhängig machen, so erfährt er durch dieses automatisch die dort einzutragenden Vorstrafen ohne Rücksicht auf deren Einschlägigkeit. Wenn daher der Arbeitgeber schon vor der Vorlage des Führungszeugnisses oder ohne überhaupt ein solches zu verlangen nach Vorstrafen fragt, kann der Bewerber nicht das Recht besitzen, eine Verurteilung allein wegen ihrer mangelnden Einschlägigkeit bei seiner Antwort zu verschweigen[22]. Nach alter Rechtslage erfuhr der Unternehmer demgegenüber aus dem Führungszeugnis weniger als durch die direkte Befragung, so daß die Begrenzung des Fragerechts auf einschlägige Vorstrafen nicht wieder generell durch den Inhalt des Zeugnisses überspielt wurde.

Ferner darf nicht unberücksichtigt bleiben, daß das Kriterium der Einschlägigkeit bereits unter der alten Rechtslage umstritten war[23]. Vor

---

[20] A. A. *Ramm*, Anfechtung, S. 67, Fußn. 127 (Einschränkung der Erteilung polizeilicher Führungszeugnisse auf Bewerbungen um „wirkliche Vertrauensstellungen").

[21] BT-Sitzungsberichte, VI/87. Sitzung, S. 4851.

[22] So auch *Götz*, BB 1971, 1325 f. (1325).

allem *Neumann-Duesberg*[24] kritisierte diese Begrenzung des Fragerechts, weil Vorstrafen auch dann bedeutungsvoll sein könnten, wenn sie in keiner Beziehung zu der Art des zu besetzenden Arbeitsplatzes ständen. Die erheblichen praktischen Schwierigkeiten bei der Bestimmung der Einschlägigkeit wurden selbst von Vertretern der h. M. zugegeben[25]. Sogar im Strafzumessungsrecht bereitet dieses Problem Kopfzerbrechen[26] und das, obwohl hier die Konkretisierung Experten und nicht Laien, wie den Arbeitsvertragsparteien, überlassen ist. Noch 1970, nachdem also bereits über 12 Jahre seit der Verkündung des Grundsatzurteils des *Bundesarbeitsgerichts* zum Erfordernis der Einschlägigkeit[27] vergangen waren, sah sich *Gumpert*[28] zu Recht gezwungen, von der Belastung des Arbeitgebers und des Bewerbers „mit unabsehbaren Risiken“ zu sprechen, wenn nicht Rechtsprechung und Lehre engere Maßstäbe herausarbeiten würden. Bei dieser Sachlage ist der Verzicht des Gesetzgebers des Bundeszentralregistergesetzes auf die Einschlägigkeit nicht nur zu akzeptieren, er ist vielmehr durchaus verständlich. In der Gewährleistung größtmöglicher Rechtssicherheit liegt eine wesentliche Aufgabe jedes Gesetzgebers und eine der wichtigsten des Rechtsstaates überhaupt[29].

Daß schließlich die entfallene Bedeutung der Einschlägigkeit nicht zum Nachteil des Bewerbers auszuschlagen braucht, weil gleichzeitig das Recht zur Lüge erweitert wurde, zeigt anschaulich der dem Urteil des *Bundesarbeitsgerichts* vom 15. 1. 1970[30] zugrunde liegende Sachverhalt. Der Bewerber für eine untergeordnete Tätigkeit im öffentlichen Dienst verneinte die Frage nach Vorstrafen, obwohl er fast 5 Jahre zuvor während seines Wehrdienstes wegen unbefugter Ingebrauchnahme eines Kraftfahrzeuges und tätlichen Angriffs gegen einen Vorgesetzten zu 1 Monat und 3 Wochen Gefängnis verurteilt worden war. Dem Arbeitnehmer fehlte nach der alten Rechtslage nicht nur gegenüber Behörden, sondern auch gegenüber privaten Arbeitgebern ein Recht zur Lüge, da die Frist für eine nur noch beschränkte Auskunft nicht abgelaufen war, § 4 Abs. 4 und 5 StTilgG in Verb. mit § 6 StTilgG; auch im Führungszeugnis war die Strafe dementsprechend einzutragen. Nur der Rückgriff auf die fehlende Einschlägigkeit und damit die Gewährung eines Rechts zur Lüge konnte daher den Betroffenen vor der

[23] Siehe oben § 5 Fußn. 5.

[24] UFITA 36, 101 ff. (106 ff.).

[25] Siehe etwa *Hofmann,* SAE 1971, 134 ff. (136).

[26] Siehe *Maurach,* JZ 1972, 130 ff.

[27] Entscheidung v. 5. 12. 1957, BAGE 5, 157 ff.

[28] BB 1970, 804 f. (804).

[29] Siehe oben § 3 VI 1 b bb.

[30] AP Nr. 7 zu § 1 KSchG Verhaltensbedingte Kündigung.

Entlassung retten. Unter der Geltung des Bundeszentralregistergesetzes wäre die Verurteilung demgegenüber im Führungszeugnis überhaupt nicht erwähnt worden, § 30 Abs. 2 Nr. 5 BZRG. Nach § 51 Abs. 1 BZRG hätte sich der Vorbestrafte eindeutig als unbestraft bezeichnen dürfen.

3. Ergebnis

Die Einschlägigkeit von Vorstrafen besitzt unter der Geltung des Bundeszentralregistergesetzes keine Bedeutung mehr für das Fragerecht des Unternehmers[31]. Nach dem Willen des Gesetzgebers soll der Arbeitgeber vom Bewerber Vorstrafen nur im Rahmen des § 51 BZRG erfahren.

III. Der Umfang des Fragerechts

Rechtswidrig ist eine Frage des Arbeitgebers nach nicht im Bundeszentralregister eingetragenen, nicht in das Führungszeugnis aufzunehmenden oder zu tilgenden Vorstrafen. Damit sind auch Fragen nach „polizeilichen und disziplinarischen Vorstrafen" untersagt, weil sie nicht im Register vermerkt werden, §§ 3, 4 BZRG. Zeitpunkt und Grund einer gerichtlichen Verurteilung sowie die Höhe der Strafe sind nach §§ 5, 30 BZRG, Strafaussetzung zur Bewährung, Gnadenerweis und Amnestie nach §§ 8, 16, 30 BZRG im Register und im Führungszeugnis einzutragen, unterliegen also dem Fragerecht[32]. Auch nach einer rechtskräftigen, aber noch nicht vollstreckten Freiheitsstrafe darf der Arbeitgeber fragen[33]; bei Aushilfsarbeitsverhältnissen[34] muß er allerdings diese Frage auf den Zeitraum der vorgesehenen Beschäftigung des Arbeitnehmers begrenzen. Auch der Arbeitgeber, der einen neuen Mitarbeiter für ein arbeitgeberbestimmtes Arbeitsverhältnis sucht, darf seine Befragung nur in dem angegebenen Rahmen durchführen, da § 51 Abs. 1 BZRG jeden Bewerber schützt, also auch den für einen Kleinbetrieb oder als Quasiarbeitgeber vorgesehenen. Aus demselben Grund ist eine Frage auch nicht deshalb rechtmäßig, weil sie auf gegen frühere Arbeitgeber gerichtete Straftaten begrenzt ist. Soweit danach eine Frage zulässig ist, muß bei den Erkundigungen so behutsam wie mög-

---

[31] Ebenso *Götz*, BB 1971, 1325 f.; Rdn. 5 zu § 51 BZRG; *Händel*, JR 1973, 265 ff.; *Meisel*, S. 72 f.

[32] Für Begnadigung und Amnestie im Ergebnis ebenso *Falkenberg*, BB 1970, 1013 ff. (1014).

[33] In Rechtsprechung und Lehre wird unter Einschränkungen eine Mitteilungspflicht auch ohne Befragen angenommen. Siehe ArbG Karlsruhe v. 19. 1. 1956, ARSt. XVI, Nr. 273, S. 97 (Ausnahme: kurzfristige Aushilfe); *Bürger*, AR-Blattei, 9. Fortsetzungsbl. (bei Kenntnis des Bewerbers vom Termin des Strafantritts); *Bleistein*, BlStSozArbR 1969, 172 ff., 175 (bei bereits erfolgter Ladung zum Strafantritt).

[34] Siehe oben § 4 III 2.

lich vorgegangen werden[35]. Am besten, aber nicht unerläßlich, ist die schriftliche Fragestellung.

Verurteilungen von Jugendlichen und Heranwachsenden zu Jugendstrafe oder die Feststellung ihrer Schuld nach § 27 JGG werden zwar im Bundeszentralregister eingetragen, § 4 Abs. 1 Nr. 1 u. 3 BZRG, jedoch zum größten Teil nicht in das Führungszeugnis übernommen, § 30 Abs. 2 Nr. 1 - 3 BZRG. Der Arbeitgeber darf dann nach solchen Entscheidungen nicht fragen. Das gleiche gilt für die Anordnung anderer Maßnahmen nach dem Jugendgerichtsgesetz, insbesondere für Erziehungsmaßregeln und Zuchtmittel. Derartige Maßnahmen werden zwar nach § 56 BZRG in das Erziehungsregister eingetragen, doch braucht der Betroffene sie nicht zu offenbaren, § 59 Abs. 1 BZRG. Ein Recht zur Lüge gewährt ihm diese Vorschrift nicht ausdrücklich, doch folgt es aus dem Auslegungsgrundsatz a maiore ad minus[36]. Wenn nämlich sogar Fragen nach Kriminalstrafen im Rahmen des § 51 BZRG falsch beantwortet werden dürfen, muß dem Betroffenen bei Erziehungsmaßregeln usw. erst recht die Lüge erlaubt werden, zumal ein Arbeitgeber wegen des besonders gebotenen Schutzes dieser Altersgruppe[37] keinerlei Auskünfte aus dem Erziehungsregister erhält, § 57 BZRG.

Die Wahrheitspflicht des Bewerbers entspricht in ihrem Umfang zwar dem Inhalt des Führungszeugnisses. Sie ist dennoch von selbständiger Bedeutung, wenn der Arbeitgeber ein Führungszeugnis nicht verlangt oder wenn die Ausstellung des Zeugnisses, wie häufig, mehrere Wochen dauert, der Arbeitgeber aber auf eine schnelle erste Information Wert legt. Eine Pflicht des Arbeitgebers zur Befragung des Bewerbers[38] besteht nicht[39]. Eine solche kann sich allerdings vor dem Einsatz des neuen Mitarbeiters im Betrieb ergeben, wenn es dessen Tätigkeitsbereich erfordern sollte. Zurückhaltung bei der Annahme einer solchen Sorgfaltspflicht ist aber sehr geboten, um den Unternehmer nicht zu einer sicherheitshalber durchgeführten generellen Befragung zu veranlassen.

Bei der sogenannten Vorstrafenklausel[40] handelt es sich um einen auf Vorstrafen begrenzten Unterfall der schon erörterten Auflösungs-

---

[35] Siehe oben § 4 I 2 b aa.

[36] Nach *Götz*, BB 1971, 1325 f. (1326), sind solche Fragen ohne weiteres wegen § 59 BZRG unzulässig.

[37] Siehe den Schriftlichen Bericht des Sonderausschusses für die Strafrechtsreform, BT-Drucks. VI/1550, S. 3, 24; ferner ArbG Berlin v. 8. 6. 1964, Betr. 1965, 1784; Hess. VGH v. 12. 4. 1972, ESVGH 22, 158 ff. (166).

[38] Siehe oben § 4 III 7.

[39] Vgl. *Prasse*, ArbuR 1957, 76 ff. (77), der meint, das Fragerecht nähere sich mitunter einer Fragepflicht.

[40] Siehe den der Entscheidung des BAG v. 15. 1. 1970, AP Nr. 7 zu § 1 KSchG Verhaltensbedingte Kündigung, zugrunde liegenden Sachverhalt.

und Schadensersatzklausel[41]. Sie erzeugt daher die gleichen Wirkungen[42].

IV. Die Frage nach Strafverfahren

Vorbestraft ist jemand nur, wenn er rechtskräftig verurteilt wurde, vgl. § 4 Abs. 1 BZRG. Die Arbeitgeber ergänzen daher nicht selten die Frage nach Vorstrafen durch die nach schwebenden Straf- und Ermittlungsverfahren, mitunter auch nach jemals eingeleiteten oder wieder eingestellten Verfahren. Ein Strafverfahren beginnt mit der Aufnahme von Ermittlungen, sei es durch die Polizei oder die Staatsanwaltschaft, und endet mit der Rechtskraft des Urteils bzw. der Einstellung des Verfahrens.

1. Eingestellte Strafverfahren

Die Rechtswidrigkeit der Frage nach eingestellten Strafverfahren folgt a maiore ad minus aus § 51 Abs. 1 BZRG[43]. Wenn sich der Bewerber sogar bei geringfügiger Bestrafung als unbestraft bezeichnen darf und entsprechende Fragen daher rechtswidrig sind, muß dies erst recht für die Frage nach eingestellten Strafverfahren gelten, die ja gerade nicht zu einer Verurteilung führten.

2. Schwebende Strafverfahren

Schwieriger ist die Beurteilung der Frage nach schwebenden Strafverfahren. In das Führungszeugnis werden solche Verfahren nicht aufgenommen, vgl. § 30 BZRG[44].

Schwerwiegende Bedenken ergeben sich daraus, daß die meisten Strafverfahren schon im Ermittlungsstadium wieder eingestellt werden. Wäre die Frage rechtmäßig, müßte jeder Bewerber sie wahrheitsgemäß beantworten, obwohl in der weitaus überwiegenden Mehrzahl der Fälle eine Verurteilung nicht erfolgen würde und der Arbeitnehmer nach einer Einstellung des Verfahrens bzw. einem Freispruch stets geschützt wäre. Demgegenüber fällt der Nachteil für den Arbeitgeber bei einem Verbot der Frage nicht besonders ins Gewicht. Er darf sich ja im Rahmen des § 51 BZRG nach Vorstrafen erkundigen. Ist der Bewerber danach nicht vorbestraft, wird es oft bei dem schwebenden

---

[41] Vgl. *Brill*, ArbuR 1968, 136 ff. (138).

[42] Siehe oben § 1 IV 2 d.

[43] Für Unzulässigkeit auch *Götz*, BB 1971, 1325 f., 1326, und Rdn. 18 zu § 51 BZRG (ohne Begründung).

[44] Siehe *Götz*, Rdn. 2 zu § 30 BZRG; zur alten Rechtslage die Entscheidungen des Bundesverwaltungsgerichts v. 16. 9. 1966, BVerwGE 25, 62 ff., u. v. 24. 10. 1967, NdsGemeinde 1968, 169 f.

Strafverfahren — wenn überhaupt — um eine Erststraftat gehen. Daher ist das sich aus der Beschäftigung eines bereits mit dem Strafgesetz in Konflikt geratenen Menschen ergebende und ohnehin häufig abstrakte Risiko bei schwebenden Strafverfahren noch viel vager. Der Arbeitgeber benötigt also bei weitem nicht so dringend die Kenntnis von schwebenden Strafverfahren wie der Bewerber den Schutz vor einer entsprechenden Frage. Da weiter dem besonderen Persönlichkeitsrecht des Arbeitnehmers auf Achtung seiner Privatsphäre bei arbeitgeberneutralen Arbeitsverhältnissen starkes Gewicht zukommt, ist die Frage nach schwebenden Strafverfahren wegen des überwiegenden Persönlichkeitsschutzinteresses des Bewerbers rechtswidrig[45].

Bei arbeitgeberbestimmten Arbeitsverhältnissen ist sie demgegenüber rechtmäßig[46]. Da aber auch hier gesetzliche Wertungen das grundsätzlich überwiegende Informationsinteresse des Arbeitgebers verdrängen können, ist eine Lüge dann nicht rechtswidrig, wenn selbst bei einer Verurteilung eine Aufnahme in das Führungszeugnis als mit an Sicherheit grenzender Wahrscheinlichkeit ausgeschlossen erscheint, §§ 51 Abs. 1, 30, 4 BZRG.

§ 6. Die Frage nach den Vermögensverhältnissen

I. Die unbegrenzte Frage nach Schulden

Häufig erkundigen sich die Arbeitgeber nach den finanziellen Verpflichtungen des Bewerbers und gegebenenfalls dem Grund, der Höhe und dem Gläubiger, doch nur selten lehnen sie trotz der Angabe von Schulden deshalb die Einstellung ab. Sie wissen, daß die Arbeitsplätze keine völlige Schuldenfreiheit voraussetzen[1]. Vermögensinteressen des Arbeitgebers sind zumindest bei geringfügigen Schulden nicht mehr gefährdet als bei fehlenden Verpflichtungen. Auf der anderen Seite müßte der Bewerber jede noch so kleine Schuld mitteilen. Seine Privatsphäre würde dem Unternehmer grundlos erschlossen. Läßt sich damit

---

[45] Ebenso *Bürger*, AR-Blattei, 8. Fortsetzungsbl. (Ausnahme: Leitende Angestellte für besondere Vertrauensstellung); a. A. *Götz*, BB 1971, 1325 f. (1326); Rdn. 18 zu § 51 BZRG; *Haberkorn*, ArbGeb. 1966, 427 f. (427); LAG Bremen v. 8. 12. 1954, WA 1955, 74 f. (74); ArbG Wilhelmshaven v. 9. 11. 1972, ARSt. 1974, Nr. 28, S. 21 (Ausbildungsverhältnis); Hess. VGH v. 12. 4. 1972, ESVGH 22, 158 ff., 164 (Beamtenbewerber). *Erdmann / Jürging / Kammann*, Rdn. 4 zu § 94 BetrVG, *Fabricius / Kraft / Thiele / Wiese*, Rdn. 13 zu § 94 BetrVG, und der *Arbeitsring Chemie*, Rdn. 3 zu § 94 BetrVG, halten die Frage bei Einschlägigkeit für zulässig.

[46] Teilweise ähnlich *Bürger*, ebd.

[1] Siehe *Mayer-Maly*, ArbuR 1968, 1 ff. (2).

auf seiten des Arbeitgebers ein schutzwürdiges Interesse an der unbegrenzten Frage nach Schulden nicht feststellen, so folgt aus dem besonderen Persönlichkeitsrecht des Bewerbers auf Achtung seiner Privatsphäre die grundsätzliche Rechtswidrigkeit dieser Frage[2].

II. Die Frage nach bestimmten Schulden

Für die Rechtmäßigkeit einer nicht alle Verbindlichkeiten erfassenden Frage scheinen 3 Gesichtspunkte zu sprechen, die alle, in jeweils unterschiedlicher Weise, von den Vermögensinteressen des Arbeitgebers ausgehen: die Gefahr der Lohnpfändung und -abtretung[3], der Minderung der Arbeitsmoral des Mitarbeiters[4] und schließlich der unrechtmäßigen Bereicherung durch den Arbeitnehmer zur Deckung seiner Schulden[5].

1. Gefahr der Lohnpfändung und -abtretung

Lohnpfändungen und -abtretungen belasten den Unternehmer, da er für ihre ordnungsgemäße Abwicklung zu sorgen hat[6]. Wenn solche Maßnahmen bereits zur Zeit der Vertragsverhandlungen bestehen, sind nach einer Einstellung persönlicher und sachlicher Aufwand mit fast hundertprozentiger Gewißheit vorauszusagen, ein gewichtiges Argument für die Rechtmäßigkeit der Frage nach bereits erfolgten Lohnpfändungen und -abtretungen[7]. Ansonsten und damit in der ganz überwiegenden Mehrzahl der Fälle ist das Risiko des Arbeitgebers lediglich von abstrakter Natur.

Diese Interessen des Arbeitgebers können aber dann nicht das bei arbeitgeberneutralen Arbeitsverhältnissen stets besonders schutzwürdige Zurückhaltungsinteresse des Bewerbers überwinden, wenn der Arbeitgeber dem Interessenkonflikt ausweichen kann[8]. Lohnpfändungen und -abtretungen belasten zwar direkt den Unternehmer, indirekt

---

[2] Im Ergebnis ebenso *Falkenberg*, BB 1970, 1013 ff. (1015 f.); *Bleistein*, BlStSozArbR 1969, 172 ff. (175); a. A. *Neumann-Duesberg*, UFITA 36, 101 ff. (109 f.); *Haberkorn*, ArbGeb. 1966, 427 f. (427); *Etzel*, Arbeitsrecht, S. 85; ArbG Hamburg v. 27. 7. 1955, ARSt. XV, Nr. 398, S. 133; ArbG Husum v. 10. 1. 1961, ARSt. XXVI, Nr. 293, S. 103.

[3] Siehe *Neumann-Duesberg*, UFITA 36, 110; *Schäcker*, BB 1964, 391 f.

[4] Siehe *Mayer-Maly*, ArbuR 1968, 1 ff. (2); *Oehmann*, BB 1956, 434.

[5] Siehe BAG v. 18. 4. 1968, AP Nr. 32 zu § 63 HGB, Bl. 718 ff. (719 R); *Sachse*, Betr. 1970, 2221 ff. (2222).

[6] Siehe dazu den der Entscheidung des ArbG Bremen v. 21. 3. 1955, BB 1955, 802, zugrundeliegenden Sachverhalt. Danach waren in einem Betrieb mit 2500 Beschäftigten 2 Arbeitnehmer nur mit der Bearbeitung der Lohnpfändungen und -abtretungen von 2 % der Belegschaft beschäftigt.

[7] Siehe oben § 4 III 3.

[8] Zum Ausweichprinzip siehe oben § 4 II 3 b.

aber auch die gesamte Belegschaft, da sie einen Teil der sonst potentiell auch zugunsten aller Arbeitnehmer zur Verfügung stehenden Gelder aufzehren. Bei dieser Sachlage kann es dem Arbeitgeber nicht verwehrt werden, in den Arbeitsvertrag eine Klausel aufzunehmen, wonach der Lohnpfändungen und -abtretungen verursachende Mitarbeiter auch zur Deckung der durch die Bearbeitung entstehenden Kosten herangezogen wird, wenn auch bei fehlender Vereinbarung die Mehrarbeit grundsätzlich zum Betriebsrisiko[9] des Arbeitgebers zu zählen ist. Da eine konkrete Kostenaufstellung zu kompliziert wäre, empfiehlt es sich, von Durchschnittswerten auszugehen. So könnte der Arbeitgeber etwa mit dem neuen Arbeitnehmer vereinbaren, für eine gepfändete Summe bis zu DM 1000,— 2 % des betreffenden Betrages und bei höheren Summen 1 % zu berechnen. Kann sich der Unternehmer damit auch ohne Befragung des Bewerbers vor den Kosten von Lohnpfändungen und -abtretungen schützen, so scheidet die gerade hierauf beruhende Vermögensgefährdung als Gesichtspunkt für die Interessenabwägung aus[10].

2. Gefahr der Minderung der Arbeitsmoral

Schulden reduzieren selten die Einsatzfreudigkeit des Arbeitnehmers. Regelmäßig kommt es dem Arbeitnehmer darauf an, seinen Arbeitsplatz nicht wieder zu verlieren. Allenfalls bei sehr erheblichen finanziellen Verpflichtungen kann der Arbeitswille durch das Gefühl, nur für die Gläubiger zu arbeiten, beeinträchtigt sein. Da diese Konstellation nur bisweilen gegeben ist, kann der Gedanke einer Senkung der Arbeitsmoral infolge Verschuldung weder generell zur Rechtmäßigkeit der Frage nach bestimmten Schulden beitragen noch die Frage nach „erheblichen" Schulden rechtfertigen. Kommt ein Mitarbeiter wirklich aus verschuldungsbedingtem Grund seiner Arbeitspflicht nicht nach, mag der Arbeitgeber das Arbeitsverhältnis durch Kündigung beenden[11].

3. Gefahr der unrechtmäßigen Bereicherung

Ein verschuldeter Arbeitnehmer kann sich u. U. zu gegen seinen Arbeitgeber, andere Mitarbeiter sowie Kunden gerichteten Vermögensdelikten im weitesten Sinn hinreißen lassen, um seine Verbindlichkeiten tilgen zu können. In aller Regel ist eine solche Gefahr aber nicht

---

[9] Vgl. ArbG Bremen v. 21. 3. 1955, BB 1955, 802, und LAG Düsseldorf v. 3. 1. 1956, BB 1956, 434.

[10] A. A. *Neumann-Duesberg*, UFITA 36, 101 ff. (109 f.); *Falkenberg*, BB 1970, 1013 ff. (1016); *Etzel*, Arbeitsrecht, S. 85.

[11] Siehe die Entscheidungen des LAG Düsseldorf v. 17. 1. 1962, Betr. 1962, 476, und v. 13. 4. 1971, Betr. 1971, 1363.

größer als bei einem schuldenfreien Arbeitnehmer, der für einen anderen Zweck Geld usw. benötigt. Dieses ändert sich allerdings, wenn der Tätigkeitsbereich des Arbeitnehmers von der Verwaltung und Betreuung des Vermögens entscheidend geprägt wird und der Mitarbeiter besonderen Verlockungen ausgesetzt ist, denen er bei Verschuldung leichter erliegen wird. Dann verdrängt das Informationsinteresse des Arbeitgebers das Persönlichkeitsschutzinteresse des Arbeitnehmers. Eine solche Sachlage ist nur in engumgrenzten Ausnahmefällen gegeben. Weiter ist zu beachten, daß der Tätigkeitsbereich bei Zweifeln an seiner Bedeutung für die Rechtmäßigkeit einer Frage irrelevant ist[12]. Aus dem privaten Dienst seien die Stellen des Leiters der Finanzbuchhaltung und des Hauptkassierers einer Bank genannt. Für den öffentlichen Dienst können die Betriebsprüfer in der Steuerverwaltung[13] und die mit der Vergabe von öffentlichen Aufträgen betrauten Bediensteten als Beispiele angeführt werden.

Zweifelhaft ist allerdings, ob auch bei der Besetzung einer solchen Position die unbegrenzte Frage nach Schulden rechtswidrig ist und so nur ein begrenztes Fragerecht besteht. Für geringfügige finanzielle Verpflichtungen könnte ein schutzwürdiges Informationsinteresse des Unternehmers zu verneinen sein. Wenn man aber bedenkt, daß eine solche Stellung nur in engbegrenzten Fällen angenommen werden darf, in denen dem Mitarbeiter die Bereicherung ohne weiteres möglich ist, kann ein schutzwürdiges Interesse des Arbeitgebers an der möglichst weitgehenden Verringerung des Risikos nicht bestritten werden. Der Persönlichkeitsschutz des Bewerbers tritt insoweit ausnahmsweise zurück[14], verbietet aber noch weitergehende Fragen, wie etwa die nach der Größe eines vorhandenen Vermögens.

III. Der Umfang des Fragerechts

Die Frage nach Schulden ist nur ausnahmsweise zulässig[15], nämlich bei einer Bewerbung für ein entscheidend von Verwaltung und Betreu-

---

[12] Siehe oben § 4 III 1 a. E.

[13] Siehe OVG Münster v. 20. 5. 1969, ZBR 1970, 56 f. (Anforderung einer Schuldenerklärung während eines bestehenden Beamtenverhältnisses).

[14] Im Ergebnis ähnlich *Bleistein*, BlStSozArbR 1969, 172 ff. (175); *Fitting / Auffarth / Kaiser*, Rdn. 4 zu § 94 BetrVG; *Arbeitsring Chemie*, Rdn. 3 zu § 94 BetrVG; *Meisel*, S. 73.

[15] Für generelle Zulässigkeit *Neumann-Duesberg*, UFITA 36, 101 ff. (110); *Haberkorn*, ArbGeb. 1966, 427 f. (427); *Etzel*, Arbeitsrecht, S. 85; ferner ArbG Hamburg v. 27. 7. 1955, ARSt. XV, Nr. 398, S. 133, u. ArbG Husum v. 10. 1. 1961, ARSt. XXVI, Nr. 293, S. 103; für Zulässigkeit einer Erkundigung nach „wirtschaftlichen Schwierigkeiten" bei Beamtenbewerbern BVerwG v. 8. 11. 1961, BVerwGE 13, 156 ff. (158).

ung des Arbeitgebervermögens geprägtes Arbeitsverhältnis, das eine jederzeitige Bereicherung ermöglicht[16]. Ansonsten sind alle Variationen der Frage nach den Vermögensverhältnissen rechtswidrig[17]. Abzulehnen sind danach auch Fragen nach bestimmten Schulden, wie etwa nach ein Monatsgehalt übersteigenden oder außergewöhnlichen Verbindlichkeiten[18]. Ferner darf nicht gefragt werden nach Lohnpfändungen[19] und -abtretungen, Unterhaltsverpflichtungen, der Leistung eines Offenbarungseides[20] und der Bürgenstellung. Im Gegensatz dazu ist bei Bewerbungen um arbeitgeberbestimmte Arbeitsverhältnisse die Frage nach den Vermögensverhältnissen unbegrenzt zulässig[21].

§ 7. Die Frage nach einer Schwangerschaft

I. Die Interessenlage

Nahezu jeder Arbeitgeber erkundigt sich bei Bewerberinnen nach einer Schwangerschaft. Diese Frage ist jedoch keinesfalls unbedenklich. Die Schwangerschaft ist ein an der Grenze zur Geheimsphäre liegender Umstand der Privatsphäre, so daß die persönlichkeitsrechtliche Stellung der Arbeitnehmerin insoweit als besonders gewichtig und schützenswert erscheint[1]. Weitere, zusätzliche Gesichtspunkte lassen sich allerdings für die Rechtswidrigkeit der Frage nach einer Schwangerschaft nicht anführen. Schwangere Bewerberinnen werden zwar regelmäßig

---

[16] Siehe Fußn. 14.

[17] Siehe auch das Urteil des LAG Frankfurt v. 13. 8. 1971, ARSt. 1972, Nr. 158, S. 132 f. Das Gericht sieht im bloßen Schuldenmachen in der Regel keinen Grund zur fristlosen Kündigung; diese sei selbst bei starker Verschuldung nur ausnahmsweise möglich.

[18] A. A. *Falkenberg*, BB 1970, 1013 ff., 1016 (Fragerecht nach „erheblichen Schulden").
Zur Kritik der Verwendung derartiger unbestimmter Begriffe gerade bei der Frage nach den Vermögensverhältnissen siehe oben § 1 IV 2 b.

[19] A. A. *Stege / Weinspach*, Rdn. 4. 31321, S. 294; *Erdmann / Jürging / Kammann*, Rdn. 4 zu § 94 BetrVG.

[20] A. A. BAG v. 18. 4. 1968, AP Nr. 32 zu § 63 HGB, Bl. 718 ff. (ohne nähere Ausführungen).
Durch Gesetz v. 27. 6. 1970 (BGBl. I S. 911) wurde der Offenbarungseid in eine eidesstattliche Versicherung umgewandelt, vgl. § 807 ZPO.

[21] Teilweise ähnlich *Leipold*, ArbuR 1971, 161 ff., 166 („bei ganz besonderen Vertrauenspositionen") und *Bürger*, AR-Blattei, 8. Fortsetzungsbl. R (bei „leitenden Angestellten in besonderer Vertrauensstellung"), die beide nur unter dieser Voraussetzung die Frage zulassen.

[1] Siehe oben § 4 I 2 b bb.

nicht eingestellt, wenn ihr Zustand dem Arbeitgeber bekannt ist. Eine Rechtsverletzung liegt hierin jedoch nicht, da ein Anspruch auf Einstellung gerade nicht besteht[2], insbesondere das Mutterschutzgesetz auch unter Berücksichtigung seines sozialpolitischen Zwecks lediglich für die bereits in einem Arbeitsverhältnis stehende Schwangere Schutz und Fürsorge des Arbeitgebers anordnet[3].

Auf der anderen Seite zeigen die §§ 5 Abs. 1, 9 Abs. 1 MuSchG, die der in einem Arbeitsverhältnis stehenden schwangeren Arbeitnehmerin die Bekanntgabe ihres Zustandes an den Arbeitgeber zur Erreichung des Mutterschutzes nahelegen, daß dessen Aufklärung über die Schwangerschaft durch die Schwangere selbst nicht als schlechthin unzumutbar angesehen werden darf[4], wenn auch die schwangere Bewerberin bei einem Fragerecht des Arbeitgebers mit großer Wahrscheinlichkeit verschiedenen Arbeitgebern ihre Schwangerschaft mitteilen müßte. Die schwangere Arbeitnehmerin verursacht in jedem Fall Störungen des betrieblichen Arbeitsablaufs, indem sie den Arbeitgeber zur Beachtung umfangreicher Beschäftigungsverbote und Schutzzeiten, §§ 3, 4, 6-8 MuSchG zwingt. So dürfen z. B. (werdende) Mütter in den letzten 6 Wochen vor der Entbindung bis zum Ablauf von 8 bzw. 12 Wochen nach der Entbindung nicht beschäftigt werden; Mehrarbeit ist untersagt. Das absolute Kündigungsverbot des § 9 Abs. 1 MuSchG beschränkt die Dispositionsfreiheit des Arbeitgebers bis zum Ablauf von 4 Monaten nach der Entbindung. Führen schon diese Pflichten zwangsläufig zu konkreten finanziellen Einbußen des Unternehmers, so werden diese Lasten noch durch Geldleistungspflichten nach § 11 MuSchG (Lohnfort-

---

[2] Siehe oben § 3 IV, VI 2 b. Für ein gegenüber jedem Arbeitgeber wirksames Recht der Schwangeren auf Arbeit *Leipold*, ArbuR 1971, 161 ff. (166 f.); *H. G. Fischer*, BB 1972, 706 f. (707); ArbG Wilhelmshaven v. 6. 3. 1963, BB 1964, 348.

[3] Ebenso BAG v. 5. 12. 1957, BAGE 5, 159 ff. (163), und v. 22. 9. 1961, BAGE 11, 270 ff. (274); *Neumann-Duesberg*, JZ 1962, 204 ff. (205); a. A. LAG Düsseldorf v. 7. 5. 1958, Betr. 1958, 1016; ArbG Kiel v. 31. 1. 1958, ARSt. XX, Nr. 283, S. 104; *Küchenhoff*, ArbuR 1966, 225 ff. (228).

Die Bestimmung des Arbeitsvertrages einer Arbeitnehmerin, daß ihr Arbeitsverhältnis mit Feststellung der Schwangerschaft ende, sowie die Zusage einer Arbeitnehmerin, empfängnisverhütende Medikamente während des Arbeitsverhältnisses einzunehmen, verstoßen hingegen u. a. gegen den Sinn des Mutterschutzgesetzes und sind nichtig; so BAG v. 28. 11. 1958, AP Nr. 3 zu Art. 6 Abs. 1 GG Ehe und Familie, einerseits und LAG Hamm v. 14. 10. 1969, Betr. 1969, 2353 ff., andererseits.

[4] Siehe die Entscheidung des BVerfG v. 25. 1. 1972, BVerfGE 32, 273 ff. (278), in der das Gericht ausführt, daß die schwangere Arbeitnehmerin nicht im Hinblick auf etwa bei ihr bestehende innere Hemmungen einen bedingungslosen Schutz zu Lasten anderer beanspruchen könne und ihr so die Mitteilung der Schwangerschaft an den Arbeitgeber aufgrund des § 9 Abs. 1 MuschG zumutbar sei.

zahlung bei Beschäftigungsverboten) und § 14 Abs. 1 MuSchG (Arbeitgeberzuschuß zum Mutterschaftsgeld) verstärkt[5].

II. Der Umfang des Fragerechts

Kann sich auch die Bewerberin auf ihr besonderes Persönlichkeitsrecht auf Achtung der Privatsphäre stützen, so ist doch zu bedenken, daß schwangere Arbeitnehmerinnen den Unternehmer erheblich belasten. Die geschilderten Schwierigkeiten und Vermögenseinbußen werden zwangsläufig bei jeder Schwangerschaft, unabhängig von der Art des Arbeitsplatzes, relevant. Derartige konkrete und nur durch eine Befragung abwendbare Nachteile ergeben ein das Zurückhaltungsinteresse der Bewerberin verdrängendes schutzwürdiges Informationsinteresse des Arbeitgebers[6]. Jeder Arbeitgeber darf jede Bewerberin nach einer Schwangerschaft fragen[7].

Allerdings folgt aus dem Grundsatz des schonendsten Mittels, daß gerade bei der den geschlechtlichen Bereich berührenden und damit häufig peinlich wirkenden Frage nach einer Schwangerschaft auf das Empfinden der Bewerberin die größtmögliche Rücksicht genommen werden muß[8]. Selbst bei einer als vertraulich gedachten Unterredung zwischen einer Personalleiterin und einer Bewerberin hat die Frage

---

[5] Zu den mutterschutzrechtlichen Belastungen des Arbeitgebers siehe die Entscheidung des BAG v. 14. 4. 1972, SAE 1973, 121 ff.; vgl. ferner die vom DGB erhobenen und als besonders dringlich bezeichneten Forderungen zur Verbesserung des gesetzlichen Mutterschutzes, ArbuR 1973, 372 f., die bei ihrer Verwirklichung die Arbeitgeber noch stärker belasten würden, u. a. durch eine Ausdehnung der Schutzfristen auf jeweils 10 Wochen und einen Sonderurlaub von 18 Monaten nach Ablauf der auf die Entbindung folgenden Schutzfrist.

[6] Siehe oben § 4 III 3.

[7] H. M.: BAG v. 22. 9. 1961, BAGE 11, 270 ff. (273 ff.); v. 7. 2. 1964, BAGE 15, 261 ff. (263); LAG Düsseldorf v. 16. 10. 1962, BB 1963, 979; v. 16. 8. 1966, AP Nr. 3 zu § 611 BGB Gastarbeiter, Bl. 965; v. 30. 9. 1971, BB 1972, 706; ArbG Kaiserslautern v. 30. 7. 1969, ARSt. 1971, Nr. 78, S. 71; *Larenz*, AP Nr. 15 zu § 123 BGB, Bl. 1255 f.; *Neumann-Duesberg*, JZ 1962, 204 ff.; UFITA 36, 101 ff.; *Molitor*, SAE 1962, 121 ff. (122); *Gamillscheg*, Festschr. für Molitor, S. 57 ff. (79); AcP 164, 385 ff. (425, 430); *Schröder*, JJb. 6, 159 ff. (169); *Bürger*, AR-Blattei, 7. Fortsetzungsbl.; *Brill*, ArbuR 1968, 136 ff. (139); *Echterhölter*, BB 1970, 677 ff. (679 f.); *Stege / Weinspach*, Rdn. 4. 31325, S. 296; *Meisel*, S. 72; *Erdmann / Jürging / Kammann*, Rdn. 4 zu § 94 BetrVG; *Fitting / Auffarth / Kaiser*, Rdn. 4 zu § 94 BetrVG. A. A. (Fragerecht nur bei mehr oder weniger starkem besonderen Anlaß): LAG Düsseldorf v. 7. 5. 1958, Betr. 1958, 1016; so wohl auch im Urteil v. 15. 6. 1973, BB 1974, 321; ArbG Kiel v. 31. 1. 1958, ARSt. XX, Nr. 283, S. 104; ArbG Wilhelmshaven v. 6. 2. 1963, BB 1964, 348; *Nikisch*, § 52 II 4 b, S. 815; *Maus*, III. Teil, Rdn. 6, S. 4; *Johann*, S. 115 ff.; *Falkenberg*, BB 1970, 1013 ff. (1015); *Leipold*, ArbuR 1971, 163 ff. (166); *H. G. Fischer*, BB 1972, 706 f.; *Dietz / Richardi*, Rdn. 17 zu § 94 BetrVG. A. A. (generelle Unzulässigkeit der Frage): *Küchenhoff*, RdA 1969, 97 ff. (100); ArbuR 1964, 225 ff. (228).

[8] Siehe oben § 4 I 2 b aa, § 1 III.

zu unterbleiben. Der Arbeitgeber muß die Frage schriftlich stellen, entweder durch Aufnahme in den Bewerbungsfragebogen oder in ein besonderes Schriftstück[9]. Daneben wird den Persönlichkeitsschutzinteressen der Bewerberin durch umfassende Verschwiegenheitspflichten der auf der Arbeitgeberseite beteiligten Personen Rechnung getragen[10].

Gibt die Bewerberin im Bewußtsein ihrer Schwangerschaft eine wahrheitswidrige Antwort, besitzt der Arbeitgeber ein Anfechtungsrecht nach § 123 BGB[11]. Der Kenntnis der Schwangerschaft steht die Kenntnis von solchen Umständen gleich, die der Bewerberin den sicheren Schluß auf das Bestehen einer Schwangerschaft aufdrängten, da für den Täuschungstatbestand in bezug auf die Unrichtigkeit der Antwort bedingter Vorsatz ausreichend ist[12]. Häufig wird der Schwangeren allerdings höchstens bewußte Fahrlässigkeit nachgewiesen werden können, selbst wenn etwa ihre Regel ausgeblieben und Übelkeit eingetreten war[13]. Der in dem Kündigungsverbot des § 9 MuSchG liegende Bestandsschutz kann jedenfalls auf die auf eine Lüge der Bewerberin gestützte Anfechtung wegen arglistiger Täuschung nicht ausgedehnt werden[14], schon weil sonst die als Ergebnis der Interessenabwägung festgestellte Rechtmäßigkeit der Frage nach einer Schwangerschaft letztlich faktisch gerade verneint werden würde.

III. Ergänzende Fragen

Ist die Frage nach einer Schwangerschaft rechtmäßig, so trifft dies auch auf die Zusatzfrage nach dem voraussichtlichen Tag der Niederkunft zu, da hierin keine weitere Beeinträchtigung des besonderen

[9] Das BAG, Entsch. v. 22. 9. 1961, BAGE 11, 270 ff. (274), verlangt „angemessene Form“ und nennt als Beispiele die Vorlage eines Fragebogens oder einer zu unterschreibenden Erklärung. Nach *Neumann-Duesberg,* UFITA 36, 101 ff., und JZ 1962, 204 ff. (206), darf die ledige Bewerberin nur schriftlich nach einer Schwangerschaft gefragt werden, während ansonsten ein in angemessener Form auszuübendes Fragerecht besteht.

[10] Siehe oben § 4 IV 3.

[11] Siehe oben § 4 IV 2 b.

[12] Vgl. BAG v. 22. 9. 1961, BAGE 11, 270 ff. (275); LAG Düsseldorf v. 18. 6. 1966, AP Nr. 3 zu § 611 BGB Gastarbeiter, Bl. 965 R; *Bürger,* AR-Blattei, 7. Fortsetzungsbl. R; *Brill,* ArbuR 1968, 136 ff. (139).

[13] Siehe demgegenüber *Molitor,* SAE 1962, 121 ff. (122), der unzutreffenderweise die Beweislast umkehrt und so von der Arbeitnehmerin zum Ausschluß der Anfechtung wegen arglistiger Täuschung den Nachweis verlangt, „daß sie bei der unrichtigen Beantwortung der Frage von ihrer Schwangerschaft nichts wußte und auch nicht damit rechnen mußte“.

[14] Ebenfalls gegen eine Erweiterung des Anwendungsbereichs dieser Vorschrift auf die Anfechtung wegen arglistiger Täuschung BAG v. 5. 12. 1957, BAGE 5, 159 ff. (163); v. 22. 9. 1961, BAGE 11, 270 ff.; *Hueck / Nipperdey,* § 69 III 8 b, S. 732 f.; *Molitor,* SAE 1962, 121 ff. (122 f.); *Hoppe,* BlStSozArbR 1972, 375 ff. (377) m. w. N.; kritisch *Gamillscheg,* Festschr. f. Molitor, S. 57 ff. (79 f.).

Persönlichkeitsrechts der Bewerberin auf Achtung ihrer Privatsphäre liegt und andererseits die Antwort dem Arbeitgeber in zeitlicher Hinsicht eine bessere Beurteilung der zu erwartenden Schwierigkeiten ermöglicht. Ebenfalls rechtmäßig ist die Frage, ob die Bewerberin in letzter Zeit (in den letzten 4 Monaten) entbunden hat[15]. Es ist nämlich dem Arbeitgeber untersagt, Frauen bis zum Ablauf von 8 bzw. 12 Wochen nach ihrer Entbindung zu beschäftigen, § 6 Abs. 1 MuSchG, und bis zum Ablauf von 4 Monaten nach der Entbindung zu kündigen, § 9 Abs. 1 MuSchG; für stillende Mütter bestehen besondere Beschäftigungsverbote, §§ 6 Abs. 3, 8 MuSchG.

Alle weiteren, über die Frage nach einer Schwangerschaft hinausgehenden und auf eine noch größere Sicherheit bei der Erforschung einer Schwangerschaft abzielenden Fragen sind hingegen, als in die Geheimsphäre der Bewerberin eingreifende, nicht nur bei arbeitgeberneutralen, sondern auch bei arbeitgeberbestimmten Arbeitsverhältnissen rechtswidrig.

So besitzt der Arbeitgeber z. B. kein schutzwürdiges Interesse an der Frage nach Anzeichen einer Schwangerschaft, weil damit zwangsläufig auch Umstände der Geheimsphäre, wie Ausbleiben oder Unregelmäßigkeiten der Periode, angesprochen werden, für die aber gerade ein Fragerecht nicht besteht[16]. Das gleiche gilt für die Frage, ob in nächster Zeit eine Schwangerschaft zu erwarten sei[17]. Weiter sind rechtswidrig etwa die das besondere Persönlichkeitsrecht der Bewerberin auf Achtung der Geheimsphäre verletzenden Fragen[16] nach in letzter Zeit ausgeübtem Geschlechtsverkehr[18] (intimem Verkehr)[19], nach dem ersten Tag der letzten Menstruation[20] sowie nach Unregelmäßigkeiten der Periode[21]. Ebenfalls rechtswidrig ist die an eine Bewerberin gerichtete Frage, ob sie beabsichtige, demnächst (in den nächsten Jahren) zu heiraten[22]. Der Arbeitgeber will mit dieser Frage nicht nur die Gefahr einer Kündigung durch die Arbeitnehmerin, sondern gerade auch die einer Schwangerschaft erkunden. Er wäre im Fall der Rechtmäßigkeit

---

[15] Ebenso *Brill,* ArbuR 1968, 136 ff. (139); *Stege / Weinspach,* Rdn. 4.31325, S. 296.

[16] Siehe oben § 4 I 2 b bb.

[17] Ebenso *Bleistein,* BlStSozArbR 1969, 172 ff. (173); *Hoppe,* BlStSozArbR 1972, 375 ff. (376).

[18] Ebenso *Neumann-Duesberg,* UFITA 36, 101 ff. (103); *Stege / Weinspach,* Rdn. 4.31325, S. 296.

[19] Ebenso LAG Bremen v. 24. 2. 1960, BB 1960, 743; *Meisel,* S. 72; a. A. anscheinend *Zeitlmann,* BlStSozArbR 1960, 333 f.

[20] Ebenso LAG Düsseldorf v. 30. 9. 1971, BB 1972, 706; *Meisel,* S. 72.

[21] Ebenso ArbG Kaiserslautern v. 30. 7. 1969, ARSt. 1971, Nr. 78, S. 71; *Brill,* ArbuR 1968, 136 ff. (139).

[22] A. A. LAG Baden-Württemberg v. 13. 5. 1957, Betr. 1957, 1972.

dieser Frage bei einem wahrheitswidrigen Verschweigen der Heiratsabsicht zur Anfechtung berechtigt, so daß die Arbeitnehmerin einem indirekten Zwang zumindest zum Aufschub ihrer Heirat ausgesetzt sein könnte, was mit der Höchstpersönlichkeit einer solchen Entscheidung unvereinbar wäre[23].

§ 8. Die Frage nach dem Gesundheitszustand

I. Augenblickliches Befinden

Jeder Arbeitgeber ist an gesunden Mitarbeitern interessiert. Sie sind leistungsfähiger, verursachen geringeren Arbeitsausfall als krankheitsanfällige Arbeitnehmer und aktualisieren nur selten die im Krankheitsfall bestehende Lohnfortzahlungspflicht. Andererseits sind völlig gesunde Menschen rar, so daß der Unternehmer schon aus diesem Grund bei seiner Einstellungsentscheidung über leichte Erkrankungen hinwegsieht. Erkundigt er sich dennoch ohne Einschränkung danach, ob der Bewerber völlig gesund ist, so grenzt dieses Verhalten an reine Neugier, bei der ja gerade auf ihr beruhende Fragen unzulässig sind[1]. Ein schutzwürdiges Interesse an der Mitteilung aller Krankheiten besteht daher nicht[2]. Das *Bundesarbeitsgericht*[3] will demgegenüber aus der generellen Zulässigkeit der Frage nach einer Schwangerschaft mit Hilfe des argumentum a maiore ad minus auch die Zulässigkeit der unbegrenzten Frage nach dem jetzigen Gesundheitszustand ableiten[4]. Dieser Rückschluß ist indes verfehlt[5], da zwar jede Schwangerschaft, nicht aber jede Erkrankung den Arbeitgeber belastet und gerade wegen der Störung des Betriebsablaufs und der finanziellen Nachteile, die

---

[23] Vgl. die Entsch. des BAG v. 10. 5. 1957, BAGE 4, 274 ff. = AP Nr. 1 zu Art. 6 Abs. 1 GG Ehe und Familie, in der das Gericht die Vereinbarung einer auflösenden Bedingung, daß im Fall der Eheschließung der Arbeitnehmerin das Arbeitsverhältnis zu einem bestimmten Zeitpunkt endigt, wegen des indirekt auf die Heiratsentscheidung ausgeübten Zwanges als nichtig ansieht.

[1] Siehe oben § 4 II 3 c.

[2] Gegen ein Fragerecht nach leichten Krankheiten *Brill*, ArbuR 1968, 136 ff. (142); *Schnorr v. Carolsfeld*, AP Nr. 6 zu § 276 BGB Verschulden bei Vertragsabschluß, Bl. 726 R ff. (727 R); *Hessel*, S. 30; *Stege / Weinspach*, Rdn. 4. 31325, S. 295.

[3] Entsch. v. 7. 2. 1964, BAGE 15, 261 ff. (263); ebenso *Schlessmann*, Personalleitung, S. 109.

[4] Für ein unbegrenztes Fragerecht nach bestehenden Krankheiten auch ArbG Essen v. 7. 4. 1960, ARSt. XXIV, Nr. 345, S. 129 f.; *Bürger*, AR-Blattei, 6. Fortsetzungsbl. R; *Schröder*, JJb. 6, 159 ff. (165); *Herschel*, SAE 1964, 220.

[5] Kritisch auch *Wlotzke*, BArbBl. 1964, 812 f.

bei einem Verzicht auf die Frage nach einer Schwangerschaft zu erwarten sind, diese Frage rechtmäßig ist.

Entscheidend kommt es darauf an, die Frage nach dem augenblicklichen Gesundheitszustand in einer beiden Seiten gerecht werdenden Weise zu begrenzen. Stets darf sich der Arbeitgeber nach ansteckenden Krankheiten erkundigen[6]. Ansonsten gibt die eingangs erwähnte Interessenlage den Ausschlag. Nachteilig kann sich eine bestehende Erkrankung für den Arbeitgeber nur auswirken, wenn sie überhaupt in den vorgesehenen Tätigkeitsbereich hineinragt. Dementsprechend besteht auch nur insoweit ein schutzwürdiges Interesse des Unternehmers an der Erkundung des augenblicklichen Gesundheitszustandes[7]. Die allgemein übliche Begrenzung des Krankheitsbegriffs im Arbeitsrecht auf sich konkret auf die Arbeitsfähigkeit auswirkende Beschwerden[8] stimmt hiermit überein. Wenn *Kemter*[9] demgegenüber das Fragerecht sogar auf ständig die Leistungsfähigkeit herabsetzende Leiden begrenzt wissen will, verkennt er das schutzwürdige Interesse des Arbeitgebers an einer Information über ihn auch nur während der ersten Zeit der Beschäftigung mit Gewißheit belastende Erkrankungen.

Die Frage, ob der Bewerber Schwerbehinderter nach §§ 1, 2 SchwbG ist, darf unbegrenzt gestellt werden[10]. Zur Begründung dieses Fragerechts genügt der Hinweis auf die unternehmerischen Pflichten nach dem Schwerbehindertengesetz. Im Vordergrund steht die Einstellungspflicht nach §§ 4 ff. SchwbG, die der Arbeitgeber nur erfüllen kann, wenn er sich auch über eine etwaige Schwerbehinderung des Arbeitnehmers informieren darf. Selbst wenn der Unternehmer seine Pflichtzahl erreicht hat oder eine Einstellungspflicht nicht besteht, wird er doch stets durch die Beschäftigung eines Schwerbehinderten mit beson-

---

[6] Siehe oben § 4 III 7; ebenso LAG München v. 21. 3. 1951, BB 1951, 923; *Bleistein*, BlStSozArbR 1969, 172 ff. (174); *Neumann-Duesberg*, UFITA 36, 101 ff. (104 f.); *Hofmann*, SAE 1971, 134 ff. (137); *Falkenberg*, BB 1970, 1013 ff. (1015).

[7] Ebenso LAG Berlin v. 6. 7. 1973, ARSt. 1974, Nr. 79, S. 65 f.; *Falkenberg*, BB 1970, 1013 ff. (1015); *Bleistein*, BlStSozArbR 1969, 172 ff. (174); *Wlotzke*, BArbBl. 1964, 812 f.; *Neumann-Duesberg*, UFITA 36, 101 ff. (104); *Haberkorn*, RdA 1962, 307 ff. (309 f.); wohl auch ArbG Bamberg v. 13. 11. 1973, ARSt. 1974, Nr. 128, S. 114.

[8] *Hessel*, S. 15.

[9] RdA 1962, 307 ff. (310).

[10] Für die bisherige Schwerbeschädigteneigenschaft und damit konsequenterweise auch für die seit Inkrafttreten des Schwerbehindertengesetzes am 1. 5. 1974 bestehende Schwerbehinderteneigenschaft ganz h. M.: siehe etwa ArbG Heilbronn v. 27. 3. 1958, AP Nr. 7 zu § 123 BGB, Bl. 517 R; *Falkenberg*, BB 1970, 1013 ff. (1015); *Brill*, ArbuR 1968, 136 ff. (140); *Neumann-Duesberg*, UFITA 36, 101 ff. (104); soweit ersichtlich a. A. allein *Dietz / Richardi*, Rdn. 17 zu § 94 BetrVG, unter pauschaler Berufung auf den Schutzgedanken des Schwerbeschädigtengesetzes.

deren Pflichten belastet, wie etwa der Gewährung eines bezahlten zusätzlichen Urlaubs von 6 Arbeitstagen im Jahr, § 44 SchwbG. Das danach bestehende Fragerecht beeinträchtigt den schwerbehinderten Bewerber kaum, zumal ihm ein Arbeitsplatz durch den gesetzlichen Einstellungszwang regelmäßig gesichert ist.

II. Frühere Beschwerden

Für die Kenntnis zurückliegender Krankheiten läßt sich im Regelfall ein schutzwürdiges Interesse des Arbeitgebers nicht anführen, da sie den jetzigen Einsatz des Arbeitnehmers nicht beeinträchtigen. Allerdings sind erneute Beschwerden bei schon des öfteren, vor allem in letzter Zeit, erkrankten Arbeitnehmern wahrscheinlicher als bei gesünderen Menschen. Dieses Risiko ist dennoch normalerweise nur abstrakt und so als Grundlage für ein Eindringen in die Privatsphäre des Bewerbers untauglich[11]. Eine andere Beurteilung ist lediglich bei solchen Krankheiten geboten, die mehr oder weniger regelmäßig wiederkehren und die Einsatzfähigkeit auf dem vorgesehenen Arbeitsplatz beeinträchtigen[12].

III. Die Einstellungsuntersuchung

Der Arbeitgeber kann nach allgemeiner Meinung die Einstellung vom Ergebnis einer ärztlichen Untersuchung abhängig machen[13], schon weil die Feststellung der gesundheitlichen Eignung für das vorgesehene Arbeitsgebiet sowohl im Interesse des Arbeitgebers und der Belegschaft als auch im Interesse des Bewerbers liegt[14]. Auch gegen das Verlangen einer Untersuchung durch den Werksarzt[15] bestehen keine Bedenken[13].

Ist es damit Aufgabe des Arztes, die gesundheitliche Eignung des Bewerbers für die Übernahme des freien Arbeitsplatzes zu überprüfen, so darf er mit Einwilligung des Bewerbers nicht nur eine körperliche Untersuchung durchführen, sondern auch alle zur Beurteilung der

---

[11] Vgl. oben § 4 III 3.

[12] Ähnlich LAG Düsseldorf v. 23. 5. 1961, BB 1961, 975; *Brill*, ArbuR 1968, 136 ff. (142); *Bleistein*, BlStSozArbR 1969, 172 ff. (174); a. A. *Erdmann / Jürging / Kammann*, Rdn. 4 zu § 94 BetrVG (Zulässigkeit der Frage nach bisherigen arbeitsplatzrelevanten Krankheiten).

[13] Siehe nur *Schmid*, BB 1969, 631 ff.

[14] In bestimmten Fällen ist eine ärztliche Untersuchung gesetzliche Voraussetzung für die Aufnahme der Beschäftigung, siehe etwa §§ 17, 18 BSeuchenG und §§ 45 ff. JArbSchG.

[15] Ausführlich zu Stellung und Aufgaben des Werkarztes *Küchenhoff*, RdA 1972, 336 ff.; siehe ferner das am 1. 12. 1974 in Kraft getretene Gesetz über Betriebsärzte, Sicherheitsingenieure und andere Fachkräfte für Arbeitssicherheit v. 12. 12. 1973 (BGBl. I S. 1885).

Einsatzfähigkeit erforderlichen Fragen, etwa nach früheren Krankheiten[16], stellen. In diesem Grund seiner Einschaltung liegt freilich auch zugleich ihre Begrenzung. Fragen, die nicht dazu dienen, dem Arbeitgeber die Beurteilung der gesundheitlichen Eignung des Arbeitnehmers zu erleichtern, sondern auf einem Umweg die Verwertung von Kenntnissen ermöglichen sollen, nach denen der Arbeitgeber direkt nicht fragen darf, sind rechtswidrig. Der Arzt darf sich daher ebenfalls nicht nach dem Beginn der letzten Regel erkundigen, um so den Arbeitgeber trotz des Verbotes der direkten Frage in die Lage zu versetzen, die Einstellung schwangerer Bewerberinnen mit möglichst großer Sicherheit zu verhindern[17].

Auch der Umfang der Information des Arbeitgebers durch den Arzt wird von dem Grund der Einstellungsuntersuchung bestimmt. Der Arzt darf dem Unternehmer nur mitteilen, ob und inwieweit der Arbeitnehmer für das vorgesehene Arbeitsgebiet tauglich, bedingt tauglich oder nicht tauglich ist[18]. Nur soweit reicht auch die in der Einwilligung des Bewerbers zur Untersuchung liegende Entbindung des Arztes von dessen Schweigepflicht[18]. Eine weitergehende Einwilligung kann der Arbeitgeber vom Bewerber nicht fordern, da er an der Kenntnis des eigentlichen Untersuchungsbefundes kein schutzwürdiges Interesse besitzt und daher ein solches Verlangen gegen das besondere Persönlichkeitsrecht des Arbeitnehmers auf Achtung seiner Privatsphäre verstoßen würde[19]. Ausnahmen sind insoweit nicht denkbar[20]. Selbst bei besonderen Eigenarten des in Aussicht genommenen Arbeitsverhältnisses kann nämlich der Arbeitgeber diese dem Arzt angeben bzw. dieser sich selbst unmittelbar informieren. Auf diese Weise wird dem Arzt eine beiden Seiten gerecht werdende, die Bekanntgabe des Untersuchungsbefundes nicht erfordernde Beurteilung der Tauglichkeit des Bewerbers ermöglicht. In jedem Fall darf der Arzt dem Arbeitgeber solche Krankheiten angeben, für die dieser ein direktes Fragerecht besitzt. Allein durch die Unterrichtung über die Tauglichkeit werden nämlich die das unmittelbare Fragerecht des Arbeitgebers begründenden schutzwürdigen Interessen nicht ausreichend befriedigt, so daß dieses Recht selbst bei der Durchführung einer ärztlichen Einstellungsuntersuchung bestehen bleibt.

[16] Siehe *Neumann-Duesberg*, UFITA 36, 101 ff. (105); *Erdmann / Jürging / Kammann*, Rdn. 7 zu § 94 BetrVG.

[17] LAG Düsseldorf v. 30. 9. 1971, BB 1972, 706; a. A. ohne Begründung *Meisel*, S. 75, Fußn. 75.

[18] *Bürger*, AR-Blattei, 7. Fortsetzungsbl.; *Neumann-Duesberg*, UFITA 36, 101 ff. (105); *Küchenhoff*, RdA 1972, 336 ff. (340).

[19] Ähnlich *Neumann-Duesberg*, UFITA 36, 101 ff. (105).

[20] A. A. *Schmid*, BB 1969, 631 ff. (632); *Neumann-Duesberg*, UFITA 36, 101 ff. (105).

IV. Der Umfang des Fragerechts

Der Arbeitgeber muß sich bei der Erforschung des augenblicklichen Gesundheitszustandes auf die Frage nach den die Einsatzfähigkeit des Bewerbers für das vorgesehene Arbeitsgebiet beeinträchtigenden Erkrankungen beschränken. Nach ansteckenden Krankheiten und der Schwerbehinderteneigenschaft darf er stets fragen. Soweit er sich nach früheren Beschwerden erkundigen will, besteht ein Fragerecht nur für arbeitsplatzrelevante und gleichzeitig mehr oder weniger regelmäßig wiederkehrende Erkrankungen. Rechtswidrig sind danach z. B. die Fragen, ob der Bewerber völlig gesund ist, in der Vergangenheit operiert wurde, häufig zu kleinen Krankheiten neigt oder wann er zuletzt krank war. Die Frage nach einer bewilligten oder beantragten Kur ist hingegen wegen des sicheren bzw. wahrscheinlichen zeitweiligen Ausfalls des Arbeitnehmers rechtmäßig[21]. Durch einen Arzt kann der Arbeitgeber die Tauglichkeit des Bewerbers für den freien Arbeitsplatz feststellen lassen.

§ 9. Die Frage nach Partei-, Gewerkschafts- und Religionszugehörigkeit

I. Parteizugehörigkeit

Die Frage nach einer Parteimitgliedschaft spielt hauptsächlich bei Bewerbungen für den öffentlichen Dienst[1], insbesondere bei Beamtenbewerbern, eine Rolle. Nach Art. 33 Abs. 2 und Art. 3 Abs. 3 GG sind für die Zulassung eines Bewerbers zum öffentlichen Dienst nur Eignung, Befähigung und fachliche Leistung entscheidend. Rechtlich unerheblich ist damit, ob der Bewerber Parteimitglied ist oder nicht und welcher verfassungsmäßigen Partei[2] er angehört[3]. Aus diesem Differenzierungsverbot folgt die Rechtswidrigkeit der Frage nach der Mitgliedschaft in einer verfassungsmäßigen Partei[4]. Die Frage nach der Zuge-

---

[21] Siehe ArbG Stade v. 3. 9. 1971, BB 1971, 1325, und *Bürger*, AR-Blattei, 8. Fortsetzungsbl. R, nach denen eine bewilligte Kur auch ohne Befragung anzugeben ist; *Hessel*, S. 30, verneint beim Antrag auf Kurverschickung lediglich regelmäßig eine (spontane) Offenbarungspflicht, bejaht aber wohl, wie hier, ein Fragerecht.

[1] Siehe oben § 4 IV 4.

[2] Zur Verfassungsmäßigkeit bzw. Verfassungswidrigkeit (Verfassungsfeindlichkeit) von Parteien siehe die Entscheidungen des BVerfG v. 23. 10. 1952, BVerfGE 2, 1 ff. (10 ff.), und v. 17. 8. 1956, BVerfGE 5, 85 ff. (140 ff.); *Maunz / Dürig / Herzog*, Rdn. 99 ff. zu Art. 21 GG; ferner *Semler*, ZBR 1971, 107 ff.

[3] Allg. Meinung: siehe etwa *Plog / Wiedow / Beck*, Rdn. 9 u. 10 zu § 8 BBG; *Arndt*, JZ 1956, 80 f.; *Isensee*, JuS 1973, 266 ff. (270).

hörigkeit zu einer vom Bundesverfassungsgericht nach Art. 21 Abs. 2 GG in Verb. mit §§ 43 ff. BVGG für verfassungswidrig erklärten Partei (formell verfassungswidrige Partei) ist hingegen rechtmäßig. Die Distanzierung von solchen Vereinigungen zählt zu den Minimalforderungen für eine Zugehörigkeit zum öffentlichen Dienst[5], und außerdem liegt regelmäßig bei solchen Bewerbern gleichzeitig eine Dauerstraftat nach § 84 Abs. 2 StGB vor, die der Dienstherr bei einer Einstellung indirekt unterstützen würde.

Die Frage nach der Mitgliedschaft in einer zwar verfassungsfeindlichen, aber vom Bundesverfassungsgericht noch nicht für verfassungswidrig erklärten Partei (materiell verfassungswidrige Partei) ist rechtswidrig. In das Dienstverhältnis eines Beamten, eines Richters, eines Berufssoldaten oder eines Soldaten auf Zeit darf zwar nur berufen werden, wer die „Gewähr dafür bietet, daß er jederzeit für die freiheitliche demokratische Grundordnung i. S. des Grundgesetzes eintritt" (§§ 7 Abs. 1 Nr. 2 BBG, 4 Abs. 1 Satz 2 BRRG und die entsprechenden Bestimmungen der Landesbeamtengesetze, §§ 9 Nr. 2 DRiG, 37 Abs. 1 Nr. 2 SoldatenG). Bei Mitgliedern einer Partei, die verfassungsfeindliche Ziele verfolgt, bestehen insoweit sicherlich zwangsläufig Zweifel, schon weil bloße Mitläufer extremen Organisationen nur verhältnismäßig selten angehören. Die Erforschung verfassungsfeindlicher Aktivitäten darf indes nicht auf die Mitglieder verfassungsfeindlicher Parteien beschränkt bleiben. Gefahren drohen unserer freiheitlichen demokratischen Grundordnung in gleichem Maße durch Bewerber, die ihre verfassungsfeindliche Einstellung bewußt verbergen und der entsprechenden Organisation formell fernbleiben. Die Interessen des Staates können gegenüber beiden Gruppen gleichermaßen verhältnismäßig wirksam dadurch befriedigt werden, daß vom Bewerber direkt ein Bekenntnis zur freiheitlichen demokratischen Grundordnung verlangt wird, indem ihm etwa ein Katalog der Merkmale dieser Grundordnung[6] — wie die Achtung vor den im Grundgesetz konkretisierten Menschenrechten, die Volkssouveränität, die Gewaltenteilung, das Mehrparteienprinzip, die Chancengleichheit für alle politischen Parteien, das Recht auf verfassungsmäßige Bildung und Ausübung einer Opposition — vorgelegt wird[7]; ein Lippenbekenntnis für das Grundgesetz müßte durch weitere Präzisierung der Verfassungsprinzipien weitgehend ausgeschlossen sein. Das besondere Persönlichkeitsrecht des Bewerbers auf

[4] Siehe oben § 4 III 9.

[5] Siehe BAG v. 23. 2. 1961, BAGE 11, 6 ff. (9).

[6] Siehe dazu die Entscheidungen des BVerfG v. 23. 10. 1952, BVerfGE 2, 1 ff. (12 ff.), und v. 17. 8. 1956, BVerfGE 5, 85 ff. (140 ff.); ferner *Fischbach*, Rdn. I 2 zu § 7 BBG.

[7] Siehe dazu auch *Kriele*, ZRP 1971, 273 ff. (275 f.).

Achtung seiner Privatsphäre wird auf diese Weise weitaus geringer tangiert als dies bei der Frage nach der Zugehörigkeit zu einer verfassungsfeindlichen Partei der Fall wäre. Außerdem werden so die beträchtlichen Schwierigkeiten bei der Bestimmung der Verfassungsfeindlichkeit einer Partei durch den Dienstherrn und eine zu weitgehende, sicherheitshalber angenommene Verfassungsfeindlichkeit vermieden. An als Arbeiter oder Angestellte im öffentlichen Dienst vorgesehene Bewerber darf diese Frage erst recht nicht gestellt werden.

Als Ergebnis bleibt festzuhalten, daß sich der Dienstherr grundsätzlich nicht generell nach einer etwaigen Parteimitgliedschaft erkundigen darf. Ausnahmen können sich aus der Eigenart des zu besetzenden Arbeitsplatzes ergeben[8]. So ist beim Bewerber für das Amt eines politischen Beamten, wie etwa eines Staatssekretärs oder Ministerialdirektors, vgl. § 36 BBG, die Frage nach der Parteizugehörigkeit ohne Einschränkungen erlaubt[9], da diese Beamten gerade in Übereinstimmung mit den grundsätzlichen Ansichten und Zielen der Regierung stehen müssen; allerdings ist in solchen Fällen die Mitgliedschaft in einer politischen Partei regelmäßig ohnehin bekannt. Ein weiteres Beispiel bildet die geplante Beschäftigung bei einem Verfassungsschutzamt; hier ist die Frage nach einer Mitgliedschaft in einer verfassungsfeindlichen Partei sogar geboten[10], um der Gefahr einer Übertragung des Verfassungsschutzes an Verfassungsfeinde zu entgehen. Rechtmäßig ist ansonsten nur die Frage nach der gegenwärtigen Zugehörigkeit zu einer vom Bundesverfassungsgericht für verfassungswidrig erklärten Partei[11]. Das Fragerecht des privaten Arbeitgebers stimmt mit dem des öffentlichen Arbeitgebers grundsätzlich überein[12]. Bewerber um arbeit-

---

[8] Siehe oben § 4 III 1.

[9] Ebenso *Hartleb,* ZBR 1970, 179 ff. (182); *Isensee,* JuS 1973, 265 ff. (271, Fußn. 51).

[10] Siehe oben § 4 III 7.

[11] Ebenso *Maunz / Dürig / Herzog,* Rdn. 23 zu Art. 33 GG; *Plog / Wiedow / Beck,* Rdn. 10 zu § 8 BBG; *Isensee,* JuS 1973, 265 ff. (271); wohl auch *Kriele,* ZRP 1971, 273 ff. (275); für generelle Zulässigkeit der Frage nach der Parteizugehörigkeit anscheinend BVerwG v. 6. 5. 1964, BVerwGE 18, 276 ff.; für die Zulässigkeit der Frage bei bestehendem Beamtenverhältnis BDH v. 28. 9. 1954, ZBR 1954, 343 f., und v. 4. 10. 1954, JZ 1956, 94 f.; dagegen zutreffend *Arndt,* JZ 1956, 80 f.

[12] Ebenfalls gegen ein Fragerecht für die Mitgliedschaft in einer zugelassenen politischen Partei *Schlessmann,* Personalleitung, S. 109; *Leipold,* ArbuR 1971, 161 ff. (166). Im übrigen wird in der arbeitsrechtlichen Lehre ein Fragerecht generell abgelehnt (Ausnahme: Tendenzbetrieb), ohne daß auf die Rechtmäßigkeit der Frage nach der Mitgliedschaft in einer formell verfassungswidrigen Partei eingegangen wird; siehe *Knevels,* BB 1965, 336 ff. (338); *Bleistein,* BlStSozArbR 1969, 172 ff. (175); *Meisel,* S. 73; *Maus,* III. Teil, Rdn. 6, S. 4; *Fitting / Auffarth / Kaiser,* Rdn. 4 zu § 94 BetrVG; *Erdmann / Jürging / Kammann,* Rdn. 4 zu § 94 BetrVG; *Dietz / Richardi,* Rdn. 15 zu § 94 BetrVG; ebenso LAG München v. 21. 3. 1951, BB 1951, 923.

geberbestimmte Arbeitsverhältnisse dürfen bei fehlender sozialer Macht des Arbeitgebers nach ihrer Zugehörigkeit zu allen politischen Parteien befragt werden[13]. Weitere Ausnahmen bestehen bei politischen Tendenzbetrieben[14], wenn etwa bei einem parteipolitisch gebundenen Verlag der Arbeitsplatz eines Tendenzträgers zu besetzen ist.

II. Gewerkschaftszugehörigkeit

Nach Art. 9 Abs. 3 Satz 1 u. 2 GG sind alle Maßnahmen rechtswidrig, die das jedermann zustehende Recht, zur Wahrung und Förderung der Arbeits- und Wirtschaftsbedingungen Vereinigungen zu bilden, einschränken oder zu behindern suchen. Für die Arbeitgeberseite folgt hieraus das grundsätzliche Verbot, bei der Einstellung neuer Mitarbeiter auf die Gewerkschaftszugehörigkeit abzustellen[15]. Es läge ein Verstoß vor gegen die positive Koalitionsfreiheit, wenn Nichtorganisierte oder Andersorganisierte bevorzugt werden, und gegen die negative Koalitionsfreiheit[16], wenn nur Organisierte, etwa aufgrund einer Machtstellung des Betriebsrates, eingestellt werden. Aus diesem Differenzierungsverbot folgt ein entsprechendes Frageverbot[17].

Dieser Zusammenhang zwischen beiden Verboten erweist sich gerade bei der Gewerkschaftszugehörigkeit als zwingend. Wenn man nämlich die Frage zulassen und lediglich die Differenzierung verbieten würde, könnte der Arbeitgeber ohne jegliche Kontrolle seine Arbeitnehmer nach der Gewerkschaftszugehörigkeit auswählen. Er würde also nicht selten, vor allem in Klein- und Mittelbetrieben, Gewerkschaftsmitglieder nicht einstellen, da er ja die Ablehnung des Bewerbers nicht zu begründen braucht und darüber hinaus ein anderes — zulässiges — Motiv, etwa mangelnde Eignung, vorschieben könnte. Selbst wenn ein tarifgebundener Arbeitgeber Arbeitnehmer sucht, die er untertariflich entlohnen darf, besitzt er wegen des Differenzierungsverbotes kein Fragerecht. Zahlt dann der Arbeitgeber dem neuen Mitarbeiter nur einen untertariflichen Lohn, ist es Sache des Arbeitnehmers seine Gewerkschaftszugehörigkeit als Voraussetzung seines Anspruchs auf die

---

[13] Siehe oben § 4 II 3 c, III 9.

[14] Siehe oben § 4 III 1.

[15] Ganz h. M.: siehe etwa *Schröder*, JJb. 6, 159 ff. (168); *Rüthers*, BB 1966, 824 ff. (825 f.); a. A. *Gamillscheg*, AcP 164, 385 ff. (418) für den Fall fehlender sozialer Macht des Arbeitgebers, dagegen schon oben § 4 III 9.

[16] Ausführlich zur positiven und negativen Koalitionsfreiheit *Maunz / Dürig / Herzog*, Rdn. 104 und 105 zu Art. 9 GG; ferner BAG v. 29. 11. 1967, BAGE 20, 175 ff. (209 ff.) = AP Nr. 13 zu Art. 9 GG (Differenzierung nach der Gewerkschaftszugehörigkeit).

[17] Siehe oben § 4 III 9.

tariflichen Leistungen, § 3 TVG, nachzuweisen[18]. Schließlich spricht auch nicht die Bedeutung der Organisationsquote im Hinblick auf einen Arbeitskampf für ein trotz des Differenzierungsverbotes bestehendes Fragerecht[19]. Um die Streikbeteiligung der Arbeitnehmer im voraus zu berechnen, ist der Einblick in die etwaige Gewerkschaftszugehörigkeit jedes einzelnen Arbeitnehmers nicht erforderlich. Es genügt vielmehr die Kenntnis von der Organisationsquote des Betriebes, die vor allem aus der Struktur der Arbeitnehmerschaft und der Zusammensetzung des Betriebsrates recht genau entnommen werden kann[20].

Die Frage nach der Gewerkschaftszugehörigkeit verstößt bei arbeitgeberneutralen und auch bei arbeitgeberbestimmten Arbeitsverhältnissen gegen Art. 9 Abs. 3 GG und ist deshalb rechtswidrig[21]. Auch hier ergeben sich jedoch Ausnahmen aus der Natur der Sache. Der Arbeitgeber besitzt ein Differenzierungsrecht und auch ein Fragerecht, wenn die Mitgliedschaft bzw. Nichtmitgliedschaft Voraussetzung für die ordnungsgemäße Erfüllung der Arbeitspflicht ist. Beispiele bilden die Arbeitsplätze eines Tendenzträgers in einem gewerkschaftlichen Tendenzbetrieb[22], etwa eines Geschäftsführers einer Gewerkschaft, und die Arbeitsplätze, auf denen Arbeitgeberfunktionen wahrzunehmen sind[23], was etwa beim Personalchef der Fall ist.

---

[18] Siehe demgegenüber *Meisel,* S. 73, nach dem ein tarifgebundener Arbeitgeber sich schon im Hinblick auf § 3 Abs. 1 TVG nach der Zugehörigkeit des Arbeitnehmers zur anderen Tarifvertragspartei erkundigen dürfe; ähnlich *Knevels,* BB 1966, 336 ff. (338). Auch die Bundesvereinigung der Deutschen Arbeitgeberverbände hält die Frage jedenfalls bei Tarifgebundenheit für zulässig, empfiehlt aber — im Hinblick auf die Forderung der Arbeitgeberseite nach Gleichbehandlung aller Arbeitnehmer ohne Rücksicht auf die Organisationszugehörigkeit — auf die Frage möglichst zu verzichten, siehe RdA 1966, 468.

[19] So aber *Knevels,* ebd.

[20] Ebenso *Rüthers,* BB 1966, 824 ff. (825).

[21] Ebenfalls für Unzulässigkeit der Frage (Ausnahme: Tendenzbetrieb) *Neumann-Duesberg,* UFITA 36, 101 ff. (114 f.); *Rüthers,* BB 1966, 824 ff.; *Bürger,* AR-Blattei, 9. Fortsetzungsbl. R; *Brill,* ArbuR 1968, 136 ff. (143); *Fitting / Auffarth / Kaiser,* Rdn. 4 zu § 94 BetrVG; *Dietz / Richardi,* Rdn. 15 zu § 94 BetrVG. Anderer Ansicht (generelle Zulässigkeit) *Rewolle,* BB 1951, 479 f. (479); *Frey,* ArbuR 1953, 167 ff. (168); *Knevels,* BB 1965, 336 ff. (337); *Stege / Weinspach,* Rdn. 4.31327, S. 297; *Erdmann / Jürging / Kammann, Rdn.* 4 zu § 94 BetrVG. Anderer Ansicht *Meisel,* S. 73 (Fragerecht nur für tarifgebundene Arbeitgeber), und *Bleistein,* BlStSozArbR 1969, 172 ff., 174 (Fragerecht, wenn tarifgebundener Arbeitgeber die Anwendung tariflicher Normen feststellen will).

[22] Siehe oben § 4 III 1.

[23] Siehe oben § 4 II 2 b bb.

Ähnlich *Bürger,* AR-Blattei, 9. Fortsetzungsbl. R (leitende Angestellte i. S. des § 4 Abs. 2 c BetrVG a. F.), u. *Brill,* ArbuR 1968, 136 ff., 143 (leitende Anstellung).

III. Religionszugehörigkeit

Die Frage nach der Zugehörigkeit zu einer Religionsgemeinschaft ist grundsätzlich rechtswidrig[24], da ein schutzwürdiges Informationsinteresse des Arbeitgebers nicht ersichtlich ist. Selbst die unternehmerische Pflicht zur Abführung der Kirchensteuer spricht nicht für ein Fragerecht, da der Arbeitgeber die insoweit erforderlichen Angaben aus der nach Abschluß des Arbeitsvertrages eingereichten Lohnsteuerkarte entnehmen kann[25]. Bei Bewerbern für den öffentlichen Dienst und, soweit der Arbeitgeber sozial mächtig ist, auch für den privaten Dienst folgt das Frageverbot zusätzlich aus den Differenzierungsverboten der Art. 33 Abs. 3 und 3 Abs. 3 GG[26].

Ausnahmsweise ist die Frage rechtmäßig bei Bewerbern um konfessionsbezogene Arbeitsplätze in konfessionellen Tendenzbetrieben[27], wie zum Beispiel bei der Besetzung der Position des Chefarztes in einem katholischen Krankenhaus, oder um konfessionsgebundene Staatsämter[28], wie z. B. beim Amt des Anstaltsgeistlichen. Außerdem darf die Frage an Bewerber für arbeitgeberbestimmte Arbeitsverhältnisse gerichtet werden[29], wenn nicht der Arbeitgeber soziale Macht ausübt[30].

§ 10. Die Fragen nach bisherigen Beschäftigungen und familiären Verhältnissen

I. Bisherige Beschäftigungen

Schul- und Berufsausbildung zählen zur Arbeitssphäre und unterliegen daher dem Fragerecht des Arbeitgebers[1]. Auch aus der bisherigen praktischen Tätigkeit des Bewerbers lassen sich wertvolle Rück-

---

[24] Für Unzulässigkeit der Frage (Ausnahme: Konfessioneller Tendenzbetrieb) *Neumann-Duesberg,* UFITA 36, 101 ff. (114 f.); *Schröder,* JJb. 6, 159 ff. (168); *Haberkorn,* ArbGeb. 1966, 427 f. (428); *Bleistein,* BlStSozArbR 1969, 172 ff. (175); *Falkenberg,* Betr. 1970, 1013 ff. (1016); *Leipold,* ArbuR 1971, 161 ff. (166); *Fitting / Auffarth / Kaiser,* Rdn. 4 zu § 94 BetrVG; *Dietz / Richardi,* Rdn. 15 zu § 94 BetrVG; ferner LAG München v. 21. 3. 1951, BB 1951, 923. Anderer Ansicht (generelle Zulässigkeit der Frage) *Meisel,* S. 71; *Schlessmann,* Personalleitung, S. 104.

[25] Dazu schon oben § 4 III 5.

[26] Siehe oben § 4 III 9.

[27] Siehe oben § 4 III 1.

[28] Dazu VGH Mannheim, NJW 1967, 2028 ff. (2029).

[29] Siehe oben § 4 II 3.

[30] Siehe oben § 4 III 9 a. E.

[1] Siehe oben § 4 I 2 b bb.

schlüsse auf seine fachliche Qualifikation ziehen; besondere Erfahrungen, aber auch planmäßige bzw. planlose Veränderungen werden sichtbar. Dementsprechend ist die Frage nach den bisherigen Beschäftigungen (lückenlose Angaben) ohne zeitmäßige Begrenzung rechtmäßig[2]. Im einzelnen darf nach Name, Art und Sitz der Unternehmen, den Positionen und der Dauer der Beschäftigungen, auch der nebenberuflich ausgeübten, gefragt werden. Würde allerdings eine wahrheitsgemäße vollständige Antwort auch die Angabe der Verbüßung einer Freiheitsstrafe erfordern, darf der Arbeitnehmer für diesen Zeitraum ein Arbeitsverhältnis behaupten, wenn die direkte Frage nach der dem Freiheitsentzug zugrunde liegenden Vorstrafe rechtswidrig ist[3]. Er muß dabei aber soweit wie möglich vermeiden, daß der Eindruck langjähriger Berufserfahrung entsteht, indem er z. B. für diese Zeit eine andersartige Tätigkeit als die jetzt geplante anführt.

Das Fragerecht erstreckt sich nicht auf den jeweiligen Austrittsgrund und das jeweilige Gehalt, beides Umstände der Privatsphäre, sondern nur auf den Grund des letzten (jetzigen) Arbeitsplatzwechsels[4] sowie des letzten (jetzigen) Gehalts[5]. Für den Arbeitgeber ist die Kenntnis der Gründe, die den Arbeitnehmer zum Arbeitsplatzwechsel veranlassen, ein wichtiger Faktor bei der Prüfung, ob dieser Grund nicht auch auf seinen freien Arbeitsplatz zutrifft, und die Kenntnis des zuletzt gezahlten Gehalts ist für die Festsetzung des neuen Entgelts sowie für die Einschätzung der zuletzt von dem Bewerber erbrachten Arbeitsleistungen von Bedeutung. Für weiter zurückliegende Austrittsgründe und Gehälter fehlt ein das besondere Persönlichkeitsinteresse des Bewerbers auf Achtung seiner Privatsphäre überwindendes schutzwürdi-

---

[2] Ebenso *Schröder*, JJb. 6, 159 ff. (164); *Haberkorn*, ArbGeb. 1966, 427 f. (428); *Brill*, ArbuR 1968, 136 ff. (143); *Bleistein*, BlStSozArbR 1969, 172 ff. (175); *Erdmann / Jürging / Kammann*, Rdn. 4 zu § 94 BetrVG. Das BAG hat in seiner Entsch. v. 12. 2. 1970, BAGE 22, 278 ff. (280 f.), die Frage ebenfalls zugelassen, allerdings sollte nach dem zugrundeliegenden Sachverhalt der als ungelernte Arbeitskraft eingestellte Arbeitnehmer eine betriebliche Anlernung erhalten, so daß das Gericht wegen der damit verbundenen Kosten ein berechtigtes Interesse des Arbeitgebers an der Feststellung der Häufigkeit des Arbeitsplatzwechsels angenommen hat; zur generellen Zulässigkeit der Frage hat sich das Gericht damit weder zustimmend noch ablehnend geäußert.

[3] Ausführlicher dazu oben § 4 IV 2 a.

Im Ergebnis ebenso LAG Frankfurt/M. — 5 Sa 348/68 — im vorinstanzlichen Urteil zur Revisionsentscheidung des BAG v. 12. 2. 1970, BAGE 22, 278 ff. (280); das BAG läßt das Problem ausdrücklich offen; a. A. *Brill*, ArbuR 1968, 136 ff. (143); wohl auch *Bleistein*, BlStSozArbR 1969, 172 ff. (175).

[4] So wohl auch *Schröder*, JJb. 6, 159 ff. (165).

[5] Ebenso *Bürger*, AR-Blattei, 3. Fortsetzungsbl. R; *Schröder*, ebd., S. 164; *Meisel*, S. 71; so wohl auch LAG Baden-Württemberg v. 16. 11. 1959, Betr. 1960, 179; LAG Düsseldorf v. 29. 4. 1966, BB 1966, 1065; *Brill*, ArbuR 1968, 136 ff. (143); *Bleistein*, BlStSozArbR 1969, 172 ff. (174).

ges Informationsinteresse des Arbeitgebers. Das gleiche gilt für die Frage nach öffentlichen Ämtern, Ehrenämtern[6], Mitgliedschaften in Vereinen und Verbänden sowie der Gestaltung der Freizeit[7].

Bei Bewerbungen um arbeitgeberbestimmte Arbeitsverhältnisse ist die Frage nach bisherigen Beschäftigungen ohne Einschränkungen rechtmäßig.

II. Familiäre Verhältnisse

Umstände des familiären Bereichs zählen meistens zur Geheimsphäre, wie z. B. Familienstreitigkeiten, und unterliegen damit nicht dem Fragerecht[8]. Soweit sie zur Privatsphäre gehören, besitzt der Arbeitgeber regelmäßig kein schutzwürdiges Informationsinteresse, wie etwa für die Frage, ob der Bewerber im Eigenheim oder zur Miete wohnt. Auch die in fast keinem Bewerbungsbogen fehlende Frage nach dem Familienstand — mit der Unterteilung in die Gruppen ledig, verheiratet, verwitwet, geschieden — ist nur teilweise rechtmäßig. Die Frage, ob der Bewerber ledig, verheiratet oder verwitwet ist, beeinträchtigt seine Privatsphäre nur geringfügig und ist deshalb noch rechtmäßig[9]. Rechtswidrig ist hingegen das Verlangen des Arbeitgebers, auch eine Scheidung mitzuteilen[10], weil damit zwangsläufig der innerste familiäre, besonders empfindliche Bereich grundlos angesprochen wird; ebenfalls trifft dies auf die Frage zu, ob der Bewerber vom Ehegatten getrennt lebe. Der geschiedene Bewerber darf insoweit ohne Nachteil als Familienstand „ledig" angeben.

Auf den Ehegatten, die Kinder, die Geschwister oder die Eltern des Bewerbers bezogene Fragen, z. B. nach deren Beruf, sind grundsätzlich rechtswidrig[11]. Bei Minderjährigen darf nach der Anschrift des gesetzlichen Vertreters gefragt werden. Die Fragen nach den Vornamen sowie den Geburtsdaten des Ehegatten und der Kinder können als lediglich geringfügige Beeinträchtigungen noch als rechtmäßig angesehen werden. Auch die Frage, ob und welche Verwandte oder Freunde bereits in dem Betrieb und gegebenenfalls in welcher Stellung zur Zeit tätig

---

[6] Für Zulässigkeit der Frage nach öffentlichen Ehrenämtern *Erdmann / Jürging / Kammann,* Rdn. 4 zu § 94 BetrVG (ohne Begründung).

[7] Für Zulässigkeit der Fragen nach Ehrenämtern und Hobbys *Haberkorn,* ArbGeb. 1966, 427 f., 427 (ohne Begründung).

[8] Siehe oben § 4 I 2 b bb.

[9] Siehe oben § 4 III vor 1.

[10] Ebenso *Bleistein,* BlStSozArbR 1969, 172 ff. (175).

[11] Siehe oben § 4 III 6.

Ebenso *Bürger,* AR-Blattei, 2. Fortsetzungsbl., für die Stellung des Ehegatten und *Etzel,* Arbeitsrecht, S. 85, für den Beruf der Eltern; a. A. *Haberkorn,* ArbGeb. 1966, 427 f. (427), der die Fragen nach Beruf und derzeitiger Beschäftigung des Ehegatten zuläßt.

sind, ist rechtmäßig[12], da der Arbeitgeber auf diese Weise Manipulationen vorbeugen kann; für frühere Beschäftigungen trifft dieser Gedanke allerdings nicht zu[13].

Bewerber für ein arbeitgeberbestimmtes Arbeitsverhältnis dürfen nach ihren familiären Verhältnissen insoweit gefragt werden, wie die Umstände der Privatsphäre und nicht der Geheimsphäre angehören[14].

---

[12] Ebenso *Haberkorn*, ArbGeb. 1966, 427 f. (427), für Verwandte und *Schlessmann*, Personalleitung, S. 104, 106 für (nahe) Verwandte.

[13] A. A. *Haberkorn*, ArbGeb. 1966, 427 f. (427).

[14] Siehe oben § 4 I 2 b bb, II 3.

Schlußbetrachtung

Die Untersuchung des Fragerechts des Arbeitgebers gegenüber Bewerbern hat gezeigt, wie notwendig die Befragung für beide Seiten ist. Zugleich hat sich aber auch ergeben, daß ein aus der Vertragsfreiheit des Arbeitgebers fließendes unbegrenztes Informationsrecht mit der Persönlichkeit des Arbeitnehmers unvereinbar ist. Der Bewerber steht dem Arbeitgeber nicht rechtlos gegenüber. Er wird vielmehr durch seine besonderen Persönlichkeitsrechte auf Achtung der Privatsphäre und der Geheimsphäre vor einer Durchleuchtung seines Innenraumes bewahrt.

Vollwertig ist dieser Schutz allerdings lediglich dann, wenn dem Arbeitgeber trotz einer wahrheitswidrigen Antwort auf eine rechtswidrige Frage nicht nur die Entlassung des Arbeitnehmers oder ein Schadensersatzanspruch versagt wird, sondern bereits präventiv die Stellung rechtswidriger Fragen verhindert wird. Der Gesetzgeber hat mit § 94 des neuen Betriebsverfassungsgesetzes, wonach Personalfragebogen der Zustimmung des Betriebsrates unterliegen, den richtigen Weg eingeschlagen. Diese Präventivkontrolle hat allerdings bisher im wesentlichen versagt, nicht nur weil den Betriebsräten häufig der Persönlichkeitsschutz Außenstehender gleichgültig ist, sondern weil sie auch ihrer neuen Aufgabe nicht ohne weiteres gewachsen sind. In der Änderung dieser mißlichen Situation liegt eine wichtige Aufgabe der Gewerkschaften. Auf der anderen Seite sollten auch die Arbeitgeberverbände für die Aufklärung und Information aller Arbeitgeber mehr als bisher sorgen, damit ein umfassender Persönlichkeitsschutz der Bewerber gesichert ist.

Literaturverzeichnis

Adomeit, Klaus: Einstellungen und Entlassungen nach dem neuen Betriebsverfassungsgesetz, Betr. 1971, 2360 ff.

Arbeitsring Chemie: Betriebsverfassungsgesetz 72, hrsg. vom Arbeitsring der Arbeitgeberverbände der Deutschen Chemischen Industrie e. V., Heidelberg 1972.

Arndt, Adolf: Muß der Beamte seine Zugehörigkeit zu einer politischen Partei offenbaren?, JZ 1956, 80 f.

Bleistein, Franzjosef: Rechtsfragen anläßlich der Vorverhandlungen zum Abschluß eines Arbeitsvertrages, BlStSozArbR 1969, 172 ff.

Boldt, Gerhard: Zur Abgrenzung der leitenden Angestellten nach § 5 Abs. 3 BetrVG — Rechtsgutachten, ULA-Schriftenreihe Nr. 5, Essen 1972.

Brecht, Hans-Theo: Kommentar zum Betriebsverfassungsgesetz nebst Wahlordnung, Herne - Berlin 1972.

Brill, Werner: Der Einstellungsfragebogen, ArbuR 1968, 136 ff.

Bürger, Karl-Heinz: Einstellung des Arbeitnehmers, AR-Blattei D Einstellung I (10. 10. 1967).

Coing, Helmut: Zur Entwicklung des zivilrechtlichen Persönlichkeitsschutzes, JZ 1958, 558 ff.

Däubler, Wolfgang: Weniger Mitbestimmung im öffentlichen Dienst?, ArbuR 1973, 233 ff.

Depenbrock, Johannes: Mitgliedschaften bei politischen Parteien als Kündigungsgründe, RdA 1961, 186 ff.

Dietz, Rolf und Reinhard *Richardi:* Betriebsverfassungsgesetz, 5. Aufl., München 1973.

Echterhölter, Rudolf: Verfassungsrecht und Individualarbeitsrecht, BB 1970, 677 ff.

Endemann, Helmut: Der vorbestrafte Arbeitnehmer, BB 1953, 266 ff.

Erdmann, Ernst-Gerhard, Claus *Jürging* und Karl-Udo *Kammann:* Betriebsverfassungsgesetz, Neuwied - Berlin 1972.

Etzel, Gerhard: Aus der Rechtsprechung des Bundesarbeitsgerichts, BlStSozArbR 1970, 238 ff.

— Arbeitsrecht der Bundesrepublik Deutschland, Herne - Berlin 1971 (Arbeitsrecht).

Fabricius, Fritz, Alfons *Kraft,* Wolfgang *Thiele* und Günther *Wiese:* Betriebsverfassungsgesetz, Neuwied - Berlin 1973 ff.

Falkenberg, Rolf-Dieter: Fragen des Arbeitgebers an den einzustellenden Arbeitnehmer, BB 1970, 1013 ff.

Farthmann, Friedhelm: Zur Anfechtbarkeit von Arbeitsverträgen, RdA 1958, 338 ff.

Fischbach, Oskar: Bundesbeamtengesetz, 1. Halbbd., 3. Aufl., Köln - Berlin - Bonn - München 1964.

Fischer, Hans Gustav: Anmerkung zu LAG Düsseldorf v. 30. 9. 1971, BB 1972, 706 f.

Fischer, Robert: Vertragsfreiheit und Sozialbindung, DRiZ 1974, 209 ff.

Fitting, Karl, Fritz *Auffarth* und Heinz *Kaiser:* Betriebsverfassungsgesetz, 10. Aufl., München 1972.

Frauenkron, Karl Peter: Betriebsverfassungsgesetz m. Wahlordnung, Stuttgart - Berlin - Köln - Mainz 1972.

Frey, Erich: Können Arbeitsverhältnisse angefochten werden?, ArbuR 1953, 167 ff.

— Der Grundsatz der Gleichbehandlung bei Neueinstellung, Umgruppierung und Versetzung, BB 1963, 1139 ff.

Galperin, Hans: Der Regierungsentwurf eines neuen Betriebsverfassungsgesetzes, Düsseldorf 1971.

Gamillscheg, Franz: Mutterschutz und Sozialstaat, in: Festschrift für Erich Molitor zum 75. Geburtstag, S. 57 ff., München - Berlin 1962.

— Arbeitsrecht und Rechtsvergleichung, in: Festschrift für Herbert Kraus zum 80. Geburtstag, S. 95 ff., Würzburg 1964.

— Die Grundrechte im Arbeitsrecht, AcP Bd. 164 (1964), S. 385 ff.

— Gedanken zur Rechtsfindung im Arbeitsrecht, in: Festschrift für Hans Schmitz zum 70. Geburtstag, Bd. I, S. 68 ff., Wien 1967.

Gangloff, E.: Anmerkung zu LAG Düsseldorf v. 7. 5. 1958, SAE 1959, 162 ff.

Gaul, Dieter: Die Einstellung und ihre Bedeutung für die betriebliche Organisation und das Direktionsrecht, Betr. 1959, 887 ff.

van Gelder, Alfons: Die Rechtsprechung des Bundesarbeitsgerichts im Jahre 1970, JurA 1971, 221 ff.

Gnade, Albert, Karl *Kehrmann* und Wolfgang *Schneider:* Betriebsverfassungsgesetz, Köln 1972.

Götz, Albrecht: Zur Zulässigkeit der Befragung von Stellenbewerbern nach Vorstrafen, BB 1971, 1325 f.

— Bundeszentralregistergesetz, Stuttgart 1972.

Grobe, Hans: Auskunft über ausgeschiedene Arbeitnehmer, BlStSozArbR 1968, 365 ff.

Gros: Krankheit des Arbeitnehmers, AR-Blattei Krankheit des Arbeitnehmers I (10. 6. 1966).

Großmann, Ruprecht: Arbeitsrechtliche Probleme des vorbestraften Arbeitnehmers, ArbuR 1969, 97 ff.

Grüll, F.: Die Offenbarungspflicht des Arbeitnehmers bei Einstellung, BlStSozArbR 1952, 73 f.

Gumpert, Jobst: Anmerkung zu BAG v. 15. 1. 1970, BB 1970, 804 f.

Haberkorn, Kurt: Zur Offenbarungspflicht des Arbeitnehmers bei Einstellungen, RdA 1962, 416 ff.

— Der Personalfragebogen, ArbGeb. 1966, 427 f.

Händel, Konrad: Auswirkungen des Bundeszentralregisters in der Praxis, JR 1973, 265 ff.

Häßler, Manfred und Karl *Kehrmann:* Personalfragebogen und Intimsphäre, BlStSozArbR 1967, 44 ff.

Haiduk, Burghard: Die culpa in contrahendo im Arbeitsverhältnis, Diss. Würzburg 1970.

Hamann, Andreas und Helmut *Lenz:* Das Grundgesetz für die Bundesrepublik Deutschland vom 23. Mai 1949, 3. Aufl., Neuwied - Berlin 1970.

Hambusch, Lutz: Die Problematik des Rechts auf Arbeit, ArbuR 1972, 268 ff.

Hanau, Peter: Praktische Fragen zur Neuregelung der Mitbestimmung in personellen Angelegenheiten, BB 1972, 451 ff.

— Personelle Mitbestimmung des Betriebsrats in Tendenzbetrieben, insbesondere Pressebetrieben, BB 1973, 901.

Hanau, Peter und Klaus *Adomeit:* Arbeitsrecht, 3. Aufl., Frankfurt a. M. 1974.

Hartleb, Jutta: Die Frage nach der Parteizugehörigkeit im öffentlichen Dienst, ZBR 1970, 179 ff.

Heimann, Eduard: Frageverbot für den Arbeitgeber?, BB 1970, 1349.

Heinitz, Ernst: Die Verwertung von Tagebüchern als Beweismittel im Strafprozeß, JR 1964, 441 ff.

Held, Philipp: Verbraucherschutz gegenüber Allgemeinen Geschäftsbedingungen, BB 1973, 573 ff.

Helling, Heinz: Vorvertragliche Rechtsbeziehungen im Arbeitsrecht, Diss. Köln 1969.

Herschel, Wilhelm: Anmerkung zu BAG v. 7. 2. 1964, SAE 1964, 220.

— Rechte und Pflichten vor Arbeitsaufnahme, RdA 1965, 191 ff.

— Anmerkung zu BAG v. 15. 1. 1970, AP Nr. 7 zu § 1 KSchG Verhaltensbedingte Kündigung, Bl. 768 R f.

Hessel, Philipp: Krankheit im Arbeitsrecht, 3. Aufl., Heidelberg 1961.

Hilger, Marie Luise: Besprechung von Thilo Ramm, Die Anfechtung des Arbeitsvertrages, Karlsruhe 1955, BB 1956, 216.

Hofmann, Paul: Anmerkung zu BAG v. 15. 1. 1970, SAE 1971, 134 ff.

Hoppe, Günther: Das Unwesen mit den Fragebogen, SaarlAN 1969, 314.

— Offenbarungspflicht der Arbeitnehmerin (Muß die Arbeitnehmerin ihrem Arbeitgeber das Vorliegen einer Schwangerschaft mitteilen?), ArbSozPol. 1969, 262 ff.

— Vorstrafen des Arbeitnehmers, BlStSozArbR 1971, 173 ff.

— Offenbarungspflicht bei Schwangerschaft, ArbSozPol. 1971, 230 ff.

— Offenbarungspflicht und Kündigungsschutz der Arbeitnehmerin während und nach der Schwangerschaft, BlStSozArbR 1972, 375 ff.

Hubmann, Heinrich: Grundsätze der Interessenabwägung, AcP Bd. 155 (1956), 85 ff.

— Das Persönlichkeitsrecht, 2. Aufl., Köln 1967 (Persönlichkeitsrecht).

— Die Methode der Abwägung, in: Festschr. für Schnorr v. Carolsfeld zum 70. Geburtstag, S. 173 ff., Köln - Berlin - Bonn - München 1973.

Hueck, Alfred: Anmerkung zu BAG v. 5. 12. 1957, AP Nr. 2 zu § 123 BGB, Bl. 235 f.

Hueck, Alfred und Hans Carl *Nipperdey*: Lehrbuch des Arbeitsrechts, I. Bd., 7. Aufl., Berlin - Frankfurt a. M. 1963.

Hueck, Götz: Der Grundsatz der gleichmäßigen Behandlung im Privatrecht, München - Berlin 1958.

Hunn, Felix: Offenbarungspflicht bei Schwangerschaft, ArbuR 1954, 18 ff.

Isensee, Josef: Der Beamte zwischen Parteifreiheit und Verfassungstreue, JuS 1973, 265 ff.

Johann, Klaus: Umfang des Rechts des Arbeitgebers auf Auskunft bei der Neueinstellung von Arbeitnehmern, Diss. Köln 1967.

Kauffmann, Hermann: Die Haftung für Verschulden bei Vertragsverhandlungen im Arbeitsrecht, BetrVerf. 1956, 67 ff.

Kemter, Manfred: Die Anfechtung des Arbeitsverhältnisses im Zusammenhang mit dem Gesundheitsstand des Arbeitnehmers, RdA 1962, 307 ff.

Knevels, Peter: Offenbarung der Gewerkschaftszugehörigkeit, BB 1965, 336 ff.

König, René: Soziologie, Frankfurt a. M. 1967.

Konzen, Horst: Die Entwicklung der Rechtsprechung des Bundesarbeitsgerichts im Jahre 1970, ZfA 1972, 131 ff.

Korn, Dietrich: Die Offenbarungspflicht des vorbestraften Arbeitnehmers bei einwandfreiem polizeilichen Führungszeugnis, RdA 1957, 291 f.

Kriele, Martin: Kommunisten als Beamte?, ZRP 1971, 273 ff.

Krüger, Herbert: Der Regierungsentwurf eines Betriebsverfassungsgesetzes vom 29. Januar 1971 und das Grundgesetz, in: Hamburger öffentlich-rechtliche Nebenstunden, Bd. 27, Hamburg 1971.

Krüger, Hildegard: Die Würde der unverheirateten Frau und die Gesundheitsämter, FamRZ 1956, 367 ff.

Küchenhoff, Günther: Das Arbeitsverhältnis im Gemeinschaftsstaat würdigen Schaffens, ArbuR 1964, 225 ff.

— Freiheit und Gleichheit im Arbeitsverhältnisrecht, ArbuR 1966, 321 ff.

— Einwirkung des Verfassungsrechts auf das Arbeitsrecht, RdA 1969, 97 ff.

— Der Werksarzt, RdA 1972, 336 ff.

Larenz, Karl: Anmerkung zu BAG v. 22. 9. 1961, AP Nr. 15 zu § 123 BGB, Bl. 1255 f.

— Methodenlehre der Rechtswissenschaft, 2. Aufl., Berlin - Heidelberg - New York 1969 (Methodenlehre).

— Allgemeiner Teil des deutschen Bürgerlichen Rechts, 2. Aufl., München 1972 (AT).

Larenz, Karl: Lehrbuch des Schuldrechts, II. Bd., Besonderer Teil, 10. Aufl., München 1972 (Schuldrecht BT).

Laufke, Franz: Vertragsfreiheit und Grundgesetz, in: Festschrift für Heinrich Lehmann zum 80. Geburtstag, I. Bd., S. 145 ff., Berlin - Tübingen - Frankfurt a. M. 1956.

Leibholz, Gerhard: Verfassungsrecht und Arbeitsrecht, in: Zwei Vorträge zum Arbeitsrecht, S. 21 ff., München 1960.

Leipold, Dieter: Einstellungsfragebögen und das Recht auf Arbeit, ArbuR 1971, 161 ff.

Leisner, Walter: Grundrechte und Privatrecht, München 1960.

Lepke, Achim: Zum Problem einer allg. Beschäftigungspflicht, Betr. 1971, 478 ff.

Löwisch, Manfred: Anmerkung zu BAG v. 18. 4. 1968, SAE 1969, 74 f.

— Anmerkung zu BAG v. 12. 2. 1970, SAE 1971, 176 f.

— Schutz und Förderung der freien Entfaltung der Persönlichkeit der im Betrieb beschäftigten Arbeitnehmer (§ 75 Abs. 2 BetrVG 1972), ArbuR 1972, 359 ff.

von Mangoldt, Hermann und Friedrich *Klein*: Das Bonner Grundgesetz, Bd. I, 2. Aufl., Berlin - Frankfurt a. M. 1957.

Maunz, Theodor, Günter *Dürig* und Roman *Herzog*: Grundgesetz, 3. Aufl., München 1971.

Maurach, Reinhard: Anmerkung zu BGH v. 4. 8. 1971, JZ 1972, 130 ff.

Maurer, Kurt: Befragung von Stellenbewerbern nach Vorstrafen nach Inkrafttreten des Bundeszentralregistergesetzes, ArbuR 1972, 9 ff.

Maus, Wilhelm: Handbuch des Arbeitsrechts, 2. Aufl., Baden-Baden 1955 ff.

Mayer-Maly, Theo: Arbeitsverhältnis und Privatsphäre, ArbuR 1968, 1 ff.

— Anmerkung zu BAG v. 18. 4. 1968, AP Nr. 32 zu § 63 HGB, Bl. 719 R ff.

— Das Verhältnis der richterlichen Rechtsfortbildung zur arbeitsrechtlichen Gesetzgebung, RdA 1970, 289 ff.

— Grundsätzliches und Aktuelles zum „Tendenzbetrieb", BB 1973, 761 ff.

— Gedanken zur Entwicklung der Abgrenzung der leitenden Angestellten, BB 1974, 1124 ff.

Meisel, Peter: Die Mitwirkung und Mitbestimmung des Betriebsrats in personellen Angelegenheiten, 4. Aufl., Heidelberg 1974.

Molitor, Erich: Anmerkung zu BAG v. 22. 9. 1961, SAE 1962, 121 ff.

Neumann, Dirk: Die Offenbarungspflicht des Arbeitnehmers, Betr. 1961, 1291 ff.

Neumann-Duesberg, Horst: Fragebogen als Persönlichkeitsverletzung und Lüge als Notwehr, UFITA Bd. 36 (1962), 101 ff.

— Persönlichkeitsrecht, Vertragsfreiheit und gegenseitige Sozialpflichtigkeit als Beurteilungsmaßstab für das Recht des Arbeitgebers zur Schwangerschaftsbefragung einer Einstellungsbewerberin, JZ 1962, 204 ff.

— Rechtswidrigkeitserfordernis und Rechtswidrigkeitsausschluß (Notwehr) im Täuschungstatbestand des § 123 BGB, JR 1967, 1 ff.

Neumann-Duesberg, Horst: Gesetzliche Neuordnung des Übergangs von Arbeitsverhältnissen bei Betriebsinhaberwechsel, BB 1971, 969 ff.

— Betriebsübergang und Tendenzbetrieb, NJW 1973, 268 ff.

— Dokumentarfernsehsendung „Soldatenmord von Lebach" unter persönlichkeitsrechtlichem und verfassungsrechtlichem Aspekt, JZ 1973, 261 ff.

— Tendenztreupflicht und Persönlichkeitsrecht, BB 1973, 949 ff.

Nikisch, Arthur: Arbeitsrecht, I. Bd., 2. Aufl., Tübingen 1955; 3. Aufl., Tübingen 1961.

Nipperdey, Hans Carl: Die Würde des Menschen, in: Die Grundrechte, Handbuch der Theorie und Praxis der Grundrechte, hrsg. von Neumann / Nipperdey / Scheuner, Bd. 2, Berlin 1954, S. 1 ff. (Grundrechte I).

— Rechtswidrigkeit, Sozialadäquanz, Fahrlässigkeit, Schuld im Zivilrecht, NJW 1957, 1777 ff.

— Freie Entfaltung der Persönlichkeit, in: Die Grundrechte, Handbuch der Theorie und Praxis der Grundrechte, hrsg. von Bettermann / Nipperdey, Bd. 4, 2. Halbbd., Berlin 1962, S. 741 ff. (Grundrechte II).

— Tatbestandsaufbau und Systematik der deliktischen Grundtatbestände, NJW 1967, 1985 ff.

Oehmann: Anmerkung zu LAG Düsseldorf v. 3. 1. 1956, BB 1956, 434.

Olbersdorf, Gert: Grundrechte und Arbeitsverhältnis, ArbuR 1958, 193 ff.

Osswald, Richard: Anmerkung zu BAG v. 5. 12. 1957, SAE 1958, 149.

Palandt, Otto: Bürgerliches Gesetzbuch, 34. Aufl., München 1975.

Peltzer, Martin: Personalplanung, innerbetriebliche Stellenausschreibung, Personalfragebogen u. Auswahlrichtlinien (§§ 92 ff. BetrVG 72), Betr. 1972, 1164 ff.

Pinther, Helmut: Ist das Arbeitsverhältnis ein personenrechtliches Gemeinschaftsverhältnis?, ArbuR 1961, 225 ff.

— Vorschläge des Deutschen Gewerkschaftsbundes zur Novellierung des Betriebsverfassungsgesetzes, ArbuR 1968, 97 ff.

Pleyer, Klemens: Anmerkung zu BAG v. 7. 6. 1963, SAE 1964, 5 f.

— Arbeitsvertrag und Betriebsinhaberwechsel, Betr. 1966, 1476 ff.

Plog, Ernst, Alexander *Wiedow* und Gerhard *Beck:* Kommentar zum Bundesbeamtengesetz, Neuwied 1958 ff.

Popitz, Heinrich: Der Begriff der sozialen Rolle als Element der soziologischen Theorie, Tübingen 1967.

Prasse, Helmut: Die Bedeutung der Vorstrafe im Arbeitsrecht, ArbuR 1957, 76 ff.

Raiser, Ludwig: Vertragsfreiheit heute, JZ 1958, 1 ff.

Raiser, Thomas: Das Unternehmen als Organisation, Berlin 1969 (Unternehmen).

— Das Arbeitsverhältnis aus der Sicht der Organisationssoziologie, ZRP 1973, 13 ff.

Ramm, Thilo: Die Anfechtung des Arbeitsvertrages. Zur Kritik und Neubegründung der Lehre vom Arbeitsverhältnis, Karlsruhe 1955 (Anfechtung).

Ramm, Thilo: Die Freiheit der Willensbildung, in: Arbeits- und Sozialrechtliche Studien, Heft 1, Stuttgart 1960.

— Irrtum und arglistige Täuschung als Gründe der Anfechtung des Arbeitsvertrages, ArbuR 1963, 161 ff.

Reuss, Wilhelm: Die Bedeutung des Sozialstaatsprinzips, in: Sozialstaatsprinzip und soziale Sicherheit, Schriftenreihe der Hochschule Speyer, Bd. 10, S. 7 ff.

Rewolle, Hans Dietrich: Ist der Arbeitnehmer verpflichtet, seine Gewerkschaftszugehörigkeit zu offenbaren?, BB 1951, 479 f.

Richardi, Reinhard: Das Widerspruchsrecht des Betriebsrats bei personellen Maßnahmen nach §§ 99, 100 BetrVG, Betr. 1973, 378 ff.

— Arbeitsrecht und Zivilrecht, ZfA 1974, 3 ff.

Rüthers, Bernd: Pflicht zur Offenbarung der Gewerkschaftszugehörigkeit, BB 1966, 824 ff.

— Gesetzesanwendung oder Rechtspolitik? Bemerkungen zum Beschluß des BAG vom 5. 3. 1974 über die Definition der „leitenden Angestellten“ in der Betriebsverfassung, JZ 1974, 625 ff.

Sachse, Sven: Schulden des Arbeitnehmers und Verweigerung einer Schulderklärung als Entlassungsgrund im öffentlichen Dienst, Betr. 1970, 2221 ff.

Sahmer, Heinz: Betriebsverfassungsgesetz, Frankfurt a. M. 1972.

Schäcker, Hanns: Kündigung und Entlassung wegen Vielzahl von Lohnpfändungen und Verschuldung, BB 1964, 391 ff.

Schaub, Günther: Arbeitsrechts-Handbuch, München 1972.

Schlessmann, Karl: Neues Rechtshandbuch der Personalleitung, 4. Aufl., München 1969 (Personalleitung).

— Rezension zu Karlheinz Schmid, Psychologische Testverfahren im Personalbereich, Köln 1971, RdA 1973, 190 f.

Schmid, Karlheinz: Ausgewählte Probleme zur ärztlichen Einstellungsuntersuchung, BB 1969, 631 ff.

— Rechtsprobleme des Stress-Interviews, BB 1971, 1237 ff.

— Psychologische Testverfahren im Personalbereich, Köln 1971 (Testverfahren).

— Mitbestimmungsrechte des Betriebsrats bei der Verwendung psychologischer Testverfahren, Betr. 1974, 1910 ff.

Schmidt, Hans Martin: Recht zur Lüge?, JZ 1958, 69 f.

Schmidt, Walter: Die bedrohte Entscheidungsfreiheit, JZ 1974, 241 ff.

Schneider, Wolfgang: Das neue Betriebsverfassungsgesetz aus der Sicht des DGB, BArbBl. 1972, 292 ff.

Schnorr v. Carolsfeld, Ludwig: Anmerkung zu BAG v. 7. 2. 1964, AP Nr. 6 zu § 276 BGB Verschulden bei Vertragsabschluß, Bl. 726 R ff.

Schröder, Georg: Vom werdenden Arbeitsverhältnis, JJb. Bd. 6 (1965/1966), 159 ff.

Schröter, Bernd: Befristete Arbeitsverträge und arbeitsrechtliche Vertragsfreiheit, Diss. Göttingen 1972.

Schwabe, Jürgen: Die sogenannte Drittwirkung der Grundrechte, München 1971.

Schwedes, Rolf: Einstellung und Entlassung des Arbeitnehmers, 2. Aufl., Freiburg im Breisgau 1972.

Schwenk, Edmund: Die Auskunftspflicht des Arbeitnehmers über Vorstrafen, MDR 1960, 353 ff.

— Das allgemeine Persönlichkeitsrecht des Arbeitnehmers, NJW 1968, 822 ff.

Schwerdtner, Peter: Fürsorgetheorie und Entgelttheorie im Recht der Arbeitsbedingungen, Heidelberg 1970 (Fürsorgetheorie).

— Gemeinschaft, Treue, Fürsorge — oder: die Himmelfahrt des Wortes, ZRP 1970, 62 ff.

— Anmerkung zu BAG v. 28. 9. 1972, JZ 1973, 377 ff.

Semler, Jutta: Dürfen Beamte verfassungsfeindlichen Parteien angehören?, ZBR 1971, 107 ff.

Söllner, Alfred: Arbeitsrecht, 3. Aufl., Stuttgart 1973.

Sommer, Herbert: Vorverhandlungen zum Abschluß eines Arbeitsvertrages, AR-Blattei D Arbeitsvertrag-Arbeitsverhältnis IX (26. 7. 1956).

— Anfechtung im Arbeitsrecht, AR-Blattei DI Anfechtung im Arbeitsrecht, (20. 1. 1966).

von Staudinger, Julius: Kommentar zum Bürgerlichen Gesetzbuch, Bd. I, Allg. Teil (§§ 1 - 240), 11. Aufl., Berlin 1957.

Stege, Dieter und F. K. *Weinspach:* Betriebsverfassungsgesetz 1972, Köln 1972.

Steindorff, Ernst: Anmerkung zu BAG v. 5. 12. 1957, JZ 1958, 513 ff.

Trappe, H.: Offenbarungspflicht bei der Einstellung, BlStSozArbR 1962, 201 ff.

Trieschmann, Günther: Anmerkung zu BAG v. 5. 12. 1957, BArbBl. 1958, 196 ff.

Trinkhaus, Hans: Die Auskunft des Arbeitgebers und ihre Grenzen, RdA 1961, 221 ff.

Ule, Carl Hermann: Öffentlicher Dienst, in: Die Grundrechte, Handbuch der Theorie und Praxis der Grundrechte, hrsg. von Bettermann / Nipperdey, Bd. 4, 2. Halbbd., Berlin 1962, S. 537 ff.

Waechter, Heinz: Der vorbestrafte Arbeitnehmer, Betr. 1950, 83.

Wägenbaur, Rolf: Vorstrafen des Arbeitnehmers, BB 1958, 1061 f.

Wertenbruch, Wilhelm: Der Grundrechtsbegriff und Art. 2 Abs. 1 GG, DVBl. 1958, 481 ff.

— Anmerkung zu BAG v. 13. 2. 1964, AP Nr. 1 zu Art. 1 GG, Bl. 986 f.

Westin, Alan F.: Privacy And Freedom, New York 1967.

Wiedemann, Herbert: Das Arbeitsverhältnis als Austausch- und Gemeinschaftsverhältnis, Karlsruhe 1966.

Wiese, Günther: Der Persönlichkeitsschutz des Arbeitnehmers gegenüber dem Arbeitgeber, ZfA 1971, 273 ff.

Windolph, Albert: Die Resozialisierung und das Bekanntwerden von Vorstrafen im öffentlichen und zivilen Bereich, Betr. 1966, 579 ff.

Wlotzke, Otfried: Die Rechtsprechung des BAG, Übersicht mit Anmerkungen für die Zeit vom Januar bis März 1964, BArbBl. 1964, 812 f.

Wolf, Ernst: Das Arbeitsverhältnis. Personenrechtliches Gemeinschaftsverhältnis oder Schuldverhältnis?, Marburg 1970.

— „Treu und Glauben", „Treue" und „Fürsorge" im Arbeitsverhältnis, Betr. 1971, 1863 ff.

Wollny, Paul: Die Sozialstaatsklausel in der Rechtsprechung des Bundesarbeitsgerichts, ArbuR 1973, 33 ff.

Wronka, Georg: Das Verhältnis zwischen dem allgemeinen Persönlichkeitsrecht und den sogenannten besonderen Persönlichkeitsrechten, UFITA Bd. 69 (1973), 71 ff.

Wussow, Werner: Zur Lehre von der Sozialadäquanz, NJW 1958, 891 ff.

Zeitlmann, Rupert: Kündigung und Anfechtung bei Schwangerschaft einer Arbeitnehmerin, BlStSozArbR 1960, 333 f.

FSC
www.fsc.org
MIX
Papier | Fördert gute Waldnutzung
FSC® C083411

Kolibri 360 GmbH
Ferdinand-Jühlke-Straße 7
99095 Erfurt, Deutschland
produktsicherheit@kolibri360.de

Druck:
CPI Druckdienstleistungen GmbH
im Auftrag der
Kolibri 360 GmbH
Ferdinand-Jühlke-Str. 7
99095 Erfurt